高等职业教育教材

快递业务操作与管理 第二版

王阳军　贾　妍　主编

化学工业出版社
·北京·

内容简介

本教材系统地介绍了快递的基本理论和业务操作流程，内容的设置以快递服务过程为主线，共分为八个学习情境，包括快递服务认知、快递服务礼仪与规范、快件收寄作业、快件处理作业、快件投递作业、快递服务合同与赔偿、快递服务推介与客户管理、快递信息管理与服务创新。

本教材结构新颖，知识全面，科学性、实用性和可读性较强，并设有知识链接、阅读资料、案例分析、技能训练、思考与练习、线上教学资源等内容，以开拓读者的视野。

本教材适合高等职业院校现代物流管理、邮政快递运营管理专业及其他相关专业使用，可作为中职、职业本科等层次相关专业人才培养参考用书，也可供快递行业从业人员学习参考。

图书在版编目（CIP）数据

快递业务操作与管理 / 王阳军，贾妍主编. -- 2版. 北京 ：化学工业出版社，2024. 10. -- ISBN 978-7-122-46387-6

Ⅰ. F632

中国国家版本馆 CIP 数据核字第 2024NP3790 号

责任编辑：王　可　旷英姿　　　文字编辑：李　双　谢晓馨　刘　璐
责任校对：田睿涵　　　装帧设计：张　辉

出版发行：化学工业出版社
（北京市东城区青年湖南街13号　邮政编码100011）
印　　刷：三河市航远印刷有限公司
装　　订：三河市宇新装订厂
787mm×1092mm　1/16　印张16¼　字数406千字
2024年11月北京第2版第1次印刷

购书咨询：010-64518888　　　售后服务：010-64518899
网　　址：http://www.cip.com.cn
凡购买本书，如有缺损质量问题，本社销售中心负责调换。

定　　价：48.00元

编写人员名单

主　编　王阳军　湖南工程职业技术学院

　　　　贾　妍　湖南商务职业技术学院

副主编　周玉梅　长沙民政职业技术学院

　　　　谢　灿　湖南电气职业技术学院

　　　　吕雪莲　菜鸟网络科技有限公司

参　编　伍　琳　湖南外贸职业学院

　　　　黄　林　东莞职业技术学院

　　　　吴　艳　湖南工程职业技术学院

　　　　吴从周　湖南工程职业技术学院

第二版前言

快递业是现代流通体系的重要组成部分，是促进消费、便利生活、畅通循环、服务生产的现代化先导性产业，在稳定产业链供应链、服务乡村振兴、助力构建新发展格局等方面发挥了重要作用。在互联网技术快速发展的今天，快递公司的管理数字化、作业智能化水平不断提升，对企业自身的规范管理与员工的专业性提出了更高的要求。为适应并促进快递行业的发展及高等院校特别是高职院校的教学需要，我们于 2014 年 9 月推出了本书第一版，多年来一直受到国内众多师生的好评。近些年，国内外快递市场发生了许多变化，新法规、新标准、新技术、新方法不断被应用，快递公司的作业流程与管理方式也进行了相应的调整，对快递企业的人才培养也提出了新的要求。同时，围绕进一步落实立德树人的根本任务，将正向价值观引导与专业知识提升有机融合，既迫在眉睫，又责无旁贷。在此背景下，我们再次选择校企合作，在原有版本的基础上进行修订，共同编写了第二版。

本教材在编写思路上，强调以快递基本理论为指导，以快递企业实际业务流程为主线，在岗位技能分析的基础上设置教学和实训环节。在内容的选择上，删繁就简，融入国家、行业和企业关于快递领域的新标准、新规范和新技术。在教材的编写过程中，走访了众多的快递企业，了解行业的特点和实际需求，并得到了菜鸟驿站、顺丰速运、韵达快递、德邦快递、申通快递和邮政 EMS 等快递企业的支持，在此表示由衷的感谢。

本教材由王阳军、贾妍担任主编，周玉梅、谢灿、昌雪莲担任副主编，伍琳、黄林、吴艳和吴从周参与编写。在编写过程中，我们参阅了大量同行专家的有关著作、教材及案例，在此表示感谢。

快递理论方法与实践还在不断地发展和创新中，虽然我们为编写《快递业务操作与管理》（第二版）付出了艰辛的努力，但由于编者自身水平有限，不妥之处在所难免，敬请各位读者批评指正，帮助我们不断完善教材的内容，做到与时俱进，保持其先进性与实用性。

编　者

2024 年 7 月

目 录

学习情境一

快递服务认知

学习目标

知识目标

① 掌握快递的基本概念和分类方式；

② 了解我国快递市场的构成；

③ 了解我国快递产业存在的主要问题和发展策略；

④ 熟悉快递作业的一般流程；

⑤ 熟悉快递服务网络的构成；

⑥ 掌握电商对快递服务的需求特点。

能力目标

① 能描述快递服务产品的主要特征；

② 能分析我国快递市场的基本情况和主要构成；

③ 能描述快递服务的一般作业流程和快递网络的构成。

素质目标

① 具备民族自豪感和专业自信；

② 具有吃苦耐劳的意志品质。

案例导入　快递业高质量发展步伐加快

列举过去10年中国产业发展的“黑马”，快递业一定榜上有名。从2014年首次突破100亿件，到2018年站上500亿件台阶，再到2021年闯过1000亿件大关，我国快递业务量连续9年位居世界第一。

快递业的蓬勃发展，离不开民营快递企业的积极贡献。如今，已有5家品牌企业实现年业务收入超千亿元，7家快递企业完成上市，成为推动快递业发展壮大的重要力量。展望前路，中国快递业如何书写新的答卷？

一、政策护航、电商助力、技术创新，快递业茁壮成长

快递进村、入厂、出海，上巨轮、登高铁、乘飞机……一路奋进向前，民营快递何以从无到有、由大变强？

1. 政策护航，民企经营底气更足

"民营快递企业起步之初，由于监管政策相对滞后，一时没有合法身份。为适应发展需要，我国修订了《中华人民共和国邮政法》（简称《邮政法》），确立了民营快递企业的合法身份，于2009年10月起施行。"国家邮政局发展研究中心产经部主任王岳含说。此举彻底消除了快递业在体制机制上的障碍，让更多有实力的企业加入快递行业。

2. 电商助力，行业发展空间更大

10年前，一到消费旺季，大量包裹滞留站点，让"快递爆仓"一度广受社会关注。这也从一个侧面反映出互联网发展撬动电商业务高速增长，为快递企业发展创造了巨大市场需求。2005年，看到电商发展潜力的圆通速递与淘宝签约，由此开启了高速发展：2006年至2009年，圆通网络淘宝日均件量从2000件暴增到28万件，年均件量也从73万件跃升至1.02亿件。

"互联网＋快递"的东风，助力我国电商快递业务板块蓬勃成长。今天，中国快递日均包裹量已超3.4亿件，其中电商包裹占比超过80%，四通八达的快递服务支撑起超2000万家网络零售店铺。

3. 技术创新，产业升级动力更强

细细梳理民营快递发展壮大历程，不难发现，技术创新如影随形：2003年，顺丰引进快递巴枪，一举提升快件扫描入库效率；2007年，韵达运营车辆全部安装GPS定位跟踪系统，让包裹查询更加便利；2014年，菜鸟率先推出电子面单，让数据抢在包裹之前流动；2015年，申通快递推出智能分拣机器人，让每小时包裹处理量达到近2万个；2023年，600多辆京东物流无人快递车活跃在全国30多座城市……

"依托科技创新不断降本增效，夯实了民营快递企业发展底盘。"王微说，从手写面单到电子面单，从手拉肩扛到自动分拣、无人配送，正是"汗水快递"到"智慧快递"的转变，提升了民营快递企业的市场竞争力，使其不断创造发展新可能。

二、瞄准数字化、国际化方向，书写高质量发展新答卷

1. 向数字化冲锋，提升快递服务效率

浙江桐庐"中国快递之乡"，韵达全球科创中心已经封顶，即将投入使用。建成投运后，将入驻快递区域总部和物流智能研发中心。不远处，圆通公司内，国家工程实验室正在加紧建设，未来将成为以数字化支撑物流业可持续发展的产学研合作平台。

"通过大模型与数字孪生技术深度结合，我们创新推出了'京东物流超脑'，

笔记

能直接描绘仓储布局效果，快速生成三维可视化方案。”京东集团副总裁、京东物流技术负责人何田说。进入数字化时代，快递企业要依托大数据、物联网、人工智能等新一代信息技术，加快数字化转型，努力实现降本提质增效。

2. 向国际化迈进，增强全球竞争能力

综合化、国际化是国际快递龙头企业发展壮大的必经之路。没有跨境供应链能力的快递企业，做不到真正的“快递出海”。顺丰鄂州花湖机场初步形成由湖北鄂州向欧洲、南亚、北美辐射的航空网络布局；京东物流与国际快递公司达成战略合作，未来将在欧洲多国实现快递一日达；菜鸟自建国际快递物流网络，覆盖全球 100 多个国家和地区……

2023 年 7 月 19 日，《中共中央　国务院关于促进民营经济发展壮大的意见》正式发布。不少快递企业受访人士表示，意见的发布让民营快递企业深感振奋、备受鼓舞，未来将坚定信心、奋发进取，为中国快递业高质量发展作出新的更大贡献。

问题与思考：

1. 是什么原因让快递业发展如此迅速？
2. 快递与物流和电商有什么样的关系？

学习单元一　快递概述

一、快递的基本定义

随着快递业的迅速发展，对快递的研究和界定在不断完善，世界贸易组织（WTO）、中国邮递业和国内行业协会及专家都对其作过表述和定义。

1. WTO 贸易分类表中的定义

世界贸易组织在《服务贸易总协定》中按照联合国集中产品分类系统，将服务（产品）分类定位为12个部门。其中快递服务被定义为："除国家邮政当局提供的服务外，由非邮政快递公司利用一种或多种运输方式提供的服务，包括提取、运输、递送信函和大小包裹的服务，无论目的地在国内或国外。这些服务可利用自有或公共运输工具来提供。"

M1-1 扫一扫
看国家标准
《物流术语》

2. 我国国家标准《物流术语》和邮政行业《快递服务标准》中的定义

国家标准《物流术语》（2021年）中对快递服务（express service）的定义为：在承诺的时限内快速完成的寄递服务。行业标准《快递服务》"第1部分：基本术语"中对快递服务的定义为：在承诺的时限内快速完成将信件、包裹、印刷品等物品按照封装上的名址递送给特定个人或者单位的活动，包括收寄、分拣、运输、投递等环节。

M1-2 扫一扫
看行业标准
《快递服务》
第1部分：
基本术语

❖ **知识链接**　快递与物流、邮政的关系

1. 快递与物流的关系

区别：快递是物流的一个子行业。确切地说，快递包含了物流活动的基本要素，它属于"精品物流"。

快递的基本要素有：包装、换装、分装、集装、分拣、分拨与配送，还包括信息处理和网络技术等。因此合格的快递服务，集中体现了物流系统和物流技术的实际应用状况，也是检验物流学研究成果的最好案例。

联系：从本质上说，快件的传递就是实物流通的一种形式。快递与物流之间是一种"从属"关系，它们之间有着千丝万缕的联系，相互依存。如图1-1所示。

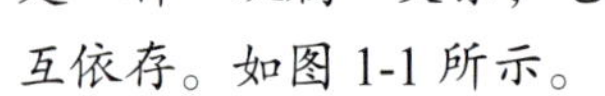

图1-1　快递与物流的范畴

2. 快递与邮政的关系

快递产业总是和邮政业一起统称为"邮政快递业"。政府主管部门已经明确规定快递归属邮政业。从学术上讲，邮政和快递是两种具有相近之处但本质上略有不同的行业。二者具有一定的相似性：通过递送网络提供文件或物品，递送对象都是文件或物品，都含有信息传输或实物递送的成分。

但二者又截然不同：邮政业务的特点是普遍服务，即政府定价、财政补贴、全面覆盖、不苛求时效性，给所有人提供基本信息服务；而快递业务的特点是企业根据市场需求差别化定价，政府负责监管，投递网络根据市场需求决定，满足客户的个性化需求。

二、快递的服务对象

快件（shipments），是指由快递企业所寄递的信件、包裹、印刷品等。

① 信函、商业文件类。是指以套封形式按照名址递送给特定个人或者单位的缄封的信息载体，不包括书籍、报纸、期刊等。

② 包裹。是指按照封装上的名址递送给特定个人或者单位的独立封装的物品，如企业资料、商品、样品、零配件等，其重量不超过 50kg，任何一边的尺寸不超过 150cm，长、宽、高合计不超过 300cm。

三、快递与普通运输方式的区别

快递与普通运输方式的区别在于：快递的运费一般大大高于普通运输方式，支持其存在的市场基础是快递所创造的时间价值。快递运送的对象本身并不会创造价值，但是由于这些物品发挥作用的时效性和商品使用寿命的时效性，使得时间对于这些商品和物品来说具有特殊的价值。其具体区别如表 1-1 所示：

表1-1　快递与普通运输方式的区别

类型	区别	具体内容	举例
快递	强调时间性	按照常规运输方式，在指定的时间内将普通运输方式无法托运的物品运抵目的地，实现“门到门”运输。根据时间紧迫性的要求，将运抵时间分为同日到达、次日到达、2 日到达和 3 日到达等等级，并实行不同的收费标准	全国范围内可实现 24 ～ 48 小时内送达
普通运输方式	不强调时间性	一般只能实现“门到站”或“站到站”的运输，且缺乏业务流程之间的衔接及递送上门的服务内容，在时间性方面一般难以满足客户要求	零担货物运输

四、快递的分类

1. 按照运输方式分类

（1）航空快运

指航空快递企业通过航空运输，收取发件人的快件并按照承诺的时间将其送到指定的地点或者收件人手中，并且将运送过程的全部情况包括即时信息提供给有关人员查询的门到门快递服务。航空快运在很多方面与传统的航空货运业务、邮政运送业务有相似之处，但作为一项专门的业务，它又有独到之处，见表 1-2。

航空快运相对于其他运输方式的快递服务质量更高，其运送速度更加快捷，安全性更高，并且有节约包装材料等优点。但其在现实操作过程中往往需要与其他运输方式相配合才能提供完整的门到门快递服务。

笔记

表1-2　航空快运与航空货运及邮政运送的差异

项目	具体内容
收件的范围不同	航空快运的收件范围主要有文件和包裹两大类。其中文件主要是指商业文件和各种印刷品。对于包裹一般要求毛重不超过 32kg（含 32kg）或外包装单边不超过 102cm，三边相加不超过 175cm
经营者不同	经营国际航空快递的大多为跨国公司，这些公司以独资或合资的形式将业务深入世界各地，建立起全球网络。航空快件的传送基本都是在跨国公司内部完成。而国际邮政业务则通过万国邮政联盟的形式在世界上大多数国家的邮政机构之间取得合作，邮件通过两个以上国家邮政当局的合作完成传送
经营者内部的组织形式不同	邮政运送的传统操作理论是接力式传送。航空快递公司则大多采用中心分拨理论或称转盘分拨理论组织起全球的网络。快递公司根据自己业务的实际情况在中心地区设立分拨中心（hub）
使用的单据不同	航空货运使用的是航空运单，邮政运送使用的是包裹单，航空快运也有自己独特的运输单据——交付凭证（Proof of Delivery，POD）

（2）公路快运

指利用机动车包括汽车、货车、摩托车（三轮或两轮）和非机动车如人力三轮、自行车等公路交通运输工具完成快运速递服务。其为目前运输量最大和最重要的快件运输方式。可以说任何一个快件最后一公里的配送，都需要通过公路快运来完成。

❖ 知识链接　公路快递汽车和快递专用电动三轮车国家标准

随着电商的迅速崛起，快递行业也取得了飞速发展，快递运输车作为快递行业不可或缺的运输工具，在城乡、城市各角落随处可见。然而，快递货车严禁或限时进入市区，严重影响了快递服务质量。为解决快递车辆城市通行难问题，亟须对快递运输车进行规范化、标准化管理，制定符合城市通行管理规定的快递运输车辆标准。我国在 2018 年 12 月 1 日颁布实施《快递汽车技术条件》（GB/T 36149—2018）国家标准，标准中规定：

快递汽车（express delivery vehicles）是指具有独立的封闭结构车厢或整体封闭结构车厢（车厢与驾驶室连成一体），用于快件运输、收寄投递的厢式专用汽车。其主要分 A、B 两类，如表 1-3 所示：

表1-3　快递汽车分类

类别	车厢结构型式	示例图
A 类	独立的封闭结构车厢	

续表

类别	车厢结构型式	示例图
B 类	整体封闭结构车厢（车厢与驾驶室连成一体）	

1. 快递汽车要求

① 快递汽车驾驶室（区）两旁应设置车窗。货厢部位不得设置车窗，但驾驶室（区）内用于观察货物状态的观察窗除外。如配备观察窗，则应在货厢内侧安装坚固可靠的防护装置。B 类快递汽车在最后排座位的后方应安装与载货区分隔的刚性封闭隔离装置。驾驶室（区）与货厢之间可设通道门。

② 车厢内应设置有对货物进行固定或捆扎的装置，宜配备专用货架，货架应安装牢固，车辆行驶过程中不得松脱。

③ 车厢门应启闭灵活、轻便，工作可靠。车厢门锁应灵活可靠，不得脱落和自行开启。

④ 安装有活动门梯的快递汽车，活动门梯应取用方便，工作可靠，行车时不得自行脱开。

⑤ 车厢门应装密封条，密封条应固定可靠，密封良好。

⑥ 车厢门的开启角度应能满足装卸货物的要求。A 类快递汽车车门开启后应能牢固地锁定在车厢上。

⑦ A 类快递汽车车厢与底盘的连接应牢固可靠。

⑧ 快递汽车应预留远程监控车载终端安装条件。

⑨ 快递汽车应安装倒车声音提醒装置，宜安装便于驾驶员倒车操作的可视影像或雷达提醒系统，用于干线运输的快递汽车应配备倒车影像装置。

2. 快递汽车外观标识

快递汽车应在厢体前板左上角设置按图 1-2 等比例放大的标识。标识的底色应为规定的 PB 04 中（酞）蓝，字体为白色。标识中的“快递”字样应采用黑体字，字宽应不小于 96mm，字高应不小于 110mm。标识的高度应不小于 188mm，宽度应不小于 286mm。若驾驶室上方的导流罩遮挡住标识，可将标识设置在导流罩的左上角位置。当车前顶部不够装备标识位置时，可放在发动机舱盖中部。

同时在 2014 年，行业标准《快递专用电动三轮车技术要求》对快递专用电动三轮车的车高、车长等做了规范，而且对车速、启动和载重做了限制，还对“电动车能否挂牌上路”的热点问题，做出了指导性建议。具体要求如下。快递三轮车最高车速应不大于 15km/h，快递三轮车的整车质量应小于 200kg。一次充电后，续驶里程应不小于 60km。应装有倒车语音提示装置。装备封闭式厢体，并具有统一蓝底白字“快递”标识。快递三轮车上应配备卫星定位车载终端，具有定位、通信、行驶记录、警示、与监控平台交互信息等功能。凡人体可能触及之处，均不应有尖角、毛刺、飞边等外露的锐边，闸把、车架、厢体四周以及厢体门等零部件的端部必须加工成圆角或用护套覆盖。还要配置0.5kg以上的干粉灭火器。快递三轮车体前板左上角应有快递标识，由蓝色背景以及白色“快递”字体组成（图1-3）。厢体后面上应有快递企业的企业标识、服务及监督电话等相关信息（图1-4）。

单位：mm

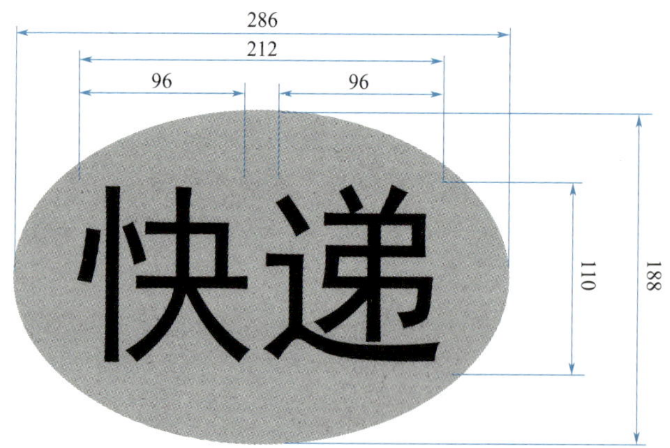

图1-2　标识的尺寸和图案1

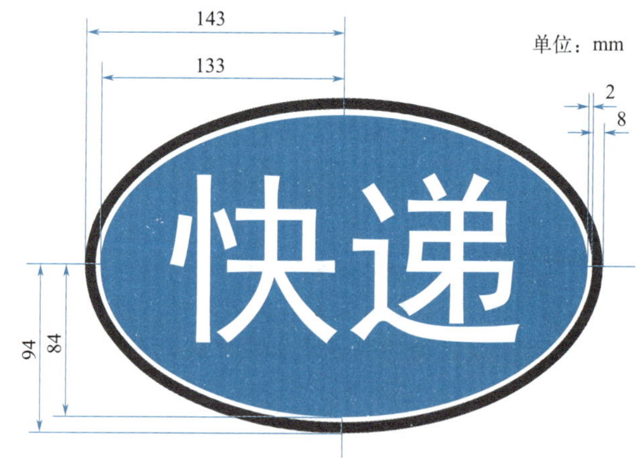

图1-3　标识的尺寸及图案2

图1-4　快递电动三轮车示意图

笔记

（3）铁路快运

铁路快运目前已处于探索阶段，铁路快运业务目前一般是在提速的旅客列车行李车上，运送邮件、私人小件物品等，但是中国高速铁路近年的高速发展，对我国现代综合交通运输体系和物流体系产生了革命性的影响。高铁快递应运而生。但其目前的市场规模较小，真正的市场还没有完全打开。

（4）水路快运

水路快运是一个相对概念，即用相对最快的方式从事水上运输，在客户指定时间内将货物安全运达目的地。因此水路快运在速度上与其他方式的快运没有可比性。

国内海运快运市场，准确的定义应该是特种运输，其时间敏感性相对要小。但由于运输的难度很大，风险也很大，因此收费相对普通海运要高昂一些。由于需求相对分散，国内目前还没有专业公司，海运快运还没有形成一个产业。

2. 按照递送区域范围分

（1）国际快递

国际快递是指在两个或两个以上国家（或地区）之间所进行的快递、物流业务。其主要服务对象为外贸行业的商业信函、文件、票据等物品，国际快递运输涉及国际关系问题，是一项政策性很强的涉外活动。提供此项服务的多为具有全球网络的大型跨国快递企业，诸如敦豪（DHL）、联合包裹（UPS）、联邦快递（FedEx）、天地快运（TNT）等国际快递业“巨头”。目前国内的EMS，民营速递企业顺丰速运、韵达和申通快递也开通了部分海外国家的国际快递服务。

（2）国内快递

国内快递是指在一个国家内部，完成对服务对象的运送服务，收发货人包括整个运送过程都在一个国家边界内，其进一步可分为：同城快递、区域快递和全国快递。由于当前我国经济的高速发展，特别是电子商务的发展，对其需求量呈几何爆炸式的增长，提供国内快递服务的企业越来越多。2018年，我国登记备案的快递企业达到6000余家，其中民营企业占主导地位。

3. 按快递服务的主体分

（1）外资快递企业

以DHL、UPS、FedEx、TNT等为代表的国际快递企业，在20世纪80年代纷纷以合资的形式进入我国，随后随着2001年中国加入WTO，逐步放宽其经营限制，外资企业纷纷吞并其合资和国内的快递企业，铺设和扩展网络资源。

（2）国有快递企业

以中国邮政EMS、中铁快运和民航快递为代表的国内快运速递公司，经过多年的发展已积聚了相当的能量。特别是其网络、资金和政策等资源都得到了国家层面的支持。

（3）国内民营快递企业

以顺丰速运、京东物流、申通、圆通等为代表的民营企业近30年发展非常迅速，通过直营和加盟等形式，它们的网络基本上已经覆盖到中国二、三线城市及大部分乡村，已经渗透到人们的日常生活，推动了经济和相关产业的发展。

笔记

4. **按送达时间分**

快运速递对时效性的要求很高，时间的快慢是衡量快递服务质量的一个非常重要的指标，根据快递服务的送达时间可分为表 1-4 所示类别。

表1-4 按送达时间分

类别	内容要求
当日达	在投递当天即完成货物的送达交付服务
次晨达	在投递物品的第二个工作日 12 点前完成送达交付服务
次日达	在投递物品的第二个工作日 18 点前完成送达交付服务
隔日达	在投递物品的第三个工作日 12 点前完成送达交付服务
定日达	在投递物品后，按照客户的指定时间完成货物的送达交付服务

5. **按照赔偿责任划分**

快件在寄递过程中因非客户过失而发生延误、丢失、损毁和内件不符的情况时，按保价快件、保险快件、普通快件等分类赔偿。

（1）保价快件

保价快件，是指客户在寄递快件时，除交纳运费外，还按照声明价值的费率交纳保价费的快件。如果保价快件在寄递过程中发生遗失、损坏、短少、延误等问题，客户可向快递企业提出索赔诉求，快递企业必须承担相应的赔偿责任。

（2）保险快件

保险快件，是指客户在寄递快件时除交纳运费外，还按照快递企业指定的保险公司承诺的保险费率交纳保险费的快件。如果保险快件在寄递过程中发生遗失、损坏、短少、延误等问题，客户有权向承保的保险公司提出索赔要求。

◆ 知识链接 为什么要办理快件保险?

快递运输通常须经陆、空辗转运送，实际上是属于“门到门”运输，在长途运送过程中遭受自然灾害、意外事故以及各种外来风险的可能性较大。国际物流更是艰辛，不可抗力以及各种人为因素造成的风险都有可能造成货物损失。寄件人为了转嫁邮包在运送当中的风险损失，故须办理快递保险，以便在发生损失时能从保险公司得到承保范围内的经济补偿。

（3）普通快件

普通快件，是指交纳快件运费而不对快件实际价值进行保价并交纳保价费的快件。依据《邮政法》及其实施细则的规定，对于没有保价的普通包裹类邮件按照实际损失的价值进行赔偿，但最高赔偿额不超过所收取资费的三倍。快递企业对普通包裹类快件的赔偿一般是参照这一规定办理的。

6. **按照付费方式划分**

（1）寄件人付费快件

寄件人付费快件，是指寄件人在寄递快件的同时自行支付快递资费的快件。通常情况下，这类快件是各类快递企业的最主要业务。

笔记

（2）收件人付费快件

收件人付费快件，也称到付快件，是指寄件人和收件人商定，由收件人在收到快件时支付快递资费的一种快件。

（3）第三方付费快件

第三方付费快件，是指寄件人和收件人及快递企业商定，在收件人收到快件时由第三方支付快递资费的一种快件。这种快件的收件人通常是子公司，而付款的则是母公司。

7. 按照结算方式划分

（1）现结快件

现结快件，是指快递业务员在快件收寄或派送现场向寄件人或收件人以现金或支票方式收取快件资费的一种快件。

（2）记账快件

记账快件，是指快递公司同客户达成协议，由客户在约定的付款时间或周期内向快递公司拨付资费的一种快件。

学习单元二　快递业发展现状与策略分析

一、快递产业的主要组成

目前，我国快递产业主要由三类企业组成，即民营快递企业、国有快递企业和外资快递企业。

1. 民营快递企业

我国的大部分民营快递企业经过近十几年的发展，已经逐渐成长并壮大，其中比较知名的企业包括顺丰速运、京东快递、申通等。这些企业在区域站稳脚跟之后，已完成了向全国扩张的步伐，甚至大型的民营快递企业如顺丰已经开始拓展海外快递业务。

❖ 知识链接　我国快递业发展历史

邮政快递：1980 年，开办国际邮政特快专递业务，开创了我国现代快递业。1985 年，中国速递服务公司成立，成为我国第一家专业快递企业。1995 年，中国邮政航空公司成立，是国内第一家全货运航空公司。

中通快递：2002 年创建，2016 年在美国上市。

韵达快递：1999 年创立，2017 年在深圳交易所上市。

申通快递：1993 年成立，2016 年在深圳交易所上市。

圆通速递：2000 年成立，2016 年登陆 A 股。

百世快递：2003 年汇通快递成立，2010 年更名百世汇通快递，2016 年更名百世快递，2017 年在美国上市，国内快递板块于 2021 年 11 月被极兔速递收购。

顺丰速运：1993 年诞生，2017 年登陆 A 股市场。

德邦快递：1996 年创建，2018 年登陆 A 股市场，2022 年被京东收购。

优速快递：2009 年成立，已被壹米滴答集团收购。

已消失的快递公司：全一快递、品骏快递、全峰快递、国通快递、快捷快递、安能快递等。

部分大型民营快递企业由于扩张速度过快，忽视了内涵建设，经营管理和资源建设跟不上其扩张的速度，直接导致其服务标准低下，长此以往并不利于企业的发展。同时我国目前小型快递企业数量很多，企业规模小，经营灵活但管理相对滞后，网点覆盖率较低，不具有竞争力，未来需要考虑逐步转型。民营快递企业分类见表 1-5。

表1-5　民营快递企业的分类

类型	名称	内容
大型民营快递企业	直营型：顺丰速运、京东快递、德邦快递	大型民营快递企业在局部市场站稳脚跟后，已经完成了向全国扩张的步伐，一些企业更是开通了国际网点
	加盟型：申通、圆通、中通、韵达等	
小型民营快递企业	速尔、天天等	这类企业小，经营灵活，其主要经营特定区域的同城快递和省内快递

在国外巨头加紧布局中国市场的同时，民营快递企业也在加速网点布局、信息建设、管理提升、服务产品开发、品牌建设，并加大对各项运营能力的投资，其中一些大型快递企业在 2016 ～ 2018 年纷纷上市融资，采购全货机，拓展海外快递服务网络，升级软硬件资源。未来快递业无论是网络竞争、价格竞争、品牌竞争，还是服务竞争、信息竞争、人才竞争、管理水平竞争，归根结底是快递企业间的综合实力竞争，未来两三年内国内大、小几万家快递公司都将面临重新洗牌、优胜劣汰的考验。

❖ 知识链接　《邮政法》规定经营快递业务的条件及要求

经营快递业务，应当依照本法规定取得快递业务经营许可；未经许可，任何单位和个人不得经营快递业务。外商不得投资经营信件的国内快递业务。

申请快递业务经营许可，应当具备下列条件：

（一）符合企业法人条件；

（二）在省、自治区、直辖市范围内经营的，注册资本不低于人民币五十万元，跨省、自治区、直辖市经营的，注册资本不低于人民币一百万元，经营国际快递业务的，注册资本不低于人民币二百万元；

（三）有与申请经营的地域范围相适应的服务能力；

（四）有严格的服务质量管理制度和完备的业务操作规范；

（五）有健全的安全保障制度和措施；

（六）法律、行政法规规定的其他条件。

申请快递业务经营许可，在省、自治区、直辖市范围内经营的，应当向所在地的省、自治区、直辖市邮政管理机构提出申请，跨省、自治区、直辖市经营或者经营国际快递业务的，应当向国务院邮政管理部门提出申请；申请时应当提交申请书和有关申请材料。

快递企业不得经营由邮政企业专营的信件寄递业务，不得寄递国家机关公文。

2. 国有快递企业

以中国邮政 EMS、中铁快运和民航快递为代表的国内快运速递公司，经过多年的发展已积聚了相当的能量，同时依靠其背景优势和完善的国内网络，在国内快递市场处于领先地位，如表 1-6 所示：

表1-6　国有快递企业情况简介

企业	具体情况
中国邮政EMS	中国邮政速递物流股份有限公司（简称中国邮政速递物流）是经国务院批准，由中国邮政集团公司作为主要发起人，于2010年6月发起设立的股份制公司，是中国经营历史最悠久、网络覆盖范围最广的快递物流综合服务提供商。在国内31个省（自治区、直辖市）设立分支机构，并拥有中国邮政航空有限责任公司、中邮物流有限责任公司等子公司。截至2020年底，公司注册资本250亿元人民币，员工近16万人，业务范围遍及31个省（自治区、直辖市）的所有市县乡（镇），通达全球200余个国家和地区，自营营业网点近9000个
中铁快运	以铁路运输为主，公路、航空等多种运输方式共同组成综合运输网络。在铁路供给侧结构性改革进程中，中铁快运向现代物流企业转型发展，融合铁路高铁动车组快运网、铁路行李车快运网、铁路快速列车和特需列车运输网、公路运输网和航空运输网，打造新的综合运输网络平台，更好地满足市场多样化需求。中铁快运在中国设有18个区域分公司、9个子公司，在全国设有近1800个营业机构，“门到门”服务网络覆盖大部分市县
民航快递	民航快递有限责任公司是中国航空集团旗下的综合物流公司及相关业务服务提供商。民航快递依托全国175个机场和国内1578条（含港澳台航线85条）、国际302条航线资源的独特优势，在国内大中城市覆盖网点已达363个，在部分主要机场拥有“快件绿色通道”，可实现在飞机起飞前1小时将客户货件及时配装飞机，并逐步形成北京、广州、上海、成都四个生产运营集散中心

3. 外资快递企业

由于以前国家在快递业对外资有政策等方面的限制性，因此境外速递公司以其独特的方式——合资在中国运作。例如DHL就和中外运建立了“中外运-敦豪”，TNT与EMS合作建立“中速”，TNT和中外运合作建立“中外运-TNT”等。各大跨国快运速递公司以合资的形式参与我国快运速递业的竞争。随着中国加入WTO，已经逐步放宽甚至取消相关政策层面的限制，外资企业则纷纷收购和吞并我国快递企业，同时进行大规模的投资，进一步扩大市场份额。其丰富的经验、雄厚的资金以及发达的全球网络，使得我国快运速递业的竞争更加激烈。

二、快递产业的市场结构

1. 我国国际快递产业的市场结构

国际快运速递业的收费水平大大高于国内快运速递业，一般价格为国内收费的400%～1000%，作为三大主流市场的北美、日韩、欧盟来往快件收费如表1-7所示：

表1-7　国内发往北美、日韩、欧盟的快件收费标准　　单位：元

目的地	文件（0.5kg以内）	包裹（1.5kg以内）
北美	180～220	400～460
日韩	120～150	280～300
欧盟	210～260	420～480

笔记

据统计分析，我国国际快件与国内快件的运价之比约为 5.6 ：1，即相同数量的快件，国际业务的市场销售额相当于国内的 5.6 倍，相对利润率较国内快件要高。目前，在我国境内的几大国际快递企业主要从事国际快件的运作，国内中国邮政 EMS、民航快递、中铁快运和部分民营快递企业如顺丰也从事国际快件的运作。从图 1-5 统计数据可以看出，国际快递中，外资企业占到 80% 以上，而国有快递企业和民营快递企业占有 20% 左右的份额。这与外资企业具备全球的投递网络、先进的信息控制技术和综合的运作能力有一定关系。目前四大国际快递企业（敦豪、联邦快递、联合包裹、天地快运）已占据了我国大部分国际快件市场份额，市场集中度较高。

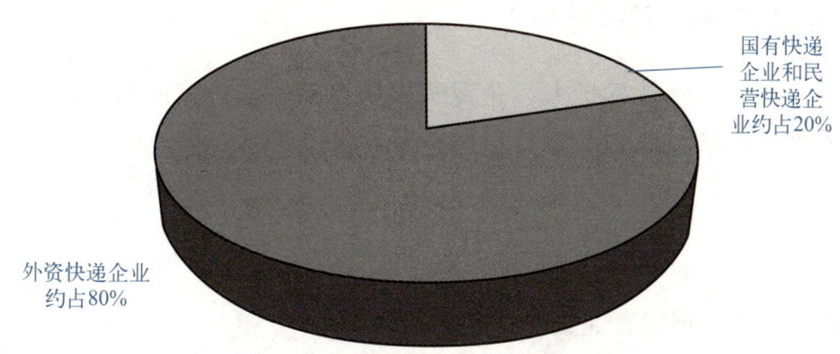

图 1-5　我国国际快递市场结构

未来我国继续坚持对外开放策略及“一带一路”倡议，中国会以更快的速度和更大的规模融入世界经济。2022 年我国外贸进出口总值达到 42.07 万亿元，比 2021 年增长 7.7%，其中跨境电商进出口 2.11 万亿元，同比增长 9.8%，对外贸易及跨境电商的高速发展将有力地拉动我国国际快递市场的发展。

2. 我国国内快递产业的市场结构

近年来，高速发展的市场经济，电视购物、直播购物、电子商务推动了我国快递市场的高速发展。2022 年，中国快递服务企业业务量累计完成 1105.8 亿件，超过美、日、欧等发达国家或地区经济体总和，占全球包裹量 50% 以上，连续 7 年稳居世界第一。近 6 年快递业务统计结果见表 1-8：

表1-8　2017—2022年快递业务量与收入统计

指标	2017 年	2018 年	2019 年	2020 年	2021 年	2022 年
快递业务量 / 亿件	400.6	507.1	635.2	833.6	1083.0	1105.8
快递业务收入 / 亿元	4957.1	6038.4	7497.8	8795.4	10332.3	10566.7

资料来源：国家邮政局。

根据 2022 年国家邮政局公布的调查数据，2022 年，同城快递业务量累计完成 128.0 亿件，异地业务量累计完成 957.7 亿件，国际及港澳台业务量累计完成 20.2 亿件，同城、异地、国际及港澳台快递业务量分别占全部快递业务量的 11.6%、86.6% 和 1.8%，如图 1-6 所示：

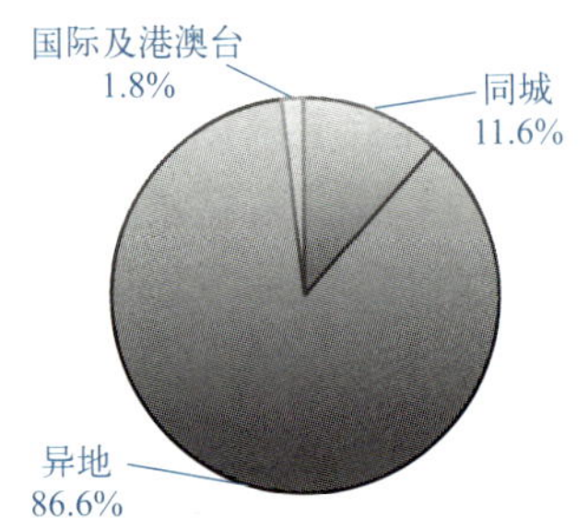

图 1-6　2022 年我国同城、异地、国际及港澳台快递业务量占比

三、快递企业存在的问题分析

快递行业产业规模持续扩大，企业实力快速增长，科技创新加速赋能，农村网络不断下沉，关联产业相互融合，出海步伐逐渐加快。但同时，行业仍存在规模效益不平衡、农村服务体系不健全、末端网络不稳固、权益保障不到位、国际服务不完善等问题。快递业的前进道路上虽有无限希望，却也充满严重的隐患。其主要存在的问题表现为以下几方面。

1. 民营快递企业规模普遍偏小，缺乏资金支持

一般情况下，民营快递企业都是私人经营或股份制，规模偏小。快递企业是资金投入比较大的行业，国外快递巨头每年都以几十亿的投入来扩大和完善服务，而民营企业几乎都是以十万、二十万的投入，并且在融资方面存在较多的障碍。民营快递企业资金来源主要以自有资金为主，仅有少数的企业建立了银行信贷、风险投资、私募基金和上市融资等融资渠道，融资渠道不畅通。融资难在一定程度上成了民营企业发展壮大的瓶颈。

2. 终端网点管控能力弱

除了需要资金支持外，快递的行业性质还要求有稳定的人员及分布网点。但是现实中，一方面快递企业本身缺乏一定的资金支持，另一方面民营快递企业为了占领和扩大市场份额又不得不加速扩张其网点，所以往往采取低成本的加盟扩张方式。当其网点数量超过总部资源管理能力的时候，运营中心不能为加盟点解决问题，不能提供任何服务及支持，或其所制定的作业标准不能得到很好的贯彻和执行。同时加盟点对运营中心缺乏归属感，甚至缺乏合作。

3. 服务功能不全

大多数快运快递企业只能提供单项或分段的快运快递服务，快运快递功能主要停留在储存、运输和城市配送上，相关的代采购、包装、加工、配货、融资、信息处理和大数据分析等增值服务不多，不能形成完整的快运快递供应链服务。并没有根据所服务的商品的属性和特定客户的需求合理分层设计服务产品。大部分民营快递企业提供的产品趋于同质化，这样只能采取价格竞争策略，通过压低运价来获取更多的订单。资金无法满足设施改善、服务标准等要求，逐渐陷入恶性循环。

4. 快运快递渠道不畅

部分快递企业经营网络规划不合理，有点无网，第三方快运快递企业之间、

笔记

企业与客户之间缺乏合作，货源不足，传统仓储业、运输业能力过剩，造成浪费。

5. 人员素质有待提高

由于快运快递企业涉及仓储、运输、批发、商业和外贸等行业，同时由于它的综合性趋势，它必然要求快运快递企业的高级管理人员不仅要有经济学、管理学、统计学、计算机、心理学等基本知识，更要具备较高的综合素质，是一种高级专业化管理人才。具体岗位服务人员则应该是具备适应某一岗位需要的专业性人才。快运快递企业的快运快递全过程是储、运等经济和技术管理活动，中间还伴随着快运快递信息管理、合同管理、营销管理、流通加工、设备管理和财务管理以及内部运行管理等业务管理活动。这就要求岗位的服务人员要具备能与经营活动的诸要素（人、财、物、技术、信息、设备、交易产权等）进行高效沟通的各类知识，形成专业化的管理人才，才能更好满足这一岗位服务的要求，提高快运快递效率，提高企业效益。高等教育和职业教育尚未跟上，人才缺乏，素质不高，这在很大程度上制约了快运速递业的发展。

6. 快递与电商发展的不平衡

快递业的发展与电商前景休戚相关，电子商务一直都处于高速增长的态势，但物流产业的基础设施、资金、人力等投入都赶不上电子商务发展速度，出现了部分供需失衡的现象。一些电商要自建物流体系，其中包括京东、阿里巴巴等大型电商，但这不是所有商家都能承受的，没有大量的资金支持，自建物流就犹如空中楼阁般不切实际。同时京东等电商配备的物流体系都需要自身电商业务的支撑，因为它们不像第三方物流拥有更多的选择权和自由度。其他电商不太可能将配送外包给它们，因为害怕自己的用户信息被拿走。但这也直接对民营快递企业造成竞争。

四、快递企业发展策略

当前和今后一个时期，快递业仍将处于重要战略机遇期，但机遇和挑战都有新变化。从国际看，世界正经历百年未有之大变局，新一轮科技革命和产业变革持续深化，共建“一带一路”扎实推进，《区域全面经济伙伴关系协定》（以下简称 RCEP）生效实施，快递业国际化空间不断拓展；从国内看，我国已转入高质量发展阶段，扩内需、促消费对经济发展的基础性作用进一步增强，电子商务多元化发展，农业现代流通体系加速构建，制造业不断优化升级，快递发展需求持续扩大、使用场景更趋丰富、服务应用高频泛在，为提升快递服务供给能力赋予新动能。与此同时，快递业面临的内外部形势也更趋复杂，世界格局深刻变化，各种不稳定因素冲击着全球产业链供应链，国内人口结构分布、线上线下消费需求等不断变化，在网络拓展、服务创新、绿色发展等领域面临着更大压力。

1. 提高服务供给水平

向用户提供优质服务是快递业的必由之路。快递企业需全面提升快递服务的稳定性、时效性和规范性，不断改善用户体验。加强模式创新，提供多层次、多时效的快递服务。推动服务网络下沉，缩小城乡间服务差距。健全完善由经济快递、标准快递、商务快递等组成的服务产品体系，更好满足多领域、多场景、多样化快递服务需求。着力强品控、提品质，树创优质服务品牌。

2. 明确目标定位和发展方向

国内较大的民营快递企业顺丰速运、京东物流从公司成立之初就一直坚持直营发展模式和其细分市场，但是大部分民营快递企业融资能力有限，所以一般采用加盟制。公司的规模虽扩大了但却削弱了其竞争力。由于采取加盟制，部分大型民营快递企业扩张速度过快，但却忽视了内涵建设，经营管理和资源建设跟不上其扩张的速度，特别是通过加盟形式扩张的快递企业，终端管理更是混乱，直接导致其服务标准低下，损害品牌建设，不利于企业的长远发展。所以针对大型民营快递企业，未来应注重内涵建设，改革发展模式，对现有部分加盟网点进行收购，使得加盟网点的数量与其管理资源相匹配，然后在积累大量资金后，将所有的加盟网点全部收购，变为直营模式。

同时，对于加盟性质的中小快递企业来说有两条发展战略。一是随着大型民营快递企业的改制，等待合适的时机被大型网络民营快递企业总部收购。二是利用企业现有的人力、资金、场地和设备等资源做好转型。因快递业和物流业有其共性，中小快递企业可以利用先前积累的经营基础和客户资源拓展零担运输、专线运输或同城配送等其他物流业务。

3. 拓展服务功能

大部分快递企业服务功能同质化严重，未来应该凭借自己所积累的行业经验进行差异化发展，服务功能拓展内容如表1-9。向哪个方面延伸，跟物流企业的服务定位以及经营战略息息相关。根据企业的比较优势，在现有物流服务的基础上，通过向两端延伸，向客户提供更加完善和全面的物流服务，提高物流服务的附加价值，形成满足客户高层次物流需求的经营模式，从而为自己创造更高的利润。

表1-9　服务功能拓展内容

业务	具体内容
供应链管理	快递企业积极融入精益制造，为制造企业提供“移动仓”和“移动工厂”，引导快递企业提升定制化服务水平，提供分行业解决方案，加快向综合快递物流运营商转型；快递企业与相关制造业领域物流服务商合作，分领域提高专业化供应链服务能力；推广应用仓递一体化、订单递送等成熟模式，探索完善线边物流、逆向物流、供应链等融合发展新模式
运输服务	提供多式联运、城市配送服务；拥有自己的配送网络
物流解决方案	提供可视化的综合物流信息系统服务，使客户商品物流全过程得以实现信息实时追踪和控制
急件服务	为多种行业的客户提供急需零备件、退货、返修件等的管理系统和服务
冷链服务	为客户提供生鲜农产品的冷链快递服务，拓展服务广度
信息处理及数据分析	开发集PC端、网页端、APP、微信端于一体的信息系统，为企业提供物流快递揽收、中转、派发、签收、查询、网点管理、快递员管理等服务；同时根据对接客户信息系统，可进一步为客户提供大数据分析和融资服务
融资服务	利用自有资金或联合银行等金融机构为客户提供质押、结算和代采购等融资服务

笔记

4. 注重数字化、自动化、智能化发展

作为现代社会供应链服务的首选，快运快递企业应更重视现代科技的投入，其数字化、自动化、智能化发展趋势非常明显。21 世纪初，巴枪等信息采集工具的使用，使得快递作业各个环节信息被记录在互联网上，实现了快递作业的信息化。2014 年，电子面单在快递领域应用，开启了行业数字化，依靠硬件设备自动读取电子面单上的信息，进行智能化分析，开展自动化作业，进一步结合在快递作业过程中的海量快件信息形成的大数据，帮助开展管理方面的智能决策。快递拥有极高的数据复杂度和技术依赖度，要求实时和精准，但快递的履约链路更长，服务生态更加复杂，高度自动化又使其“软硬件深度融合，AI 全面赋能”的数字化特征未来会更加明显。

5. 并购助力巨头快速全球布局，增强海外发展能力

国际快递时期，快递企业的经营市场向全球扩张。由于各国地理环境、交通建设、经济发展水平各不相同，国际快递企业要想在各国自建网络非常困难，且成本太高。凭借强大的竞争实力、充足的资金来源，以及在快递行业的优势地位和话语权，国际快递巨头进行企业扩张时主要采用合并收购的方式。通过在本国核心市场的并购活动，它们可以从单纯的快递业务扩展到相关的保险、金融等领域；通过在新兴市场的并购活动，它们可以利用收购企业的本土优势，拓展自己的运输网络和营业网点，迅速进入外国市场。对于快递企业来说，横向并购可以迅速获取被并购对象的网点、渠道、客户等资源，是迅速扩大网络势力的最佳方法。

快递企业与电商企业、制造企业协同出海，支持企业通过投资并购、业务合作等方式服务海外市场。鼓励企业优化国际快件服务流程，提升国际运输处理和境外地面服务能力。引导企业发展海外仓，建设境外分拣中心，铺设当地网络节点，搭建海外服务网络。推动快递企业提高跨境服务信息化、标准化水平，整合信息流、实物流和资金流，提供国内外全链条服务。鼓励有条件的企业制订完善国际发展计划，实施差异化发展策略，强化风险管理和合规经营。

❖ 知识链接 快递出海工程

国家邮政局颁布的《“十四五”快递业发展规划》中提到，巩固提升境内国际快递枢纽能力。引导企业在政策环境佳、地理位置优、运输条件好、寄递业务量大的境外城市建设全球和区域国际寄递枢纽。强化境内外国际寄递枢纽的联通和合作，提升转运效率。因地制宜提升航空、铁路、海运、公路等国际运输能力，支持企业自营全货机国际运输。鼓励快递企业积极参与“一带一路”建设，发展国际快递供应链。支持快递企业聚焦 RCEP 国家，“以点带面”逐步建设境外地面服务网络。支持快递企业在北美、欧洲和大洋洲等重要贸易伙伴国家构建快递通道，在非洲、中东和拉美等新兴市场建立服务节点。鼓励快递企业建设海外仓，与跨境电子商务、制造业协同出海，为相关企业、相关国家提供便利高效的双向快递服务通道。

6. 发展以航空运输为主的多式联运方式

快递市场的高端需求比重越来越大，客户对快递服务的速度要求较高，特别是经营国际快递业务的企业，其跨国货物运输的操作环节复杂、通关手续较多、货物集散的空间范围更加广阔，快递处理需要花费更多的时间。为了更好地适应市场需求的变化，快速运输永远是国际快递企业的首选，航空方式将在未来广泛使用，以不断提高快递服务的时效性。

飞机作为速度最快的运输工具发挥着重要作用，全球快递巨头作为快递行业的领头企业，都选择航空运输作为最主要的运输方式。我国快递企业应继续加大硬件投资，采购全货机，发展以航空运输为主的多式联运方式。

7. 优化快递“最后一百米”运作模式

提升末端服务能力。加快建立设施布局合理、服务多元智能、运营集约高效的末端服务体系。推动在城市居住社区、机关、校园、商厦和交通枢纽场站配建末端综合服务站，支持智能快件箱等智能末端服务设施建设。末端采取集约化、平台化发展，健全宅递、箱递、站递等多元服务模式，提升末端服务规范化、标准化和信息化水平。

❖ 知识链接　“宅配快递”模式

日本的“宅配快递”模式实际是一种城市物流末端配送服务。日本的快递行业起步晚、发展快，主要的快递企业都是由传统货运企业转型而来，基于一般消费者的小型货物配送需求及国有企业服务的缺陷，它们开拓了快递业务市场。日本快递行业由此形成了以到户配送为主的“宅配快递”模式。日本快递的对象是小件单个货物，采用日本道路货物运输企业中的零担混装货物运输形式，以不特定的多数消费者为对象，从事多对多的运输工作，为用户提供门到门的配送服务。“宅配快递”模式将广阔的配送范围划成“小格”区域，采用陆上运输为主的所有运输方式或联运方式进行配送，配送时效能够实现次日达，货运驾驶员不仅要负责区域内的货物配送，还负责区域内快递业务的开发、协调等。

从日本快递企业的经验来看，遍及日本的几十万家米店、酒店、连锁便利店、零售店成为快递企业的收货点，形成覆盖日本全国的集收货点、转运中心、干线运输、末端配送的综合物流网络体系，以保证快递服务质量的统一、高效、快速。日本快递行业的网络节点由货物回收网点、营业所和货物集散中心组成。货物回收网点位于整个网络体系终端，直接为顾客提供寄取件服务。日本快递选择米店、酒店、24小时营业连锁便利店等家庭主妇及普通消费者经常光顾的地点作为货物收发网点，提高了网点密度及服务获取的方便性；快递企业建立的营业所起到快件的区域中转作用，连接着货物回收网点和货物集散中心；货物集散中心是快递网络的核心，负责货物的处理分拣，最后向地区进行运送。在运输安排上，路线运输汽车系统由收集、干线运输、配送三部分构成。干线运输只经过发货和到货的两个集散站，减少了装卸时间。为了避开交通拥挤，干线道路运送的司机通常夜间进行工作，以完成次日达的服务要求。密集的网点搭建了快递网络骨架，通畅的运输服务提高了快递服务质量。日本“宅配快递”服务模式采用共同配送体系。大型快递公司建立了自己独立强大的集配网络，设有密集的网点和大型集散中心，利用集散中心完成小件货物的集货、分拣、配送、再集货、再分拣到最终向用户的末端配送过程。对于中小运输企业而言，需要建立区域性的共同配送中心枢纽，将零散的小件货物集合成一个整体，经过配送中心的处理分拣，再按照配送需求进行统一配货。共同配送方式提高了快递配送效率，不同规模的企业能够获取相应利益。

我国乡镇一级快递网点铺设难，回报低，因此菜鸟网络参考日本的共同配送联合体制定了适合我国国情的乡镇共配网络（图 1-7）。

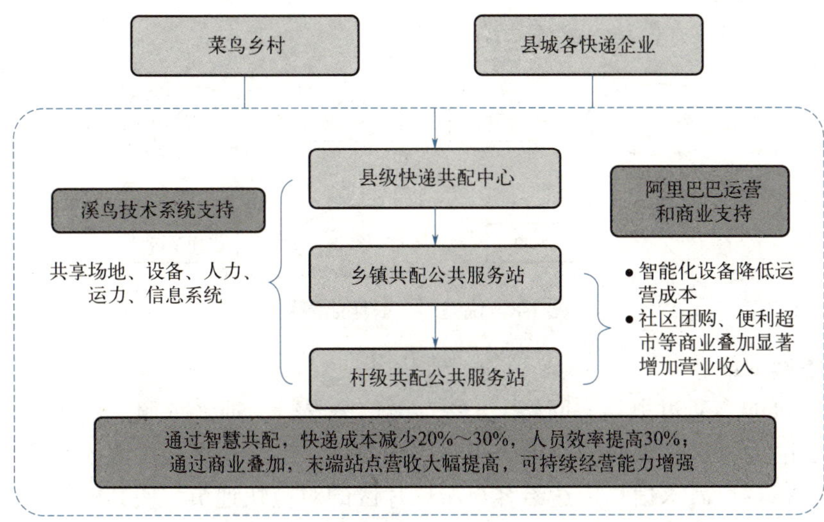

图 1-7　菜鸟网络乡村智慧共配项目示意图

8. 完善农村快递服务体系

2019 年 5 月，七部委联合发布的《关于推进邮政业服务乡村振兴的意见》提出，将村邮站纳入乡村公共基础设施，强化电子商务、便民服务、收寄投递、自提服务等功能。未来我国农村快递行业将进一步发展，成为未来快递企业竞争的重要战场。应加强农村快递服务基础设施建设。加快建设以县级分拨中心、乡镇网点、村级寄递物流综合服务站为支撑的农村寄递物流服务体系。统筹农村地区资源，鼓励县级分拨中心共建共用。规范现有乡镇快递网点，推动网点稳定运行。整合村邮政、快递、供销、电商等资源，利用村内现有公共设施，建设村级寄递物流综合服务站。鼓励有条件的县乡村布设智能快件箱。加快推广共同配送模式，鼓励邮政、快递、交通、供销、商贸等合作共用配送网络。

9. 拓展多元服务领域

快递企业应不断提高服务电商的质量和水平，支撑新业态发展。进一步发展同城快递、限时快递，带动线上线下消费融合，向文体旅游、教育科研、医疗养老等领域拓展服务，与电子商务、交通运输、商贸仓储等环节协作联动，发展全领域一体化服务。

学习单元三　快递作业基本流程与服务网络

一、快递的一般作业流程

快递的一般作业流程包括：寄件下单、上门取件、快件入库、分拨转运、出库派送、客户签收和回单。具体如图 1-8 所示：

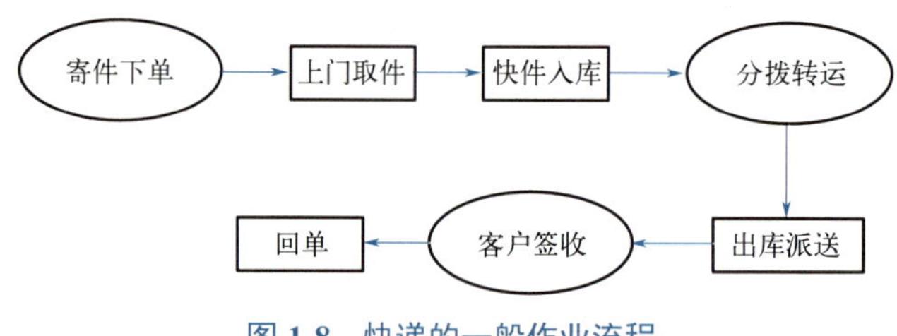

图 1-8　快递的一般作业流程

1. 寄件下单

客户可能会通过电话、网络、APP、微信公众号，或者依照之前所订立的合同，将自己的寄件需求告知快递公司客服中心，快递公司客服中心收到客户需求信息后，将客户需求信息传达给客户所属片区的对应快递员，使其能及时到客户处取件。当然，非首次寄件客户可能保留有负责该片区的快递员的联系方式，因此也可以直接联系该快递员进行寄件。寄件下单要求快递公司客服中心或快递员准确记录寄件客户的地址信息、所寄物品及其数量，以便快速准确到达客户处并携带适量的包装材料。

2. 上门取件

上门取件是指快递员接收到快递公司客服中心接单员下发的客户寄件的需求信息后，至客户处收取快件，并在规定时间内，将快件统一带回分部的过程。快递员上门取件并不是快递公司接手客户业务的第一步，客户也可以直接联系该快递员进行寄件。在上门取件过程中，要求快递员在最短时间内合理安排取件路线到达寄件客户处收取快件，并避免收取违禁品，正确计算及收取运费，对货物进行包装处理，协助客户填写运单，并将快件在规定时间内交往分部仓库，以使其正常参加中转。

上门取件是快递员直接接触到客户的环节，快递员代表着整个快递公司的形象，而快递员的做事态度以及快件操作的熟练程度也在一定程度上影响着整个快递公司在客户心目中的形象。因此要求快递员在上门取件之前一定要注意自己的形象，平时练好基本功，否则客户不会放心地将快件交给他。而一个能让客户体会到公司的实力，让其真正看到快递员的专业性的收件流程能为企业在客户心中的形象增色不少。收件过程不仅是收件，也是在做营销。为此，一个标准、规范的收件流程至关重要。

笔记

3. 快件入库

这里的入库主要是指快递员将从客户处收取的快件交给分部仓库（也称为“点部”），进行短时存放。同时对于所集并已经分拣好的需要发出的快件进行巴枪扫描、装车、封车、登记等操作，最后将快件从本地区（包括分部）发到区域中转分拨中心。这个流程主要包括快递员将所集货物交与仓管员、仓管员接收、短时间仓储、再次扫描装车、与司机交接等工作。

4. 分拨转运

分拨转运是指将区域内各分部的快件经运输送达区域中转分拨中心，然后按照一定的规则（所属地）进行分拣处理。去往同一区域目的地的快件经打包、扫描、装车和干线运输（空运或公路运输）运达目的地所在的区域中转分拨中心，然后按照快件的不同地址所属区域再次进行分拣、扫描、打包和装车，运往分部。此环节交接环节和分拣环节多，包括分部和区域中转分拨中心的交接、区域和区域的交接、区域中转分拨中心和分部的交接，所以最容易产生问题件。比如由于分拣不精确造成错运，快件经过连续的装卸作业也容易发生货损。所以此环节需要提高快递企业分拣作业能力和规范化作业程度，以减少此环节的问题件的产生。

5. 出库派送和客户签收

派件是指快递员与仓管员交接完毕后，根据运单上的派件要求，在规定时间内，将快件送达指定地点，交付给指定收件人，并由收件人进行开箱检验，确保货物完好后由收件人签字确认的操作过程。派件一般来说是快件流转过程中的最后一个环节。派件需按照运单上收件人的具体地理位置进行派送。派件的主要目的是在保证快件安全完整的情形下，尽快将快件派往收件客户处。同上门取件一样，这个环节也是直接接触到客户的环节，只不过取件时接触到的是寄件客户，派件环节面对的是收件客户。同样，这个过程也应十分注意快递员传递给客户的形象，一个形象良好、操作娴熟的快递员定能传递给客户一个优秀企业的良好形象。

6. 回单

回单指应寄件人要求，在收件人验收快件的同时，需收件人签名或盖章后返还给寄件人的单据。它是收货人收取货物的收货凭证。客户签收好的电子回单会直接存储到企业信息系统，寄件人查询或公司统计分析时可直接调用。如果是月结客户，就凭系统导出数据和客户对账结款。

这里介绍的流程只是快递作业的一般流程，在具体不同的快递企业中会有一定的差异。

二、快递作业流程基本要求

M1-3 扫一扫看微视频“快递作业流程”

为了保证以最快的速度，安全、准确、优质的传递质量，尽可能少的成本和尽可能便捷的方式将快件从寄件人送达收件人，快递作业整个流程必须遵循以下原则与要求。

1. 有序流畅

快递作业流程有序流畅包含三个方面内容：一是工作环节设置合理，尽量不出现重复、交叉的工作环节；二是每一工作环节内运行有条不紊，操作技能和方法运用合理，尽量减少每个岗位占用的时间；三是各工作环节之间衔接有序，运行平稳，上下环节之间应相互配合，确保节奏流畅。

2. 优质高效

优质高效是整个快递服务的生命线。优质，一方面是指最大限度地满足各类客户的需求，提供多层次的服务产品；另一方面是指本着对客户负责的精神，确保每个工作环节的质量，为客户提供优质的服务。高效，是指整个快递作业流程必须突出“快”的特点，这就要求在网络设计、网点布局、流程管理方面应该合理有效；在工具、设备和运输方式的选择方面能够满足信息和快件快速传递的要求。同时，还应合理配置人员，加强员工培训，提高员工素质。优质是保障，高效是灵魂。没有优质，高效就没有基础；没有高效，优质就会失去意义。

3. 成本节约

控制和节约成本应贯穿于整个快递业务流程。应该尽量减少和压缩不必要的快件中转环节，降低运输消耗，合理配置工具和设备，节约使用物料，充分利用一切可重复使用的资源，以降低企业快递服务成本，节约社会资源。

4. 安全便捷

安全是快递服务始终遵循的基本原则之一。在整个快递作业流程中，必须最大限度地降低可能会引发快件不安全的一切风险，保证快件在收寄、包装、运输、派送等过程中免受损坏和丢失，确保信息及时录入、准确传输，不发生丢失和毁坏等。

同时，要体现方便客户的人性化服务，在服务场所设置、营业时间安排、上门收寄和派送服务等方面，都应体现出便捷的服务特点，以满足客户的需求。

三、快递服务网络的定义及构成

（一）快递服务网络的定义

快递服务网络是若干个呼叫中心（客户服务中心）、快递末端网点、快件处理场所以及连通这些网点的网络，按照一定的原则和方式组织起来的，在控制系统的作用下，遵循一定的运行规则传递快件的网络系统。快递服务网络是一个统一的整体，各部分紧密衔接，依靠全网的整体功能，完成快件递送的任务。

（二）快递服务网络的构成

快递服务网络包括以下四个基本要素。

1. 呼叫中心

呼叫中心，亦称为“客户服务中心”，是快递企业普遍使用的、旨在提高工作效率的应用系统。它主要通过电话、网络系统负责受理客户委托、帮助客户查询快件信息、回答客户有关询问、受理客户投诉等业务工作。

2. 快递末端网点

快递末端网点是指依法备案的提供快递末端服务的经营网点，包括服务网点、快递服务站、智能快件箱等。任一末端网点均有其特定的服务范围，即在指定的服务范围内，所有客户的收件、派件都将由此网点完成。除此之外，还需按时段将网点所收取的快件送至分拨中心参加中转，同时将本服务范围内的派件从分拨中心带回。每个网点根据所在服务范围的面积、客户数量、业务量来配备数量不等的收派员。末端网点的设置，一般依据当地人口密度、居民生活水准、整体经济、社会发展水平、交通运输资源状况以及公司发展战略等因素来综合考虑，要本着因地制宜的原则，科学、合理地设置。

随着快递服务企业的快速发展，快递企业业务网点的硬件设施科技含量日益提高，服务质量和效率得到进一步提升，服务功能也朝着日益多样化、综合化和个性化的方向发展。

❖ 知识链接 快递末端网点备案要求

经营快递业务的企业或者其分支机构（以下统称开办者）根据业务需要，在乡镇（街道）、村（社区）、学校等特定区域设立或者合作开办的，为用户直接提供收寄、投递等快递末端服务的固定经营场所，属于快递末端网点。

① 开办者应当在快递末端网点设置快件存放和保管区域，配备相应的通信、货架、监控等设备设施，公示快递服务组织标识，并遵守邮政管理部门的其他规定。

② 开办者应当自快递末端网点开办之日起20日内，向快递末端网点所在地省级以下邮政管理机构备案。

③ 开办者应当通过邮政管理部门信息系统如实完整填写《快递末端网点备案信息表》，并在线提交以下材料：开办者营业执照、快递末端网点负责人身份证明、快递末端网点场所的图片资料、邮政管理部门规定的其他材料。

分支机构办理快递末端网点备案手续的，除提交上述材料外，还应当提交所属企业法人的授权书。

④ 省级以下邮政管理机构在收到开办者提交的备案材料后，材料齐全的，应当在5个工作日内予以备案，并在线生成备案回执；材料不齐全的，在2个工作日内一次性告知开办者补正。

⑤ 开办快递末端网点，不得超出开办者快递业务经营许可的业务范围、地域范围和有效期限。

⑥ 快递末端网点名称、类型、经营范围、负责人等事项发生变更的，开办者应当在10日内通过信息系统向原备案机关履行备案变更手续。

⑦ 开办者的快递业务经营许可被注销或者分支机构名录失效的，其开办的快递末端网点备案自行失效。

快递末端网点承担着客户服务、操作运营和市场开发三大职能，它既是客户服务的密切接触点，又是市场营销的前沿。为了能全面掌握市场，网点势必分布较为广泛；另一方面，为了在尽可能短的时间内（或在承诺时间内）为客户服务，网点势必分布得较为密集。但出于成本与利润的考虑，网点建设不能随意盲目，因此，网点布局对于快递企业举足轻重。

3. 快件处理场所

快件处理场所是快递服务主体专门开展快件分拣、封发、处理、交换、转运

笔记

等活动的场所。一般也称为中转场、集散中心或分拨中心，是快件传递网络的节点。一个快件处理场所下辖若干个末端网点，其负责区域内所有网点的快件集散，也就是将区域内所有网点所收取的快件集中在一起，并按目的地分类汇总，然后通过飞机或汽车转发至其他相应的快件处理场所；同时，其他各地发往本区域的快件，由当地相应的快件处理场所发送至此，再由本快件处理场所按各网点分类汇总，继而转发往各个网点。

企业根据自身业务范围及快件流量来设置不同层级的快件处理中心，并确定其功能。在我国，一般全国性企业设置三个层次的快件处理中心，区域性企业设置两个层次，同城企业设置一个层次。以全国性企业为例，第一层次是大区或省际中心，完成本地区快件的处理任务外，主要承担各大区或省际的快件集散任务，是大型处理和发运中心，一般建于全国交通枢纽城市，如北京、上海、广州等大城市。第二层次是区域或省内中心，完成本地快件的处理任务外，还要承担大区（省）内快件的集散任务。一般建于省会城市。第三层次是同城或市内中心，主要承担本市快件的集散任务。大区或省际中心对其他大区或省际中心及其所辖范围内的区域或省内中心、同城或市内中心建立直封关系。区域或省内中心对其大区或省际中心、本大区内的其他区域或省内中心，及其所辖的同城或市内中心建立直封关系。

集散中心的设置方式和位置，对快件的分拣、封发和交运等业务处理和组织形式，以及快件的传递速度和质量起着决定性的作用。随着快递技术含量的上升和快件业务量的增加，快件集散中心的处理方式也在由手工操作向半机械化和自动化处理方式过渡。

4. 网络

连通中转场与中转场之间的网络称为一级网络，一般是航线或是公路干线。所谓航线是指公司用自己的飞机，或包机、包腹仓、租仓位来实现快件在两地的传递。所谓公路干线是指由专门的货车在两中转场间来回对开、往返送件。若两中转场间没有匹配的航线，或快件流量较小还不足以开通公路干线，则会采取外包的形式将快件打包交予货代公司。

连通中转场与网点之间的网络称为二级网络，也称为支线网络。由于网点与中转场间的快件流量有限，在实际操作中一般使用面包车等小型车辆来实现快件的传递。快递网络的构成如图 1-9 所示：

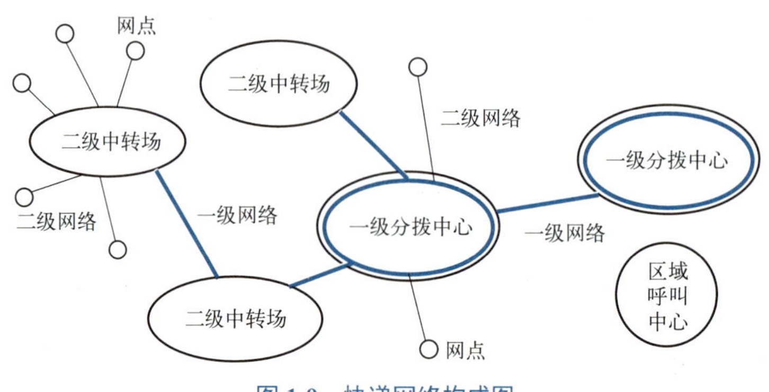

图 1-9　快递网络构成图

四、快递建立标准作业程序（SOP）的作用

笔记

当前我国一些大型快递企业设立了 SOP（Standard Operation Procedure），对一些操作流程，比如取件、调度分部操作、中转分拨操作、派件操作等主要环节的操作制定了统一的流程，对从事快递操作的人员如快递员、调度员、客服人员等也都制定了统一的作业要求操作规范。不仅如此，许多快递公司在快件目的地编码的正确书写、从业人员着装、取件派送的管理要求、操作区域的设置、派送车辆的标志、检修维护、全监视系统、快递员出车、取件、理货、交接、信息的发送和接收、快件分拣、建包等涉及快件流转的各个环节都制定了一系列的标准。标准的制定为企业进行有效管理奠定了良好的基础。

制定操作标准，微观上使公司运作更加规范，提高了工作效率，保障了货物、人员及车辆的安全性，使公司以统一形象、标识和服务规范面对客户，提高了企业在客户心目中的地位。宏观上起到了提高技术创新能力、开拓市场、提高企业的规模效益等作用。

学习单元四　快递与电子商务联动发展

一、电子商务对快递业务的推动作用

1. 电子商务市场规模

中国网络基础设施不断完善，智能手机普及率提升，中国网民用户规模持续增长，网上购物人群数量也随之增长。2022 年，中国网络购物用户规模达到 8.45 亿人，网上零售额达到 13.79 万亿元。2018 年以来，中国网上零售额持续增长。近几年我国网上零售额增值变化情况如图 1-10 所示：

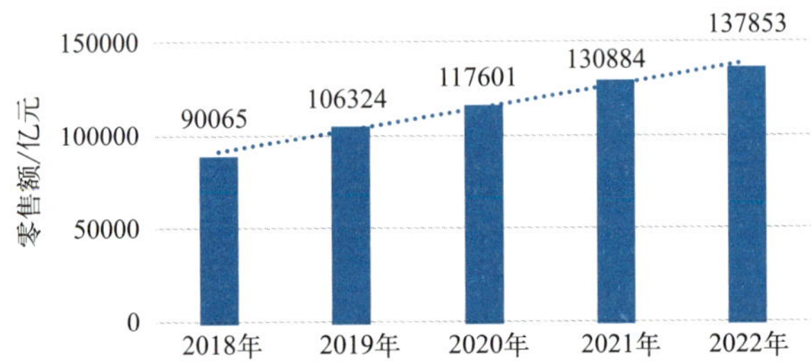

图 1-10　中国电商 2018—2022 年网上零售额（数据来源：国家统计局）

2. 各类电商 GMV 占比

2022 年，综合类电商（淘系、京东、拼多多等）的商品交易总额（Gross Merchandise Volume，GMV）占比为 76%，占据第一的位置。直播电商（抖音电商、快手电商和点淘平台等）近年来大放异彩，增长势头较猛，已经位居第二，GMV 占比达到 19%，而后是新零售和社区团购，分别占到 3% 与 2%。具体如图 1-11 所示：

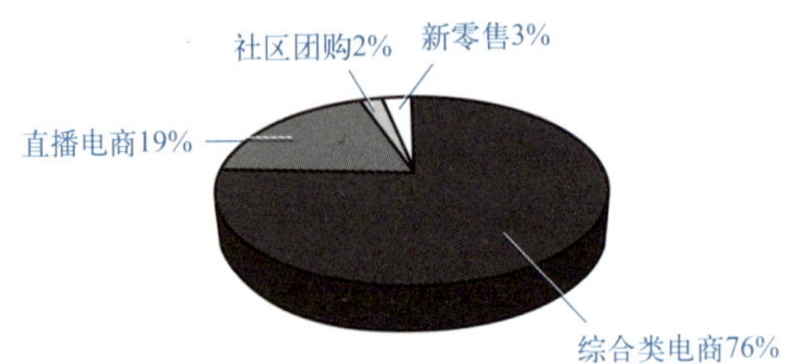

图 1-11　2022 年中国各类电商 GMV 占比

从以上相关数据可以发现，我国电子商务仍处于快速发展的态势，综合类电商占据主流。电子商务的快速发展增加了对快递服务的需求，直接带动了快递业的快速发展，同样高效、安全和精准的快递服务业推动了电子商务向更加多元化的方向和模式发展，国家也先后出台了相关政策支持和鼓励电子商务与快递物流联动协同发展。

笔记

二、快递物流对电商的支撑作用

1. 电商的发展需要快递物流作为支撑

随着全球经济的快速发展，市场竞争瞬息万变，企业及个体消费者越来越期望通过电子商务平台购得所需物品。中国的电子商务发展到今天，无论是综合电商还是直播电商、社区团购和新零售等新型电商模式的发展，物流是决定其成败的关键要素。电子商务活动如果没有快递配送服务做支撑，就无法将虚拟世界和现实世界连接起来，因此快递在电子商务活动中起着举足轻重的作用。快递业在中国的发展时间虽然很短暂，却是一个高速发展、具有巨大发展潜力的产业。作为物流业高附加值的一端，在世界的经济发展舞台占有重要的地位。因此，电子商务要想获得大发展，必须和快递物流企业强强联合。

2. 电商对快递服务需求的变化趋势

电子商务的发展正在从拓展市场、吸引用户为重心，转移到以“客户体验”为核心，这种显著变化对快递行业的服务内容、服务能力、服务水平、服务质量等方面提出了新的要求：

① 必须适应并满足用户更高频次、更小批量的购买需求；

② 必须尽可能缩短快递业务各个当下环节时限，适应并满足用户更高的时效性需求，提升用户体验；

③ 必须适应并满足商户和用户对物品安全性的更高要求；

④ 必须适应并满足企业和用户对服务和价格的更高要求。

电子商务所需要的物流服务，远远不止于以上这些特点，因为消费者不仅仅要在网上买书和衬衫，还要在网上买鲜花、大闸蟹、双人床、冰箱、空调乃至进口轿车。这些都不是单靠快递就能够完成的服务，所以其必须拓展服务的广度和深度，向冷链物流、大件物流、零担物流、仓配一体化、供应链金融等服务内容延伸。

3. 快递业发展滞后会制约电商发展

快递服务已经成为电子商务的延伸服务，快递业务服务跟不上电商发展的步伐，很多网民在对电商服务评价或投诉的时候提得最多的是快递服务，原因是多方面的。

（1）快递企业融资困难

民营快递企业融资上有困难，物流服务得不到改善；即便投入了一定的资金，却没有通过提供服务承诺和服务方式的手段在消费者中得到认可。电子商务企业很难依靠快递企业的服务来与竞争对手角逐。

（2）快递企业利润空间小

电子商务企业只留给快递企业很小的利润空间，卖家一般从消费者处收取 8 ～ 10 元的快递费，却只支付给快递公司 5 ～ 8 元。在这种压榨式的合作中，快递公司为了维持运营，只好想方设法降低运营成本，其结果就可想而知。

（3）快递企业风险较大

卖家在物品包装上也是简单至极，把运输中更多的风险转嫁给快递公司。电子商务企业与快递公司之间的这种合作并不具有战略性，只是利益驱使下的简单合作，并没有共同去消除发展中的障碍，更多的是快递公司被不断地压榨。从这个意义上说，快递服务的落后在一定程度上是与电子商务企业紧密相关的。

三、电商与快递企业的联动发展策略

（一）电商企业介入快递业务

快递服务质量已成为制约行业健康可持续发展的瓶颈。为突破这一瓶颈，电子商务企业开始将触角伸至快递业。

1. 电商企业入股快递企业

电商企业通过入股快递企业的方式来提升对物流环节的管控能力，如阿里巴巴成立了菜鸟物流服务平台型公司，投资入股了圆通、中通、申通、百世汇通和韵达（传统四通一达快递企业）、万象物流／晟邦物流（落地配）、卡行天下（干线运输）、心怡科技（仓储管理）、速递易／日日顺乐家（快递柜）等上下游企业，通过入股各类型的物流企业进一步拓展物流领域的布局，做到精简物流，提高递送的成本收益，打破资源壁垒，整合资源。此种属于轻资产型发展模式，通过建设开放的大型综合物流体系——“菜鸟网络”，整合了淘宝、天猫的海量交易及物流信息的数据网络“天网”，整合了全国多个配送中心资源的“地网”，更加高效、精准地配置物流资源，全面提升物流配送效率，降低物流配送成本。菜鸟联盟正在积极推动物流行业的服务分层，通过大数据、云计算、物联网、移动互联网等技术提升快递物流企业的服务能力。

2. 电商企业自建物流体系

部分大型的电商企业为了优化用户体验也选择自建物流体系。如京东2007年开始自建物流，2017年4月正式成立京东物流集团。截至2022年12月，京东物流运营超1500个仓库，含云仓生态平台的管理面积在内，京东物流仓储总面积超3000万平方米。同时，截至2022年10月，在全球运营近90个保税仓库、直邮仓库和海外仓库，总管理面积近90万平方米。聚焦于快消、服装、家电家具、3C（计算机Computer、通信Communication、消费类电子产品Consumer Electronics）、汽车、生鲜等六大行业，为客户提供一体化供应链解决方案和物流服务。电商企业自建物流体系的方式前期需要大量投入仓储用地和设施、运输车辆、作业人员等，属于重资产型发展模式。但是物流体系一旦建成，可将物流环节控制在自己手中，在提供自身平台商品物流服务的同时，面向社会提供物流服务，成为企业另外一个利润来源点。

（二）快递企业介入价值链上下游

1. 介入价值链上游——电商领域

当今快递业本身竞争的日益激烈也是快递企业拓展业务的主要原因。人力成本、油价的不断增长，利润率的不断降低，导致企业生存空间受到挤压，这些恰恰逼着快递企业不得不寻找新的收入来源，拓展自己的发展空间。另外，快递企业靠规模取胜，几年后，电商或许会成为规模企业的标配，快递业在此当口若逐步向上游跨界突围，或许能增加收入，提高附加值，在一定程度上帮助物流业渡过难关。这里提出两种介入上游电商的方式。

（1）通过整合上游供应商，介入价值链上游电商领域，实现跨界经营

快递企业可通过整合供应商，利用自身品牌的影响力自建电子商务平台，通过电商和快递一体化运营，实现跨界经营。这样做的好处是可以将上游完全掌控在自己的手中，并充分利用自己已经建立起来的品牌影响力和自己的核心竞争力，为客户提供高质量、高标准的服务体验。同时，电子商务行业和快递行业的关联性很强，快递业也确实有其先天的优势，比如在物流网点和客户数据方面，抑或在为大电商做配送服务的过程中，快递企业比较了解电商客户的类别与需求。当然，贸然直接进入这一领域也有其不利的因素，首先这一领域并不是快递企业所擅长的领域，缺乏相应的人才、资金和运营模式。其次快递企业自建商务平台，需要解决电子网络支付问题，也要经历建设、推广、客户接受到认同的发展历程。虽然可能因其自身的品牌影响力使得这个时间较短，但是也要有心理预期和一定量的资金储备。

（2）与电商企业合作，互补短板

通过和电商企业合作，相互投资，以联盟的形式进行经营，实现 1+1>2。凭借快递企业网点覆盖范围和电商企业的互联网技术为用户提供服务，并且双方本身能够业务互补，凭借各自的优势资源实施强强联合，这是一种双赢的状态。电商平台的自建物流就很容易出现短板，一般只能覆盖沿海发达地区以及规模较大的城市。快递企业可以为这类自建物流体系的电商提供无覆盖区域配送业务，通过战略合作来互补短板。这种方式下，在合作过程中双方可能将各自的核心数据和信息展示给对方，会给彼此的合作带来一定的风险。

目前，除了 EMS，大部分快递企业只是在一些大中型城市设置服务网点，服务网点没有铺设到中等城市和偏远地区的城市，导致快递企业的服务范围有一定局限性。所以，快递企业要想介入电商领域，首要任务就是扩大其网点的覆盖率。

2. 介入价值链下游——零售终端

快递企业进入零售业并非单纯为零售业而来，降低快递成本、增加站点收件和派送模式才是快递企业的真正目的。未来快递的竞争会从最后一公里延伸至最后一百米，快递企业如何解决这一难题，实现客户满意度的提升，会成为快递企业取得成功的关键。快递介入终端零售领域，使两个原本不关联的业务融合起来，来提升和满足客户多元化服务需求，可以算是一种独特的尝试。此举国外的快递业巨头已经有过先例。

❖ 知识链接 UPS 和 FedEx 的便利店

2001 年，UPS 通过并购拥有了特许经营公司 Mail Boxes Etc.（以零售货运、邮政和商业服务中心著称）后开始向零售业进军。两年内，约有 3000 家重新印上

“The UPS Store”商标的 Mail Boxes Etc. 在美国相继出现，并提供更优惠的 UPS 服务。这些商店仍保留一贯的便捷与一流的服务，在当地拥有、经营且继续提供相同项目的邮政和商业服务。

2004 年，联邦快递（FedEx）动用 24 亿美金收购金考公司（Kinko’s），收购之前，金考在全世界拥有 1200 家分店，是当时全球最大的提供印刷复印服务的连锁零售店。联邦快递认为，金考的文档解决方案和商业服务能够从战略层次上满足自己的快递服务的需要。收购后的新公司名为 FedEx Kinko’s（联邦快递金考），现在是全球最大的快印连锁公司，其主要门店均位于商业繁华区域，且均为 24 小时营业，为客户提供了最大的便利。

由于有两家国际快递巨头的先例，快递企业进军零售业其实算不上创新，只是我国快递企业并没有像巨头 UPS、FedEx 那样庞大的资金，进行大规模的并购，只能通过其他的形式来运作。快递企业进入终端零售领域可以采用两种形式。

（1）现有网点转型

在现有网点的基础上进行转型，直接自行开店，以提供收派件服务为主，兼营便利店业务的同时起到对自己电商产品的展示功能。

（2）与连锁店、超市进行合作

也可以选择合作的方式，通过和连锁店、超市进行合作，在合作的连锁便利店和超市里挂上自己的寄件招牌，提供便捷灵活的快递服务。客户到便利店寄送快件还可以享受优惠价格。此举可以迅速扩大自己的网络资源，增加网点数量，延长收发件时间，方便客户全天候就近取件。另外也可以拓展便利店展示功能。

快递企业进入零售行业，存在一定的风险。毕竟，零售业是烦琐且薄利的行业，从供应商资源到管理十分复杂，便利店竞争极为激烈，即便是专业经营便利店行业的公司现在都背负很大压力，对于缺乏零售经验的快递企业，这会是一种全新的挑战。

相信如果快递企业能够成功地介入电商和零售终端领域，其未来的发展方向可以将便利店、快递和电子商务进行融合发展。一些主流快递企业有过介入电商和终端零售领域的尝试，但获得成功的不多。目前，很多已经转战至本地生活配送赛道，在即时零售、外卖、社区团购等场景开启了跨界探索。快递物流企业无论向哪个领域拓展产品和服务，目标都应该是其细分市场，与大型电商平台形成差异化竞争，这样才能减少资金的盲目投入，进而形成自己的核心竞争力。另外，快递物流企业要想顺利实现产业链延伸，打造健康的物流生态圈，还需未雨绸缪，做好资金储备，注重技术投入和专业型人才培养，做到有备无患。

实训项目一

1. 训练目标

通过对快递企业的业务经营范围的调查与认知，进一步了解快递企业的业务内容及业务流程。

2. 训练内容

设计一份调查表或调查问卷，如表 1-10 所示，在所在地或在网络上找一家快递企业进行调查，了解其具体的经营范围、企业性质、企业从业人员数量和企业设施设备类型等情况。

表1-10　快递企业调查表

<table>
<tr><td colspan="2">企业名称</td><td colspan="4"></td></tr>
<tr><td colspan="2">经营范围</td><td colspan="2"></td><td>经营地域</td><td></td></tr>
<tr><td colspan="2">注册地址</td><td colspan="2"></td><td>注册资本</td><td></td></tr>
<tr><td colspan="2">企业类型</td><td colspan="4">□有限责任公司 □股份有限公司 □其他</td></tr>
<tr><td colspan="2">企业组织身份</td><td colspan="4">□总部企业 □子公司 □单一公司 □处理中心</td></tr>
<tr><td colspan="2">企业性质</td><td colspan="2">□国有控股
□民营控股</td><td colspan="2">□含外商投资（含台港澳侨）
□外商控股（含台港澳侨）</td></tr>
<tr><td colspan="2" rowspan="3">联系人</td><td>姓名</td><td></td><td>身份证号</td><td></td></tr>
<tr><td>固定电话</td><td></td><td>手机</td><td></td></tr>
<tr><td>电子信箱</td><td></td><td>传真</td><td></td></tr>
<tr><td colspan="2">有无自有独立网站</td><td colspan="4">□有　网址 ____________
□无</td></tr>
<tr><td rowspan="6">从业人员情况</td><td rowspan="2"></td><td colspan="3">自有人员情况</td><td rowspan="6"></td></tr>
<tr><td>人员总数</td><td>其中：企业总部</td><td>其中：分公司</td></tr>
<tr><td>从业人员数</td><td></td><td></td><td></td></tr>
<tr><td>快递业务员数</td><td></td><td></td><td></td></tr>
<tr><td>持证快递业务员数</td><td></td><td></td><td></td></tr>
<tr><td>持证快递业务员比例</td><td></td><td></td><td></td></tr>
<tr><td colspan="2">关联机构情况</td><td colspan="4">分公司（营业部）_____ 个（仅填写直接隶属）
处理中心 ____________ 个，处理中心总面积 ________ 平方米
加盟企业 ____________ 个，代理企业 __________ 个</td></tr>
</table>

续表

运输工具情况	自有	租赁	加盟企业
	飞机 ______ 架 汽车 ______ 辆 其他车辆 ______ 辆	飞机 ______ 架 汽车 ______ 辆 其他车辆 ______ 辆	汽车 ______ 辆 其他车辆 ______ 辆

是否开办代收货款业务	□是□否		
专业报关人员（经营国际快递业务的填写）	□有 ____ 人 □无	专业报检报验人员（经营国际快递业务的填写）	□有 ____ 人 □无

3. **实施步骤**

① 借助于实地调研、网络、电话或者传真等手段同某快递企业联系，确定该快递企业的业务内容、经营资质等；

② 以 4 ～ 6 人小组为单位进行操作，并确定组长为主要负责人；

③ 针对一票货物，要求学生能够明确描述该快递企业完成此项快递业务的全过程；

④ 搜集资料，完成表 1-11。

表1-11　工作计划表

序号	工作名称	工作内容	工作要点	责任人	完成日期

⑤ 组织展开讨论，确定所调查快递企业的业务范围及实际操作流程；

⑥ 整理资料，撰写总结报告并制作 PPT 进行汇报。

4. **检查评估**

完成表 1-12。

表1-12　能力评估表

能力		自评（10%）	小组互评（30%）	教师评价（60%）	合计
专业能力（60 分）	调查结果的准确性（10 分）				
	业务流程操作的准确性（10 分）				
	经营资质、业务范围的确定（10 分）				

笔记

续表

能力		自评（10%）	小组互评（30%）	教师评价（60%）	合计
专业能力（60分）	调查表格或调查问卷设计的合理性（10分）				
	总结报告的撰写（20分）				
方法能力（40分）	信息处理能力（10分）				
	表达能力（10分）				
	创新能力（10分）				
	团体协作能力（10分）				
综合评分					

思考与练习

1. 按照赔偿责任划分，快递可分为哪几种？
2. 快递作业的基本作业流程和服务网络构成是什么？
3. 我国快递业存在的主要问题和发展策略有哪些？
4. 电商快递服务需求有哪些特点？

学习情境二

快递服务礼仪与规范

❖ 学习目标

知识目标

① 了解快递服务礼仪的内涵；

② 掌握快递服务的形象礼仪、行为礼仪和语言礼仪；

③ 熟悉快递业务员岗位的礼仪规范和职业守则。

能力目标

① 能描述快递服务礼仪内涵；

② 能在为客户提供服务的时候采取得体的礼仪。

素质目标

① 树立文化自信，了解中华传统礼仪之美，塑造职业形象气质；

② 具备快递员岗位职业服务规范意识和遵守职业守则要求。

❖ 案例导入　服务礼仪重要吗?

一次，有个客户用快递给小王寄来一份文件，通知小王第二天早晨就能收到。但小王第二天等了一上午也未收到，于是打电话到快递公司客服中心询问，得知由于快递员找不到快递单上的地址，打快递单上的联系电话是一个老人接的，说没有这回事，所以没有送到。小王这时将详细的地址告知客服中心并要求在下午2点之前把东西送过来，但对方的回复是："投递员要吃中饭，要休息，只能在下午3点以后送到。如果等不及的话，可以自己到公司把货物拿走。"对于客户来讲，下次一定不会再选择这家快递公司。

问题与思考：

1. 是哪个环节让客户感觉到不满意?
2. 快递客服应如何回应客户的要求并作出解释?

学习单元一　快递服务礼仪

一、快递服务礼仪的内涵

礼仪是指人们在社会交往活动中应共同遵守的行为规范和准则。快递服务礼仪是快递企业的员工在快递服务中，对客户表示尊敬与友好，以维护快递企业良好形象的一般规范与程式，是一般礼仪在快递服务工作中的具体体现和运用。学习快递服务礼仪知识，不仅有助于塑造良好的企业形象，还有助于提高服务人员的综合素质。快递各部门和各岗位的员工在为客户提供服务时，应根据不同场合、对象、内容及要求，借助语言、举止、表情、仪容等不同形式，向客户表示重视、尊重和敬意，为客户提供优质服务，从而与客户建立良好、和谐的关系。

1. 快递服务礼仪的基本内容

快递服务礼仪以对客户的尊重为基础，以提供快捷、准确、安全、方便的服务来体现这种尊重。具体内容包括思想、仪容仪表、行为和语言等多个方面的礼仪。其中，在道德思想方面，要加强服务人员的职业道德的培养，使其在提供服务时是发自内心地真诚地奉献。在仪容仪表方面，总体要求干净、整洁、得体。在行为方面，主要包括上门服务礼仪、窗口服务礼仪和接递物品礼仪等方面的行为礼仪。语言礼仪主要要求服务人员应使用文明礼貌用语，尽量提高个人谈吐修养和口头表达能力。

2. 服务礼仪的基本要求

服务礼仪的基本要求主要包括语言修养和非语言修养两个方面的内容。

（1）语言修养

① 语言规范。在服务工作中要求服务人员讲普通话。

② 语言准确。在与客户沟通时，应学会认真倾听，对对方的疑问能够快速反应并简洁、准确地作出回答，切忌啰嗦、语无伦次和答非所问。

③ 语言礼貌。面对客户，应用“您好”“请”“对不起”“不客气”“谢谢”等敬语，拉近双方的距离，表达对客户的尊敬。

（2）非语言修养

① 衣着要得体。

② 仪表要大方。

③ 举止要文明。

④ 心境要良好。

❖ 知识链接　礼仪与道德的关系

礼仪与道德关系极为密切。“德”成于中，“礼”形于外。英国哲学家洛克曾说：“美德是精神上的宝藏，但是使它生出光彩的则是良好的礼仪。”礼仪具有道

笔记

德功能，道德亦具有礼仪功能，二者具有内在同一性。一方面，“德”决定“礼”。道德是礼仪的基础，礼仪是道德的表现形式。任何一种礼仪都离不开道德。另一方面，“道德仁义，非礼不成”，以礼待人，按礼行事，正是道德高尚的反映。从这个意义上说，礼仪也是待人处世的规矩，是维系社会生活的纽带。它能帮助人们约束自我，正确处理个人与他人以及社会的关系，从而创造出和谐温暖的人际关系和社会环境。因为人们不是喜欢表面形式，而是看重其中所包含的道德内涵，即对交往对象的真诚敬重。礼仪既依赖道德，又对良好的道德品质的培养具有极为重要的作用。

二、快递服务形象礼仪

1. 仪容仪表礼仪

要注意仪容仪表，总体要求是得体、大方、整洁，具体要求如表 2-1 所示。

表2-1 仪容仪表具体要求

序号	部位	要求
1	面部要求	①时刻保持面部干净清爽，男士应每日刮净胡子，不留胡须； ②保持眼部洁净，注意清理眼角分泌物； ③女士在工作中宜化淡妆，恰当修饰； ④如佩戴眼镜应保持镜片明亮清洁
2	口腔要求	①保持口腔清洁、无异味，用餐后要及时漱口； ②工作前不食用有异味的食品，如蒜、韭菜等，不饮酒； ③工作中尽量不抽烟； ④如存在口臭问题，应注意与客户保持一定距离
3	头发要求	①男士头发长短应适中，前不盖额、侧不掩耳、后不及领； ②女士宜选轻便式短发或自然式束发，不宜披发； ③勤洗头，保持头发无异味、无头屑，且梳理整齐； ④尽量不染发，不留怪异发型，以给人亲切感
4	耳鼻部要求	①耳廓、耳根后及耳孔边要经常清洁，不留有污垢； ②鼻孔保持清洁，鼻毛不得露于鼻孔外； ③切勿当众擤鼻涕，宜在无人在场时以手帕或纸巾进行辅助
5	手部要求	①勤洗手，保持手部清洁； ②经常修剪指甲，保持指甲整齐，指甲缝中不能有污垢； ③不能用牙齿啃指甲，也不能在公共场合修剪指甲； ④在工作岗位上不能进行挖耳、抠鼻、剔牙、抓痒等动作； ⑤严禁在手臂上刻字刻画或佩戴怪异饰品
6	着装要求	①应着公司统一的工装，保持工装整齐与清洁，不得有破损； ②若有需要，工牌应时刻佩戴于胸前，使用公司统一发放的工包； ③不得佩戴形状怪异的装饰物、标记和吉祥物； ④皮带应与服装相协调，以深色皮带为宜； ⑤鞋子应保持鞋面干净，鞋带要系好，不得穿拖鞋

2. 仪态礼仪

俗话说站有站姿，坐有坐姿，就是要求大家的仪态要落落大方，站坐行都要有度。基本的仪态礼仪有站姿、坐姿、行姿、手势和表情五个方面。

（1）站姿

古人云“立如松”，良好的站姿应该是自然、轻松、优美的，应像松树一样有挺、直、高的感觉。不论站立时摆何种姿势，只有脚的姿势及角度在变，而身体一定要保持绝对的挺直。 标准的站立姿势要求挺胸收腹，两肩平齐，双臂自然下垂。双腿靠拢，脚尖张开约 60 度，或双脚与肩同宽。站累时，脚可后撤半步，但上体仍须保持垂直，身体重心在两腿正中，精神饱满，表情自然。快递服务人员与客户谈话时，要面向对方站立，保持一定距离，太远或过近都是不礼貌的。站立姿势要正，可以稍弯腰，切忌身体歪斜、两腿分开距离过大，或倚墙靠柱、手扶椅背等不雅与失礼姿态。站着与人交谈时，双手或下垂或叠放下腹部，右手放在左手上。不可双臂交叉，更不能两手叉腰，不能将手插在裤袋里或下意识地做小动作，不可摆弄打火机和香烟盒、玩弄衣带和发辫、咬手指甲等。但可随谈话内容适当做些手势。女性站立的正确姿势：最好是一只脚略前，一只脚略后，两腿贴近，双手叠放在下腹部。

（2）坐姿

坐姿总的要求是舒适自然、大方端庄。正确的坐姿：上身自然挺直，两臂屈曲放在双膝上，或两手半握放在膝上，手心都要向下。谈话时，可以侧坐。侧坐时上体与腿同时向一侧。要把双膝靠拢，脚跟靠紧。不要有摆弄手指、拉衣角、整理头发等懒散的姿态。两腿的摆法：既不能过于前伸，也不能过于后展，更不能腿脚摇晃。不雅坐姿：两膝分开，两脚呈八字型；两脚尖朝内，脚跟朝外；在椅子上前俯后仰，或把腿架在椅子或沙发扶手上、架在茶几上。两腿交叠而坐时，悬空的脚尖不能向上，更不能上下抖动或摆动；与人谈话时，勿将上身往前倾或以手支撑着下巴。在公共场所不要趴在桌子上，躺在沙发上，半坐在桌子或椅背上。

（3）行姿

行走的姿势极为重要，人们在公共场所行走时，人与人相互间自然地构成了审美对象。行走时，步态应该自然轻，目视前方，身体挺直，双肩自然下垂，两臂摆动协调，膝关节与脚尖正对前进方向。行走的步子应大小适中，自然稳健，节奏与着地的重力一致。与女士同行时，男士步子应与女士保持一致。走路时应注意的事项：应自然地摆动双臂，幅度不可太大，只能小摆，前后摆动的幅度约 45 度，切忌左右摆动；应保持身体的挺直，切忌左右摇摆或摇头晃肩；膝盖和脚踝都应轻松自如，以免浑身僵硬，同时切忌走“外八字”或“内八字”。

（4）手势

手势作为一种交流符号，具有十分重要的意义。了解和熟悉某些常见的手势，有助于更准确地相互理解和交流。使用手势时，需要注意把握好以下三个原则。

一是规范原则。人们在交往中，表示“再见”“请进”等都有其规范的手部动作，不能随意改变和乱加使用，以免产生误解，引起麻烦。

二是贴切原则。手势语的使用要适应交往情境和环境，适合不同的交往对象，要考虑到双方关系、年龄、地位、心理及文化背景等方面的差异。

三是适度原则。手势语在交际中并不是多多益善，多余的手势不仅不能表情达意，反而是画蛇添足。当众搔头皮、掏耳朵、修指甲、挠痒痒等不雅手势有损服务人员形象，应极力避免。

（5）表情

如果有语言障碍无法交流，微笑则是交流的“润滑剂”。微笑即是在脸上露出愉快的表情，是善良、友好、赞美的表示。在绝大多数交往场合中，微笑都是礼仪的基础。亲切、温馨的微笑能与客户迅速缩小彼此间的心理距离，创造出交流与沟通的良好氛围。

三、快递服务行为礼仪

行为礼仪是快递服务人员最应注意的一个方面，直接影响着客户对快递服务人员及快递公司的价值判断。作为快递服务人员，一言一行不但代表自己，更代表着公司的企业形象，如果在服务过程中语言不规范，态度不佳，行为让人难以接受，不但会影响到个人的工作业绩，也会导致公司的信誉下降。快递服务行为礼仪主要包括公共场合礼仪、上门服务礼仪、窗口服务礼仪以及接递物品礼仪等方面的内容。

1. 公共场合礼仪

① 在公共场合，快递业务员应遵纪守法、尊老爱幼、乐于助人、见义勇为；

② 应爱护公共设施，爱护园林设施，爱护公共绿地；

③ 在使用公共卫生间时，应保持卫生间清洁，便后及时冲水，洗完手后及时关上水龙头；

④ 快递配送车辆在规定的位置停靠，不能阻挡社会人员和车辆的行驶；

2. 上门服务礼仪

在上门服务时，应将手机设置到震动或静音状态，以免由于手机铃声突然响起而影响服务质量或引发客户的不满情绪。打招呼是与客户沟通的第一步，积极、主动、愉快地与客户打招呼，将有助于与客户进行沟通。打招呼时看着对方的眼睛，会让对方察觉到对他的尊重。若仓促打招呼，即便穿着整洁、神清气定地去上门收件或派件，客户也会怀疑快递业务员的专业性和真实性。如果是在路途中遇到客人，不论是否能够记得起是哪位客户，如果鼓足勇气先行打招呼，就会给客户留下美好的印象。当对方在接电话或接待其他人员时，稍稍点下头或使用某些恰当的肢体语言会比唐突地打招呼更有效，等客户忙完了，再进行工作。

在与客户交谈时，开朗、清晰地说话，认真地倾听也是对对方的尊重，点头是其中的一种答话方式。当交谈时，对方看得见会有很好的效果，如果看不见，即使只是随声附和“是”“明白”“听到了”“知道了”，也会让对方感受到快递业务员在认真听他说话。

3. 窗口服务礼仪

窗口是客户了解快递企业最直观的渠道。能够准确、迅速地接待客户是对窗口服务人员最基本的要求。在客户向窗口靠近的过程中，窗口服务人员应迅速作出反应，主动向客户问好，询问客户需求并帮助和指导客户完成快件寄递业务。

笔记

4. **接递物品礼仪**

快递业务员在向客户递送或接收快递物品、运单、宣传单或其他票据时，都应采取双手递上或接过来的方式，以示对客户的尊重。如果需要客户签字，应双手将文件递上，并使文件的正面对着客户一方。如果向客户发放宣传单页被拒绝，快递业务员也应双手从客户手中接过宣传单页，并说："如果您今后有这方面的需要，我将随时为您送上业务介绍单。"快递业务员切忌单手用力抽回单页或做出其他气愤动作。

四、快递服务语言礼仪

快递服务人员与客户交谈时，应使用文明语言，尽量少用专业术语，要让客户有亲切感，避免出现影响交流效果的情况。

1. **日常服务用语**

在快件服务中，语言要亲切，招呼要热情，待人要诚恳有礼貌，主动、恰当、自如地使用文明用语，如"您好""请""对不起""麻烦您""劳驾""打扰了""好的""是""请问""请稍等（候）""抱歉""没关系""不客气""有劳您了""非常感谢（谢谢）""再见（再会）"等。快递业务员在与客户打交道时常用的文明礼貌用语如表 2-2。

表2-2　不同情境下的文明礼貌用语

序号	情境	文明礼貌用语
1	同客户打招呼时	"早上好 / 下午好！我是 ×× 快递公司快递服务人员""您好，我是 ×× 快递公司快递服务人员，让您久等了"
2	称呼客户时	"贵公司 / 贵部门"（对对方公司的称呼）；"姓氏 + 先生 / 小姐"（对客户本人的称呼）
3	同客户交流时	"您说 / 请讲""是的 / 嗯 / 知道 / 明白""还请你阅读一下""打扰一下，请你在这里签个字""请让我来帮你包装快件吧""真是对不起，刚才是我搞错了，我马上更正，请你谅解""谢谢您的信任，我们会准时将所寄物品送至收件方的，打扰您了""谢谢您了，总是承蒙关照，希望下次再为您服务"
4	当遇到客户寄递的物品属于违禁物品时	"对不起 / 非常抱歉，这种（类）液体属于易燃液体，是航空违禁品，不能收寄，请您谅解""对不起 / 非常抱歉，这种（类）粉末会被认为是违禁品而被有关部门查扣，不能收寄，请您谅解""非常抱歉，这种（类）物品在运输途中可能会存在安全隐患，不能收寄，请您谅解"

在任何情况下，都应避免使用粗俗或带有攻击、侮辱性的语言，以下为不可使用的语言。

"你家这楼真难爬！"

"运单怎么还没有准备好啊，我很忙！"

"每次到您这里都耽误我好多时间，您看，今天又是这样！"

"你怎么这么笨，都教过你好多次了，还要问如何填写运单！"

"你们公司到底在哪里，我的腿都要走断了还找不到！"

“我们公司不是为你家开的，说怎样就怎样！”

“嫌贵，就别寄了！”

“我没时间，自己填写！”

“找领导去 / 您找我也没有用，要解决就找领导去！”

“有意见，告去 / 你可以投诉，尽管去投诉好了！”

2. 电话礼仪

电话已是现代社会最重要的沟通渠道。为更好地开展业务，也要求快递服务人员掌握正确的电话礼仪，来更好地处理客户、自身和公司的关系。

快递业务员应时刻保持手机畅通，即时接听电话。接、打电话时，都应当马上告知自己的身份，如：“您好，我是 ×× 快递公司。”这样就不会让客户产生疑问，并可以节省时间。如果对方没有告知他的姓名，而快递业务员主动告诉了他，可以减少敌对的气氛。

在通话过程中要专心，边吃东西或喝饮料是对客户的极大的不尊敬，如果真的必须分神来做其他事，请向客户解释清楚并请客户稍等。用手捂住听筒讲话也会让客户感觉不礼貌。在与客户通电话时，尽量减少其他声音。

如果因故无法按时到达客户处，要在第一时间通知公司客服部门，向客户致电表示歉意，争取得到客户谅解。在确定对方确实已经讲完时，再结束电话，并让对方先挂断电话后自己再挂断电话。

常用的电话文明礼貌用语有：

“早上好 / 下午好 / 打扰您了，我是 ×× 公司快递服务人员，现在为您派件，但不知您的具体位置是在哪？”

“您好，打扰您了，我是 ×× 公司快递服务人员，您是在 ×× 大厦 A 座 × 楼吗？”

“很高兴与您通话，× 先生 / 小姐。”

“不好意思，我马上到您那派件，请您稍等。”

学习单元二　快递服务规范

服务规范即岗位规范，指快递人员在岗位上服务客户时标准的、正确的做法。在快递企业不同的部门和岗位的工作人员都有自己的岗位职责，也有自己有别于其他部门或岗位的特殊的礼仪要求。直接和客户接触的一线岗位如收派员、窗口收寄人员等基层岗位，以及间接为客户服务的基层岗位如仓管员、点部主管等都有相应的明确的服务规范。

一、快递收派员服务规范

快递收派员是快递企业面向客户大众的最直接、最庞大的群体，因此快递收派员的服务是否规范直接影响着整个快递企业的形象。

（一）准备工作

出发前检查交通工具、轮胎、绳子、存放物品的架子、遮阳挡雨的物品等。检查是否佩戴工牌，工具（运单、笔、秤、封箱纸、胶带）、发票、零钱等是否配备齐全，避免在客户处出现慌乱。

对于第一次上门或地址不详的陌生客户，最好事先电话确认客户是否在家。这样做能够使快递服务人员规划好具体的收派行程，节约时间，提高收派件的效率。

发生意外情况时，如车坏、交通意外或不能在预定的限时服务时间内到达客户所在场所收派件时，应在第一时间通知客户和公司相关负责人。作出快速调整或安排其他快递服务人员接替工作，置之不理或无视这种情况将会导致客户的不满和投诉。

自行车（摩托车）上的快件捆扎牢固，在路上随时注意，避免快件掉落。

到达目的地后，妥善存放与保管好交通工具和快件，以免造成客户快件遗失或影响他人。在进入客户办公场所前，要保持衣着整齐和头发整洁，擦去面部和头发上的汗水、雨水、灰尘等。

（二）快件收派

到达目的地后，就要进入客户单位或小区里进行快件收派工作。在工作中，快递业务员代表公司，以工作人员身份进入客户所在场所，不应私带亲属、朋友，避免给客户带来困扰。

1. 等待进门

到客户单位或小区时，应主动出示工牌，礼貌地与客户处的员工打招呼并进行自我介绍，如：“您好！我是××快递公司服务人员，我是来给×先生 / 小姐收 / 派件的。”

在客户场所需配合客户公司或小区的要求办理相关进出入登记手续，及时归还客户公司的相关证明，如放行条、临时通行证等。

若有收发室（小区物业等）统一办理收派快件的，事先应向客户确认，并得到客户许可，否则应向工作人员说明快件重要性和责任，尽量由客户亲自签收，但无论何种情况都不得与前台人员发生任何口角和冲突。

当前往客户办公室（房间）时，无论客户办公室（房间）的门是打开还是关闭的，都应该按门铃或敲门向客户请示。若按门铃，应用食指，按门铃时间不超过 3 秒，等待 5 ～ 10 秒后再按第二次。若需要敲门，应用食指或中指连续敲门 3 下，等候 5 ～ 10 秒门未开，可再敲第二次。敲门时，应用力适中，避免将门敲得过响影响其他人。在等候开门时，应站在距门 1m 处，待客户同意后方可进入房间内。

2. 进门

进门后，在客户场所应遇事礼让、和平共处，不东张西望，对除客户外的相关人员，如客户的同事、朋友应礼让三分，在征得同意后，才能进入客户办公场所或其地方；在客户处的走廊、大厅、电梯里遇到客户处的员工都应主动让路，确需超越时应说："对不起，麻烦让一下。"快递服务人员切忌出现手把门框、脚踏墙壁的动作。针对与客户的熟悉程度不同的情况，应采用不同的自我介绍方式。如上门服务次数较少，不认识客户或与客户不熟悉，应面带微笑，目光注视客户，采用标准服务用语，自信、清晰地说："您好，我是 ×× 快递公司快递服务人员 ××，我是来为您收件的。"介绍的同时出示工牌，把工牌有照片的一面朝向客户，停顿 2 秒，让客户看清楚照片和姓名。如上门服务次数较多，与客户很熟悉或其属于公司经常服务的客户，可省略自我介绍，但应热情主动地与客户打招呼，并直接表示"您好，× 先生 / 女士，我是来为您收件的"。

3. 收派等待

当到达客户所在场所，遇到不能马上收取快件的情况时，要态度谦逊、礼貌地上前询问，并视等候时间作出调整。责怪、不耐烦的询问语气只会增加客户的反感而不会得到帮助。千万不要埋怨客户，对服务行业来说，这可是大忌。

如果快递服务人员到达客户处，客户还没有把托寄的物品准备好，收件员应礼貌地询问还需多长时间，如果在 15 分钟内不能准备好的话，应做到：一是向客户解释因时间紧张，还需去其他公司收取快件，不能长时间等候，告知客户准备好后再打公司接单电话，同时快递服务人员本人应打电话跟公司讲明情况，说明已去过客户处但客户未准备好；二是与客户约定收件时间，在约定时间内一定要赶回客户处收取快件，同时也应向公司备案。

在较短的快件收派等待时间内，快递服务人员未经客户允许，不得随意就座或随意走动、任意翻看客户处的资料、表现出不耐烦、私喝客户处的水、与前台小姐开玩笑、吸烟等，也不得在客户处大声喧哗、私自使用客户电话，这都将引起客户怀疑甚至反感。在客户处使用手机时也应尽量小声，以不影响到客户为原则。

4. 快件签收

将快件双手递给客户，并说："× 先生 / 小姐，这是您的快件，请确认一下。"如客户没有疑问，则用右手食指轻轻指向运单上收件人签署栏，并说："× 先生 /

小姐，麻烦您在这里签收，谢谢。”若客户对快件有疑问，应礼貌提醒客户：“请您和寄件人再联系确认一下好吗？”

在签收过程中，如发生快件损坏、部分遗失、货件数量不符等情况，导致客户拒绝签收，需作耐心解释，态度要不卑不亢、有礼有节，不能与客户发生任何争执，及时与公司联系，协商处理办法。

5. 快件收取

询问客户：“× 先生 / 小姐，这是您要寄的快件吗？”并双手接过客户递过来的快件。将运单双手递给客户，说“请您填写运单”或“请问运单填好了吗？”

6. 快件验视

无论货物是否包装好，快递服务人员都应礼貌询问和验视客户所托寄物品的内容，说：“× 先生 / 女士，为了对您负责，请允许我帮您确认一下包装内的物品及其数量，以及内包装是否完好，以免有什么遗漏。” 若验视出所寄物品为违禁物品时，应礼貌地告知客户公司不予受理的物品，并给予解释：“对不起 / 非常抱歉，这种（类）物品属于易燃液体（危险物品），是航空违禁品，不能收寄，请您谅解。” 验视快件时应尽量小心，要让客户感觉到对客户托寄物品的爱护。

7. 快件包装

对于验视确认能够收寄的快件，如果客户已提供包装，要仔细检查其严实与牢固程度。在客户面前做好易碎品的相应防护措施及标识，并主动提醒和协助客户加固包装，客户会更加踏实和放心。如果客户没有进行包装，则应当着客户的面进行包装，按照公司规定操作，操作时不要影响客户的办公，如有纸屑或其他杂物落下，应及时捡起并放入纸篓中或带到外面投入垃圾桶中。

8. 快件称重

如在客户处称重或计算轻泡货物重量，应主动提示客户：“× 先生 / 女士，请您看一下，计费重量是 ×kg，运费是 ×× 元。”如无法在客户处称重，应在征得客户同意后将货物带回公司称重，并于第一时间通知客户最终的计费重量和实际运费。如遇客户不信任的情况，快递客服人员应向其说明：“× 先生 / 小姐，请您放心，我们会在第一时间将准确的计费重量通知您，另外，我们公司在这方面督促是非常规范和严格的。”

9. 填写运单

在客户不明白运单填写的相关内容时，应主动作出合理解释。当运单填写不详细时，快递服务人员应耐心解释：“× 先生 / 小姐，为了保证您的快件准时、安全、快捷地送达，麻烦您把 ×× 栏目详细填写一下，谢谢您。”

10. 客户签字

将运单双手递给客户，并用右手食指指向寄件或收件人签署栏，“× 先生 / 小姐，麻烦您在这里签名，谢谢！”将客户留存条给客户，“请您收好，这是给您的底单，作为查询的凭证，”并告知客户，“这次快件的运费一共是 ×× 元。”

11. 收费

快递服务人员须按运单上的应收运费进行收取，不得以任意理由收取任何额外费用，如联系电话、过路费、过桥费等。当客户付运费时，应双手接收客户交付的运费。根据客户的要求开出收据或回公司开具发票并及时交给客户。

笔记

12. 辞谢与道别

所有收派工作完成后，一定要进行辞谢和道别。辞谢时，可以说："谢谢您，希望下次再为您服务。"此时眼睛一定要看着客户，即使客户背对着快递服务人员或低着头，也要让对方清楚地听到（但不能影响到客户处其他的人员），这样不但让客户感觉到对他的尊重，同时也不会给客户带来麻烦。之后微笑着道别："还有快件要发吗？如有需要请随时致电我们，再见。"离开办公室时应把门轻轻带上。与客户道别，会让客户很受用；不与客户道别，扬长而去，可能会让客户觉得不放心。

二、窗口收寄人员服务规范

（一）准备工作

窗口收寄人员应提前到岗，穿着工装、佩戴工牌，检查各项工作是否完成，在规定时间准时对外办理业务。当客户走近窗口时，临近服务人员应分辨身份，起身对客户打招呼："您好，请问您办理什么业务？"

（二）窗口服务

1. 收寄

如果客户是前来寄送快件的，窗口服务人员应按照快递收派员服务规范，进行快件的收取、验视、包装、称重，并让客户填写运单和签字。

2. 签收

如果客户是前来取快件的，窗口服务人员应说："请您出示您的有效证件。"接过客户证件后，对客户说："请您稍等，我给您查找您的快件。"然后按照快递收派员服务规范，进行快件的签收。

3. 送别客户

当客户办理完业务离开柜台时，窗口服务人员应与客户道别："谢谢您，请慢走！"

三、快递业务员职业守则的具体要求

1. 遵纪守法，诚实守信

"遵纪守法"，就是要求快递业务员严格遵守国家的各项法律法规和企业内部的规章制度。俗话说，没有规矩不成方圆，只有人人都自觉地遵纪守法，照章办事，社会秩序才能保持良性运转。譬如，在奥运会举办期间，国家邮政局曾明确规定，快递服务人员上门揽收客户快件时，须当面开拆验视内件，以确保奥运安全。在此情况下，快递业务员必须不折不扣地严格遵守国家这一规定，如果客户对此不理解，应耐心向其解释并取得其理解和配合，而绝不能因怕麻烦或为了讨好客户而敷衍了事。

"诚实守信"，就是要求快递服务人员重信誉、守信用。中华民族素来崇尚诚信，至今留下许多关于诚信的脍炙人口的故事。"言必信，行必果""一言既出，驷马难追"等古语，都反映了中华民族对诚实守信品质的追求。在商业活动中，

笔记

“货真价实，童叟无欺”等关于诚信的对联，都体现了提倡公平交易、诚实待客、不欺诈、不作假的行业道德精神。快递业务员面对客户，一定要讲究诚实守信，在向客户介绍产品时，实事求是地介绍真实情况，不能为了招揽客户不顾事实地提供虚假信息。一旦按照规定做出了承诺，就应认真履行。

2. 爱岗敬业，勤奋务实

“爱岗敬业，勤奋务实”，就是要求快递业务员热爱快递事业，树立责任心和事业心，踏踏实实地勤奋工作。快递业务员在实际工作中爱岗敬业的例子很多，比如，在寄送快件途中突遇暴雨时，许多业务员宁肯自己被雨淋也会毫不犹豫地把快件层层包好，以确保快件的完好无损，等等。

另外，随着信息、通信等高科技的快速发展，现代快递行业的综合科技含量也越来越高，快递从业人员需要学习和掌握的科技文化知识也越来越多。因此每一位快递业务员都必须努力学习与快递相关的知识，刻苦钻研快递业务，才能为用户提供多元化的高效服务，并促进快递行业又好又快地发展。

3. 团结合作，准确快递

“团结协作”，是快递业务工作的特性决定的。快递业务一整套的业务流程是由各个环节甚至不同地区的员工分工合作完成的。例如一封从北京寄往上海的快件，就需要北京的快递业务员去上门收寄，邮件中心分拣、转运，然后由上海地区的业务员进行接收、分拣、投送，才能完成。因此快递业务员在工作中重视团结、协调与合作，就显得尤为重要。

“准确快递”，是因为快递服务最根本的制胜点就反映在一个“快”字上。快递业务员在工作过程中应重视对时限的承诺，一定要树立高度的责任意识，承诺客户什么时间送达，就要保证按时送达。同时，各个快递环节都应保证准确、无误。要做到这一点，快递业务员就必须苦练基本功，尤其是在快件分拣过程中，须在一两秒钟时间内按地区代码准确进行分类，如果出现分拣错误，快件势必将送错地方，确保时限也就无从谈起了。

4. 保守秘密，确保安全

“保守秘密”，是由快递服务的特殊属性决定的。快递业务员所负责寄递的快件，很有可能会涉及客户的个人隐私、商业秘密或是国家机密，这就要求快递业务员不论是对客户所寄递快件的相关信息还是对客户的个人信息，都要保守秘密，绝不对外界透露，否则，将侵害客户的权益，严重的还会受到法律的制裁。这里需要强调的是，保守秘密与诚实守信是不矛盾的。如果一个人为了维护国家和人民的利益而讲了假话，并且使国家机密得到了保护，那就体现了他对国家、对人民、对职业的忠诚，也就体现了他遵从诚实守信职业道德的要求。

“确保安全”，是要求快递业务员在工作过程中，必须保证快件的安全，将快件完好无损地送到客户手中。另外，也要注意保护好生产工具，如确保运送快件的车辆安全，还要保护好自身的人身安全。

5. 衣着整洁，文明礼貌

“衣着整洁，文明礼貌”，是对服务行业者的基本要求。作为快递业务员，尤其是需要直面客户的收寄和派送的外勤人员，其外表和精神面貌直接代表了企业的形象和素质。因此，快递业务员在工作时间要统一着装，并注意保持工装整洁。

文明礼貌，强调快递业务员在向客户提供服务时，要主动、热情、耐心。首先要做到语言文明，使用规范、礼貌的语言耐心向客户介绍情况，回答问题；其次要举止文明，摈弃粗俗不雅的动作，通过得体的衣着、大方的举止，反映快递业务员的精神面貌及所属企业的形象。在服务过程中，要主动、热情、耐心，做到眼勤、口勤、手勤、腿勤，对老、弱、孕客户，应给予更为周到细致的服务和帮助。

6. 热情服务，奉献社会

“热情服务，奉献社会”，是职业道德规范的最高要求。为客户提供优质高效的服务，是每一位快递业务员的神圣职责。快递业务员要有高度的责任心和使命感，应本着全心全意为人民服务的精神，以饱满的热情投入快递工作中去，以积极进取的心态在工作中追求卓越、奉献社会。

❖ 案例分析 快递员基本素质要求

一、中国消费者对快递员服务品质的要求

艾媒咨询统计数据显示，在2022年中国消费者最看重快递员品质Top10中，55.5%消费者最看重快递员守时的品质，53.1%消费者最看重快递员工作态度认真的品质，52.4%消费者最看重快递员有责任心的品质，48.5%消费者最看重快递员保密的品质，44.2%消费者最看重快递员诚信的品质（图2-1）。

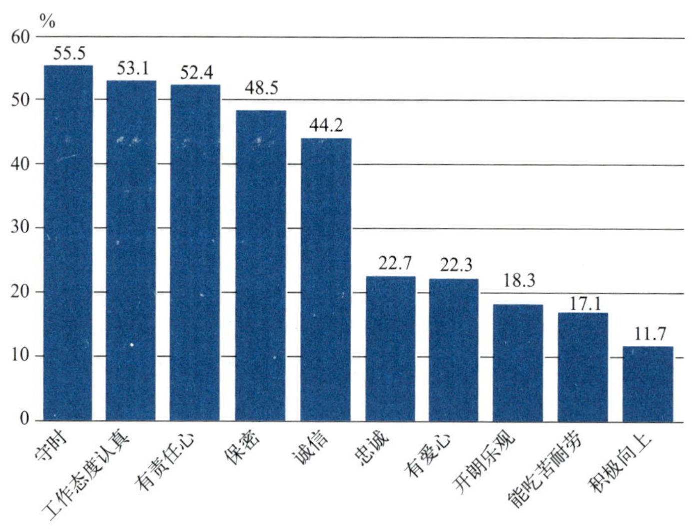

图2-1 2022年中国消费者最看重快递员品质Top10

二、某快递企业员工工作手册（节选）

第二章 员工行为规范

第一节 总则

一、严格遵守国家及当地政府的各项法律、法规及公司的各项规章制度。

二、遵守社会公德、职业道德，不得利用公司的资源，做与工作无关或有损公司形象的事情。

三、关心公司发展，为公司发展献计献策；维护公司利益，珍惜和爱护公司财产，厉行节约。

四、虚心学习、持续进取，努力提高自身业务素质，端正服务态度，发挥团队精神，不断提高服务质量和工作效率。

第二节　工作态度

一、忠诚：对公司忠诚，对公司不利的事不做，对公司不利的话不说；认真领会上司的意图，不折不扣地执行上级的命令；对同事真诚，同事之间要精诚团结，杜绝宗派和小团体。

二、务实：实事求是，一切工作从实际出发，不搞形式主义。

三、敬业：尽职尽责做好本职工作，耐心细致地完成上司安排的任务。

四、主动：认真工作，灵活思考，急公司所急，想公司所想，主动为公司提供合理化建议。

第三节　工作守则

一、严格遵守公司的各项规章制度，按时上下班，不迟到、早退、旷工，不擅离职守。

二、服从领导的工作安排，按时保质完成任务，不无故拒绝或终止工作。

三、未经允许，严禁进入公司档案室（保密室）、仓库、财务室，相应工作人员应忠于职守，不得随意离开岗位，如有事离开应先征得直接主管领导同意。

四、上班时间不许私会亲友或做与本职工作无关事项；如确有事需会亲友，应征得领导同意。

第四节　工作关系

相互尊重、相互信任：良好的工作关系大都建立在相互尊重、相互信任的基础之上。每位员工有责任在自我与同事（包括上级、同级及下级）之间建立相互尊重、相互信任的工作关系。

相互尊重：员工与领导者在人格上是平等的，尊重上司、尊重员工、尊重工作中的每一个人，更易营造一种坦诚交流、有利于创新的工作氛围。

相互信任：领导者在授权与布置任务时，要充分相信员工的能力与自觉性；员工在执行任务时，要充分信任领导者决策的正确性与公平性，不得表面服从而私下打折扣：同事之间只有在相互信任的基础上，才能够进行良好的合作，发挥团队的精神，促进公司的发展。

第五节　礼节礼貌

一、待人热情友好，语言亲切和善，举止稳重，处事得体。

二、与客户及同事交谈时，站立应端正，就座要挺直，用心倾听对方讲话，讲话时语气温和，语言文明。

三、接听电话时语音语调要柔和，铃响三声内必须接听，接听时应先致问候语：“您好，×× 公司，我是 ××。”同时应与客户亲切交谈，仔细聆听。但应掌握好时间，不可长时间占用电话。说话应吐字清晰，发音准确，语调平和，语速中等，不可左顾右盼或心不在焉。

四、进入个人办公室前，要先轻轻敲门，听到应答再进。进入后，随手关门，不能大力、粗暴。如对方正在讲话，要稍等静候，不要中途插话，即使要打断说话，也要看准机会，而且要说“对不起，打扰一下”。

笔记

五、递交物品时，如递文件，应把正面文字对着对方的方向递送，如是笔、刀子、剪刀等利器，应把尖边朝向自己，以便对方接拿。

六、无论在自己的公司，还是在其他场合，在通道和走廊里不能一边走一边大声说话，更不得唱歌或吹口哨。在通道、走廊里遇到上司或者客户要礼让，不得抢道。

七、员工在工作时间不得边走路边吸烟，不得当众挖鼻孔、剪指甲、掏耳朵。

八、保持个人卫生，勤洗澡换衣，并且按照公司要求着装，不得穿拖鞋、背心，不得赤膊。办公室男员工不得穿无袖衣服，女员工不得穿过于透视、华丽和暴露的服装。

思考：1. 企业更重视员工哪些方面的基本素质？

2. 客户更注重快递员哪些方面的基本素质？

四、快递服务的安全规范

（一）快递服务安全规范基本要求

快递服务安全规范基本要求如表2-3所示：

表2-3 快递服务安全规范基本要求

序号	项目	主要内容
1	完善企业制度	快递服务组织应建立安全生产责任制，制定安全生产操作规程、安全隐患排查治理等安全生产管理制度，配备安全生产管理机构或安全生产管理人员，建立突发事件应对工作机制
2	强化员工培训	快递服务组织应定期组织员工进行安全知识、安全生产操作技能的学习和培训，做好火灾、盗抢、危险化学品、恶劣天气等各类事件的应急演练，提高员工安全生产意识和能力
3	即查即停	对于属于禁止寄递物品的快件，快递服务组织应坚持“即查即停”原则，即在整个快递生产环节中一经发现，应立即停止对该快件进行操作，并按照法律法规和邮政管理部门关于禁止寄递物品的相关规定进行处置，确保寄递渠道安全
4	文明操作	快递业务员在收寄、分拣、运输、投递各环节，应坚持“文明操作”原则，避免对快件造成人为损坏
5	以人为本	快递服务组织在制定安全生产管理制度、开展日常安全管理等活动时，应优先考虑保障快递业务员、用户及公众的人身安全；在发生安全事件时，应将保证人身安全作为第一要求
6	全程管控	快递服务组织应对快递操作过程进行全程管控，避免违规操作。对破损件进行处理时，宜两人以上共同操作，处理过程应处于视频监控之下。限制寄递的化学物品应与普通快件分别处理

（二）重大活动时期安全生产要求

在国家举办具有重大国际影响的国事活动、国际交往活动、国家庆典、重要赛事等重大活动时，快递生产操作应满足以下要求：

① 加强对活动举办区域快递业务员的培训，提高安全意识和业务素质；

笔记

② 对于寄往活动举办区域的快件，宜在活动举办区域之外的处理场所设置专区进行处理，处理时两人以上进行操作；应对所有快件进行集中安全检查，并进行重点查验、跟踪和监控；

③ 对于寄往活动重点部位的快件，在投递前应再次进行安全检查，在投递时应集中处理、统一投递、专人专车、双人派押；

④ 宜调整作业组织，减少在活动区域进行中转的快件量。

（三）安全事件处理规范

在快件操作过程中，若发生安全事件，应按照“人员安全、快件安全、财产安全”的顺序进行处理，且应满足以下要求：

① 如发生快件被盗、被抢事件，应首先确保个人生命安全，及时向公安机关报警，并向上一级快递服务组织报告；

② 如发生交通事故，应立即停车，打开危险报警闪光灯，查看人员伤亡情况，及时向公安机关报警及向 120 呼救，并尽快对快件进行转运；

③ 如遭遇地震、洪水等自然灾害或其他不可抗力情况，应全力自救，尽快将自己所处位置和现场情况向相关部门及上一级快递服务组织报告；

④ 属于突发事件的，还应按照国家邮政业应急预案的要求进行处理；

⑤ 按照国家和邮政管理部门关于邮政业安全信息报告和处理的相关规定，实行 24h 值班制度，及时报送安全事件信息。

实训项目二

1. 训练目标

通过实训，使学生进一步熟悉快递业务操作和实施过程中的基本礼仪和规范，培养学生的职业能力。在遵循快递服务礼仪和规范的原则下，提高学生的内在素质和社交能力。

2. 训练内容

教师指定不同收寄场景，以小组为单位，模拟进行快件收派或窗口收寄服务，场景、情节和对白等由小组自行设计，要求整个活动过程中要体现快递服务的礼仪规范。

3. 实训步骤

① 分别进行准备工作、等待进门、进门、收派等待、快件签收、快件收取、快件验视、快件包装、快件称重、填写运单、客户签字、收费、辞谢与道别各个快递环节的训练，教师可在旁指导，学生也可以相互之间进行评议指导，使之符合礼仪规范。

② 学生根据设计的场景，融入角色中进行模拟训练。

③ 学生观摩后讨论，好的地方相互学习，有问题的地方加以改进。

④ 教师点评。

4. 实训要求

① 要求同学们身临其境，模仿场景中的角色进行演练。

② 要求模拟训练符合礼仪规范。

③ 对白设计合理。

④ 表情大方，姿势端正，声音清晰明朗，语气亲切自然。

5. 实训成绩考核

完成表 2-4。

表2-4　实训成绩考核表

评分标准	自评（10%）	小组互评（30%）	教师评价（60%）	合计
仪容仪表礼仪（20 分）				
行为礼仪（20 分）				
语言礼仪（20 分）				
快递服务规范（20 分）				
设计（10 分）				

续表

评分标准	自评（10%）	小组互评（30%）	教师评价（60%）	合计
综合整体感觉（10分）				
综合评分				

笔记

思考与练习

1. 快递服务礼仪的内涵和特征是什么？
2. 快递员工在为客户服务时应注意哪些方面的礼仪？
3. 快递员工服务规范的要求有哪些？

学习情境三

快件收寄作业

学习目标

知识目标

① 了解快递收寄的主要形式；

② 了解国内航空快递收寄物品的禁限规定；

③ 掌握快递收寄过程中的快件验视、快件包装、称重计费和运单填制要求；

④ 掌握快件交接和营业款交接过程中的注意事项；

⑤ 熟悉快件收寄过程中的紧急事故处理办法。

能力目标

① 能指导客户正确填制运单；

② 能正确核算客户寄递物品的计费重量并计算运费；

③ 能结合客户寄递物品的性质选用正确的包装材料和包装方法；

④ 能与网点仓管员做好快件的交接和复核工作。

素质目标

① 树立严谨细致的工作意识；

② 培养安全、节约、环保意识。

案例导入　未按规定开箱验视

CS 快递服务驿站新聘了员工小张，CS 快递服务驿站站长只是口头交代小张要进行实名收寄和开箱验视操作，并未进行详细的培训考核，并且在日常工作中，也未及时检查小张的业务操作是否达到要求，导致小张对开箱验视的重视程度不高。小张为了避免再次包装，对客户封装好的包裹只是进行简单询问，通常并未开箱验视就收寄。驿站站长发现这种情况也未及时提醒、教育，导致小张在日常收寄过程中不开箱验视的行为成为常态。某日，有客户在该驿站寄递一辆平衡车，小张未做任何验视检查便寄出，可是该包裹在分拣中心被扣下，原因是平衡车的电池容量超过快递规定标准，随后快递公司对该驿站做出相应的处罚。

问题与思考：

请同学们仔细阅读以上案例，通过查找资料，分析案例违反了哪些行业法规。假如你作为驿站站长，该如何避免此类事件的发生？请同学们分组模拟一次驿站收寄验视。

笔记

学习单元一　快件收寄方式及作业流程

一、快件收寄含义及主要方式

快件收寄，是快递流程的首要环节，是指快递企业在获得订单后通过一定收寄方式完成从客户处收取快件和收寄信息的过程。邮件、快件可采用营业场所收寄、协议用户收寄、上门收寄和智能收投服务终端收寄四种方式。

① 营业场所收寄是通过营业网点完成收寄的服务方式；

② 协议用户收寄是对签订寄递协议的交寄量大或交寄频次高的寄件人提供批量交寄的服务方式；

③ 上门收寄是收派员到寄件人处现场完成收寄的服务方式；

④ 智能收投服务终端收寄是通过智能快件箱、智能远程收寄终端等设备完成收寄的服务方式。

二、营业场所收寄

快递营业场所（营业网点）是指快递服务组织用于提供快件收寄、投递及其他相关末端服务的场所。快递营业场所分为自有营业场所和合作营业场所，具体如图 3-1 所示。

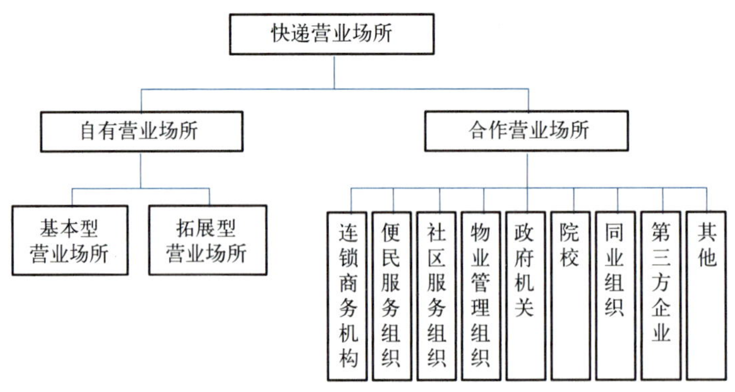

图 3-1　快递营业场所分类示意图

（一）自有营业场所

自有营业场所：快递服务组织利用自有产权或通过购买、租赁等形式获得房屋使用权，并独立开展快递及相关业务的营业场所。自有营业场所依据功能和面积等要素，可进一步分为基本型营业场所和拓展型营业场所。

基本型营业场所：仅满足业务接待和快件暂存基本功能要求的快递营业场所。

拓展型营业场所：除具备基本型营业场所服务功能外，还可满足业务操作、停车

笔记

及装卸、充电等其他功能要求的快递营业场所。

（二）合作营业场所

合作营业场所：快递服务组织通过与其他单位或组织合作，开展快递及相关业务的营业场所。合作营业场所的合作对象包括连锁商务机构、便民服务组织、社区服务组织、物业管理组织、政府机关、院校、同业组织以及专业第三方企业等。

（三）营业场所收寄工作流程

快递人员营业场所收寄工作流程如图 3-2 所示。

准备好设备、工具、单证等

⇓

检查快件是否符合寄递规定

⇓

指导客户填写运单

⇓

协助客户进行包装，并称量计费

⇓

引导客户交付运费

⇓

运单信息录入系统，并将粘贴好运单的快件交送运输人员或配送人员

图 3-2　快递人员网点收寄工作流程图

（四）营业场所实名收寄操作流程

营业场所实名收寄操作流程具体如图 3-3 所示，操作要求和说明如表 3-1 所示。

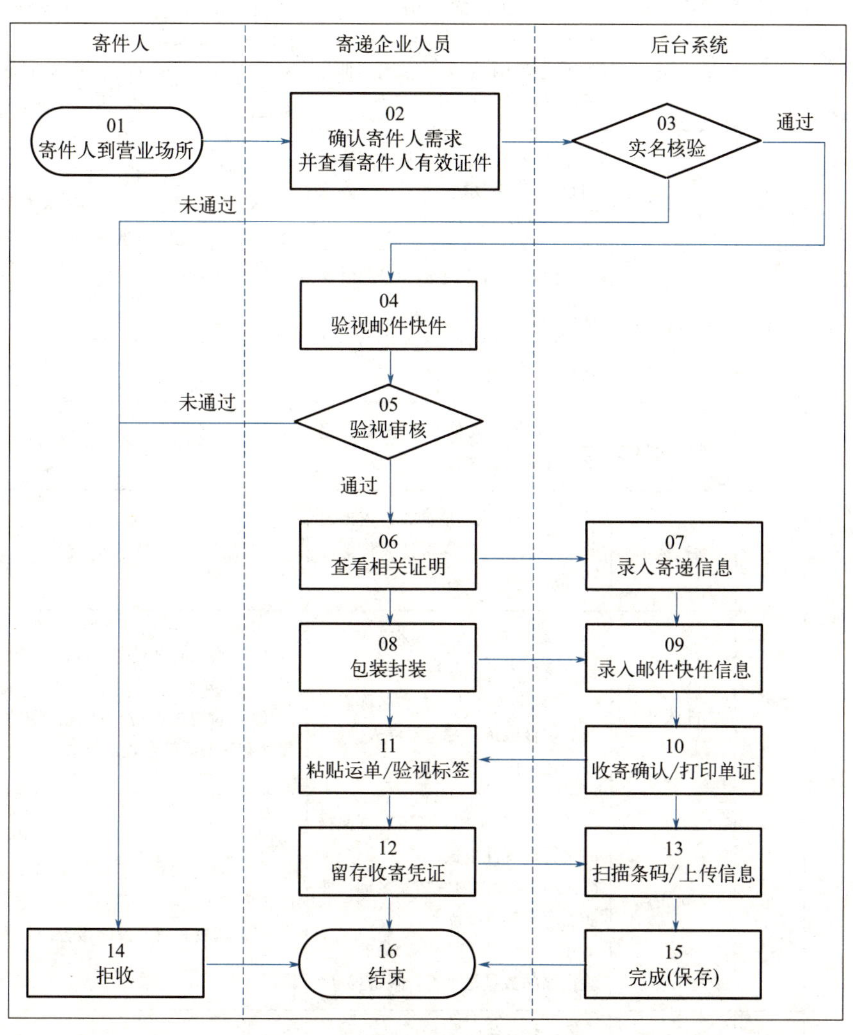

图 3-3　营业场所实名收寄操作流程图

表3-1　营业场所实名收寄操作步骤、要求及说明

收寄环节	节点	操作步骤	操作要求	说明
收寄前准备	1	寄件人到营业场所	营业场所应设置服务台席，配置相应的服务设施	（1）营业场所宜电子化； （2）保留手工服务方式
	2	确认寄件需求	（1）寄递企业人员应佩戴明显的身份辨识证件； （2）与寄件人确认寄件需求	如不符合业务要求，终止服务
实名查验	1	查看有效身份证件	（1）寄件人应出示有效身份证件； （2）对证件的有效性应进行查验	（1）寄件人姓名应填写真实姓名，不应填写先生、女士、网名、昵称等； （2）代寄邮件快件时，代寄人应出示本人和寄件人有效身份证件进行查验
	2	实名核验	（1）运单上填写的寄件人信息与寄件人出示的有效身份证件信息应一致； （2）核实过程宜采用实物和电子化相结合的方式，电子化营业场所应使用信息处理系统，非电子化营业场所可采用手工作业	（1）电子化营业场所的身份证件信息核验不宜手工录入； （2）不应使用他人证件为寄件人实名查验； （3）代寄邮件快件应登记寄件人及代寄人二者的有效身份证件信息； （4）如运单寄件人与现场实际寄件人及有效身份证件信息不符，需重新采集或修改，确保一致
	3	采集实名信息	（1）采集寄件人信息，宜选用NFC或OCR功能； （2）信息采集应齐全	
	4	证件校验	（1）校验证件类型与号码应符合验证逻辑； （2）校验寄件人姓名应与采集的身份证件姓名一致	
	5	通过核验	实际寄件人信息应正确、完整，才能通过核验	
收寄验视	1	验视提示	寄递企业人员应向寄件人提出验视要求，并指导寄件人将邮件快件放置到指定位置	放置邮件快件工作台宜整洁
	2	验视邮件快件	（1）按照“当面验视”原则，辅助寄件人开箱验视； （2）应按物品种类和名称清点邮件快件数量，并与寄件人确认，需同运单内容一致	（1）验视前宜对邮件快件外观进行查看，应无异常； （2）验视过程应规范化，物品重量、尺寸和状态应符合收寄要求
	3	验视审核	（1）应按照相关规定对寄递物品进行合规性审核； （2）应验视内件物品名称、性质、有无禁寄物品等； （3）内件属于限寄物品的，应验视物品数量是否符合限寄规定	（1）寄递物品应合规，如需要相关证明，寄件人应配合提供； （2）验视存疑应及时报告相关负责人
	4	通过验视	验视寄递物品完毕，准备接收	

续表

收寄环节	节点	操作步骤	操作要求	说明
接收	1	接收邮件快件	（1）验视时发现疑似禁止寄递物品或者不能当场确定物品安全性的，寄件人应出示寄递物品相关证明； （2）对通过审核的寄递物品应按照相关规定进行包装，封装应牢固可靠； （3）封装好的邮件快件不应再交给寄件人	（1）证明应有效； （2）包装应检查，清除外包装的旧运单、标识等，如需要提供或购买包装材料应清晰说明
	2	录入寄递信息	应通过实名收寄信息系统录入邮件快件信息，准确填写寄递物品名称、数量，实际收寄物品与运单上打印的物品品目应一致	（1）非电子化营业场所可人工填写； （2）应填写（或录入）准确、完整、有效的收件人和寄件人姓名、地址，收派员姓名，物品品名、数量、单位、价值、重量和其他相关信息。
	3	打印单证	（1）应对运单信息进行确认； （2）应打印运单和其他单证，将收寄凭证交给寄件人	
	4	粘贴运单	（1）将运单粘贴在邮件快件上； （2）应在运单或外包装上加盖或打印、粘贴“已验视”“易碎”等标签； （3）留存收寄凭证	（1）运单不宜粘贴在包装封装线处和褶皱面； （2）宜对包装再次进行检查； （3）邮件快件宜妥善暂存在指定区位
	5	完成收寄	保存信息（上传信息）	正确退出实名收寄信息系统
拒收	1	拒收	有下列情况的应不予收寄： （1）寄件人拒绝出示有效身份证件，或者拒绝寄递企业登记身份证件信息； （2）寄件人在运单上填写的寄件人姓名与出示的有效身份证件不一致	（1）禁限寄物品要求见《禁止寄递物品管理规定》； （2）如发现伪造证件、证明和疑似违法邮件快件，应及时报告相关负责人，按有关规定隔离和暂存邮件快件及证明
结束	1	结束	清点邮件快件数量，封袋	防止遗漏邮件快件

注：实名查验、收寄验视两个环节可同时进行。

（五）营业场所收寄服务标准

快递人员营业场所收寄服务标准如下。

1. 准备

快递人员应提前准备好需要使用的操作设备、用品用具、运单等。

2. 收取快件

① 欢迎：快递人员应保持标准站姿，向客户主动问好：“欢迎光临，请问需要帮助吗？”

笔记

② 收取：快递人员与客户确认需寄送的快件时，应双手接递快件和运单。

③ 验视：询问和验视客户物品，如有违禁物品，应礼貌告知客户不予受理。

3. 指导客户填写运单

填写运单：指导客户填写运单。当客户不明白相关内容时，快递人员应主动进行讲解，当客户填写不详细时，快递人员应耐心解释。

检查运单：在客户填好运单后，快递人员应对填写内容进行检查。

提示客户阅读运单背书条款。

4. 包装、称重、计费、指导客户签字

① 包装：若客户未提供包装，则按照公司规定操作，并及时清理现场；如客户提供包装，则仔细检查包装的严实性与牢固性，做好易碎品的防护处理及标识。

② 称重、计费：向客户说明称重规则和计费标准，并解答客户的疑问；称重计费后，请客户检查确认。

③ 指导客户签字：双手将运单递给客户，右手食指轻轻指向收件人签署栏，请客户签字并将客户留存条递给客户。

5. 收取费用

询问客户付费方式（现结、记账）：若客户选择现结，快递人员带领客户到收费柜台缴费；若客户选择记账，快递人员应在运单栏注明客户的记账账号。

6. 运单信息录入、粘贴运单、交件交单交款

快递人员在完成上述工作后，需将运单信息及时录入系统，并按粘贴规范将运单、标识等粘贴在快件的适当位置，然后复查快件包装和运单内容，确认没问题后将快件交送快件配送人员，快递人员每天需将当天收取的款项交给财务人员。

三、协议用户收寄

协议用户分为大客户和电商客户。

（一）大客户收寄

1. 大客户收件的特点

大客户是指与快递公司签订合作协议且每天发件数量达到了一定标准的客户，其显著特征为合作次数较多、服务方式特定和服务要求高等。具体来说有以下几方面的特点：大客户是与快递企业签订合作协议的公司或个人，通常就付款事宜、快递价格、服务要求等方面签订合作协议；大客户快递业务量较大，合作次数较多；大客户的快件具有较固定的特点，通常由快递企业为其制定特定的服务方式；大客户要求服务及时、周到全面、保证质量。

2. 大客户收件安排

由于大客户的业务量大，快递企业及相关快递人员应对大客户的收件工作做出特殊安排。

（1）收件频次

每个工作日应至少安排一次收件工作，如有需要可每日安排两次收件工作。

（2）收件准备

定期为大客户提供标准化的包装件、快递单据或快递企业信息系统直接与大客户信息系统相连，以方便客户随时填写发件信息。

（3）收件处理

大客户所投寄快件的类型较为固定，且已完成包装和运单填制，收件员可称计价后直接收取快件，无须进行特殊验视、指导运单填写和帮助包装等工作。

（4）费用结算

大客户的快递费用结算由快递企业统一安排财务人员进行。

（二）电商客户收寄

电子商务企业一般均是快递企业的大客户，但是因其业务的特殊性质，故收件方式与其他大客户稍有不同。电子商务企业快件的特性有以下四点：

① 所寄快件已经过包装，无须处理。

② 运单由电子商务企业的出库管理人员负责填制、粘贴。

③ 收件人（即购物者）一般均有明确的收件时间，要么仅在工作日收件，要么仅在周末和国家法定节假日收件等。

④ 电子商务企业作为快递企业的大客户，其收件频次、付费标准、结算运费等均直接同快递企业联系。

（三）协议用户实名收寄操作流程、步骤和要求

协议用户实名收寄操作流程如图 3-4 所示，步骤和要求如表 3-2 所示。

表3-2　协议用户实名收寄操作步骤、要求及说明

收寄环节	节点	操作步骤	操作要求	说明
收寄前准备	1	协议用户寄递	协议用户收寄场所应配置相应的服务设施	
	2	确认寄件需求	（1）收派员应佩戴明显的身份辨识证件； （2）与寄件人确认寄件需求	如不符合业务要求，终止服务
实名查验	1	寄件人提供有效寄件人编号	协议用户应提供有效账号或协议约定的电话号码	账号或电话号码应为企业与协议用户约定内容。约定为账号的应提供账号，约定为手机号的应提供手机号
	2	实名信息校验	（1）校验协议用户提供的账号或电话号码应与协议签订时登记的账号或电话号码一致； （2）校验寄件人姓名应与登记的身份证件姓名一致	（1）校验账号或电话号码应有效； （2）如寄件人填写错误，应同寄件人核实并经寄件人同意，更正寄件人姓名等信息； （3）核实过程宜采用实物和电子化相结合的方式
	3	通过核验	实际信息应正确、完整，才能通过认证	

续表

收寄环节	节点	操作步骤	操作要求	说明
收寄验视	1	验视邮件快件	（1）按照“当面验视”原则，辅助寄件人开箱验视； （2）应按物品种类和名称清点邮件快件数量，并与寄件人确认	（1）验视前宜对邮件快件外观进行查看，应无异常； （2）验视过程应规范化，物品重量、尺寸、状态应符合收寄要求
	2	验视审核	（1）按照相关规定对寄递物品进行合规性审核； （2）应验视内件物品名称、性质、有无禁寄物品等； （3）内件属于限寄物品的，应验视物品数量是否符合限寄规定	（1）业务量大时，可到协议用户邮件快件交寄点进行收寄验视； （2）验视存疑应及时报告相关负责人
	3	通过验视	验视寄递物品完毕，准备接收	
接收	1	接收邮件快件	（1）验视时发现疑似禁止寄递物品或者不能当场确定物品安全性的，寄件人应出示寄递物品相关证明； （2）对通过审核的寄递物品按照相关规定进行包装，封装应牢固可靠	（1）证明应有效； （2）包装应检查，清除外包装的旧运单、标识等，如需要提供或购买包装材料应清晰说明
	2	导入收件人信息	宜通过实名收寄信息系统导入收件人信息	
	3	录入寄递信息	应通过实名收寄信息系统录入邮件快件信息，准确填写寄递物品名称，数量，实际收寄物品与运单上打印的物品品目应一致	应填写（或录入）准确、完整、有效的收件人和寄件人姓名、地址，收派员姓名，物品品名、数量、单位、价值、重量和其他相关信息
	4	打印单证	（1）应对运单信息进行确认； （2）应打印运单和其他单证，将收寄凭证交寄件人	收寄凭证交寄件人后，应提醒寄件人保存好收寄凭证，注意查收邮件快件
	5	粘贴运单	（1）将运单粘贴在邮件快件上； （2）应在运单或外包装上加盖或打印（粘贴）“已验视”“易碎”等标签； （3）留存收寄凭证	（1）运单不宜粘贴在包装封装线处和褶皱面； （2）宜对包装再次进行检查； （3）邮件快件应妥善暂存在指定区位
	6	完成收寄	保存信息	正确退出协议用户实名收寄信息系统
拒收	1	拒收	对不符合收寄条件的快件，应不予收寄	（1）禁限寄物品应符合相关部门关于禁止、限制寄递物品管理和处置的有关要求； （2）如发现伪造证件、证明和疑似违法邮件快件，应及时报告相关负责人，按有关规定隔离和暂存邮件快件及证明
结束	1	结束 / 交回营业网点	（1）清点邮件数量，封袋； （2）邮件快件交回营业网点	防止遗漏邮件快件

注：实名查验、收寄验视两个环节可同时进行。

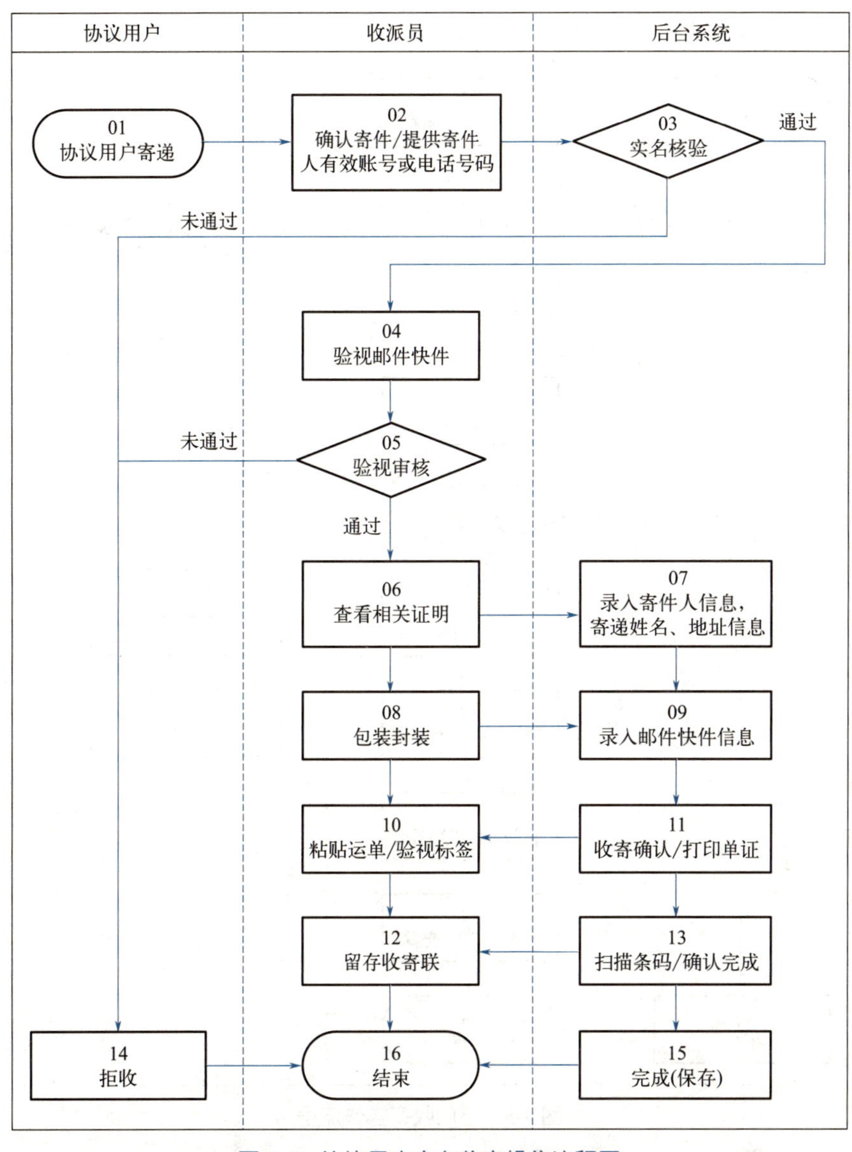

图 3-4　协议用户实名收寄操作流程图

四、上门收寄

（一）上门收寄作业

当客户发生快递服务需求时，通过电话、网络、手机 APP 或微信公众号进行下单，快递服务组织在接单时应记录客户姓名、取件地址、联系方式、快递种类、快件目的地等相关信息，同时约定取件时间，一般取件时间宜在 2 小时内，有约定的除外。并向客户提供服务范围、服务时限、服务价格、物品禁限寄规定等信息，若不能提供快递服务，及时告知客户。

（二）上门收寄操作流程

上门收寄操作流程具体如图 3-5 所示，操作要求和说明如表 3-3 所示。

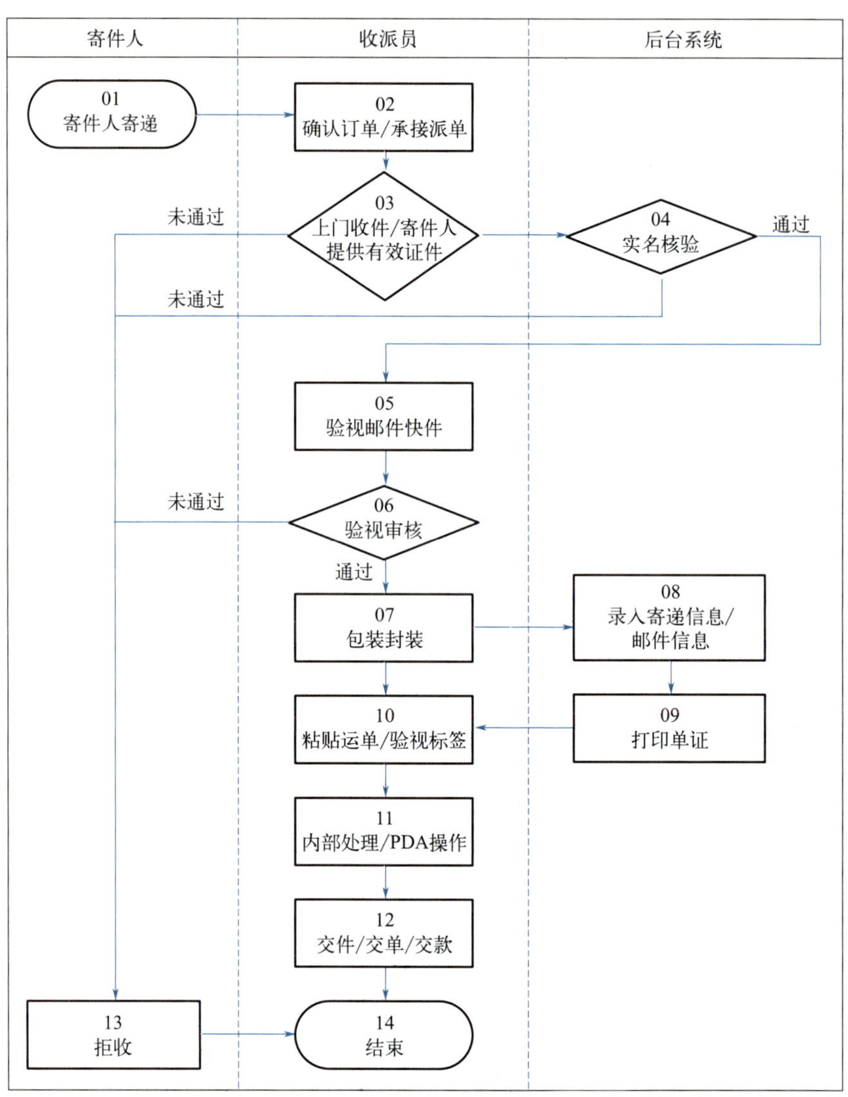

图 3-5　上门收寄操作流程

表3-3　上门收寄操作步骤、要求及说明

收寄环节	节点	操作步骤	操作要求	说明
收寄前准备	1	寄件人寄递	寄件人提出寄递快件需求	
	2	确认订单	（1）应检查订单信息完整性； （2）应确认为收派员服务区域	（1）当具体位置无法确定，地址欠详时，应电话联系核实或预约； （2）当发现订单信息异常时，应使用手持终端或巴枪（PDA）做异常备案
	3	上门收件	收派员应佩戴明显的身份辨识证件并上门收寄	

续表

收寄环节	节点	操作步骤	操作要求	说明
实名查验	1	查看有效身份证件，进行实名核验	（1）寄件人应出示有效身份证件； （2）对证件的有效性应进行查验	（1）寄件人姓名应填写真实姓名，不应填写先生、女士、网名、昵称等； （2）代寄快件时，代寄人应出示寄件人和代寄人有效身份证件进行查验
	2	采集实名信息	（1）实名采集寄件人信息，宜选用 NFC 或 OCR 功能； （2）信息采集应齐全	（1）不应使用他人证件为寄件人实名查验； （2）代寄快件应采集寄件人及代寄人二者的有效身份证件； （3）如运单寄件人与现场实际寄件人及有效身份证件信息不符，需重新采集或修改，确保三者一致
	3	证件校验	（1）校验证件类型与号码应符合验证逻辑； （2）校验寄件人姓名应与采集的身份证件姓名一致	
	4	通过核验	实际寄件人信息正确、完整，才能通过核验	寄件人信息通过核验
收寄验视	1	验视提示	收派员应向寄件人提出验视要求，并指导寄件人将快件放置到指定位置	
	2	验视快件	（1）按照“当面验视”原则，辅助寄件人收寄验视； （2）应按物品种类和名称清点快件数量，并与寄件人确认	（1）验视前宜对快件外观进行查看，应无异常； （2）验视过程应规范化，物品重量、尺寸和状态应符合收寄要求
	3	验视审核	（1）应按照相关规定对寄递物品进行合规性审核； （2）应验视内件物品名称、性质、有无禁寄物品等； （3）内件属于限寄物品的，应验视物品数量是否符合限寄规定	（1）寄递物品应合规，如需要相关证明，寄件人应配合提供； （2）验视存疑应及时报告相关负责人
	4	通过验视	寄递物品验视完毕，准备接收	
接收	1	接收快件	（1）验视时发现疑似禁止寄递物品或者不能当场确定物品安全性的，寄件人应出示寄递物品相关证明； （2）对通过审核的寄递物品应按照相关规定进行包装，封装应牢固可靠； （3）封装好的快件不应再交给寄件人	（1）证明应有效； （2）应检查、清除外包装的旧运单、标识等，如需要提供或购买包装材料应清晰说明
	2	录入寄递信息	（1）应在 PDA 中按寄件人需求选择界面，录入实际重量； （2）应正确填写输入寄递物品内容，出口件应标明材质、用途等	（1）应填写（或录入）准确、完整、有效的收件人和寄件人姓名、地址，收派员姓名，物品品名、数量、单位、价值、重量和其他相关信息； （2）当寄件人订单信息不符合快件发运要求时，应与寄件人充分沟通并征得寄件人同意后，方可在 PDA 中修改运单信息

续表

收寄环节	节点	操作步骤	操作要求	说明
接收	3	打印单证	（1）应对运单信息进行确认； （2）应打印运单和其他单证，将收寄凭证交给寄件人	
	4	粘贴运单	（1）将运单粘贴在邮件快件上； （2）应在运单或外包装上加盖或打印（粘贴）“已验视”“易碎”等标签； （3）留存收寄凭证	（1）运单不宜粘贴在包装封装线处和褶皱面； （2）宜对包装再次进行检查； （3）快件宜妥善暂存在指定区位
	5	完成收寄	保存信息	正确退出实名收寄信息系统
拒收	1	拒收	有下列情况的应不予收寄： （1）寄件人拒绝出示有效身份证件，或者拒绝寄递企业登记身份证件信息； （2）寄件人在运单上填写的寄件人姓名与出示的有效身份证件不一致	（1）禁限寄物品要求见《禁止寄递物品管理规定》； （2）如发现伪造证件证明和疑似违法快件，应及时报告相关负责人，按有关规定隔离和暂存快件及证明
结束	1	结束 / 交回网点	（1）清点快件数量，封袋； （2）快件交回营业网点	防止遗漏快件

❖ 知识链接　收寄特快“四提醒”

在特快邮件的收寄和处理过程中，有一些细节很容易被忽视，给投递以及日后的查询、理赔等工作留下了隐患。收寄特快时应注意以下问题：

提醒寄件人认真阅读邮件详情单上的使用须知并指导其正确填写和粘贴邮件详情单。填写收、寄件人名址时，特别是收件单位，不可只填写单位名称，应详细填写其地址。另外，寄件人的名址也不能省略或漏填，以防邮件因故被退回时不能及时地退给寄件人。

提醒寄件人不要漏填和少填内件物品名称，仔细检查所填写的物品名称与内件是否相符，避免出现因内件不符而拒收的情况。一旦邮件发生丢失或损毁，也难以明确事故、差错责任，难以进行理赔处理。

提醒寄件人如实地填写物品价值，需要保价的应填写保价金额。不应漏填或多填、少填，以及随意估价，否则会给日后赔偿处理带来一些不必要的纠纷。

提醒寄件人准确地填写收、寄件人的手机和电话号码，这一项易被遗忘。殊不知，如果寄件人漏填这项信息，如邮件因收件人迁移新址等原因无法投递，又无法与收件人取得联系，邮件则只能被退回。

五、智能收投服务终端收寄

智能收投服务终端是指利用智能快件箱、智能快递柜、智能远程收寄终端完

笔记

成快件的收寄。其收寄操作步骤、要求及说明如表 3-4 所示。

表3-4 智能收投服务终端实名收寄操作步骤、要求及说明

收寄环节	节点	操作步骤	智能快件箱操作要求	智能远程收寄终端操作要求	说 明
实名查验	01	提供有效身份证件信息	按照邮件快件收寄验视要求，寄件人应提供有效身份证件进行认证，然后再进行寄递	（1）使用智能远程收寄终端收寄时，寄件人应与远程寄递企业人员建立视频连接，确认寄件需求； （2）按照邮件快件收寄验视要求，寄件人应提供有效身份证件进行认证，然后再进行寄递	寄件人姓名应填写真实姓名，不应填写先生、女士、网名、昵称等
	02	采集实名信息	（1）实名信息采集时，宜优先选用身份证读卡器或 OCR 功能，其次为手动录入； （2）应采集寄件人的姓名和身份证号码信息		（1）邮件快件收寄时，系统应自动将寄件人登记的身份证件信息传至收寄终端； （2）利用智能远程收寄终端时，寄件人实名信息自动同步到收寄系统； （3）不应使用他人证件进行实名查验
	03	证件校验	（1）校验证件类型与号码应符合验证逻辑； （2）校验寄件人姓名应与采集的身份证件姓名一致	校验人脸与证件读取信息应一致	利用智能快件箱收寄时，如寄件人填写错误，应提醒寄件人核实并更正寄件人姓名等信息
	04	人脸核实	（1）校验人脸与证件信息应一致； （2）宜优先采用人脸识别认证校验，其次为照片校验		直接或间接与公安系统进行连接校验，姓名、身份证号和人脸应一致
	05	认证成功	应采集寄件人的实名信息进行注册，并通过认证	实名查验完毕，准备收寄	（1）实际寄件人信息应正确、完整，通过认证； （2）寄件人再次寄件时，如信息一致，不应重新采集
	06	下单成功	应通过实名查验校验，下单成功，返回订单信息	—	—
	07	到柜投递	寄件人到达快件箱，支付费用，并应将快件放入智能快件箱	—	寄件人应依据下单成功信息到柜将快件投入智能快件箱

知识链接 无人自助寄件机

无人自助寄件机是菜鸟于2020年推出的最新“黑科技”寄件设备。无人自助寄件机的使用场景广泛，无论是写字楼、小区门口、楼栋物业等都可摆放。对于校园而言，学生宿舍、教学楼、综合办公楼等地方的无人自助寄件机能为远离驿站的在校师生提供便利。

无人自助寄件机的操作使用非常便捷，具体流程如图 3-6 所示。寄件人可通过淘宝、支付宝、微信、菜鸟等软件扫码填写下单信息，直接对准机器便可完成人脸识别验证，完成实名认证；随后将包裹放在称重台上进行称重，打印出电子面单，确认寄件信息无误后将包裹投入储存柜，根据提示进行在线支付，完成寄件操作。驿站工作人员根据排班每天在固定时间到寄件机进行物品揽收操作，打开寄件机之后，对每个包裹进行开箱核验，检查是否有违禁物品，确认无误后将包裹统一送往网点，网点揽收之后，对所有包裹进行分类处理并进行后续作业。

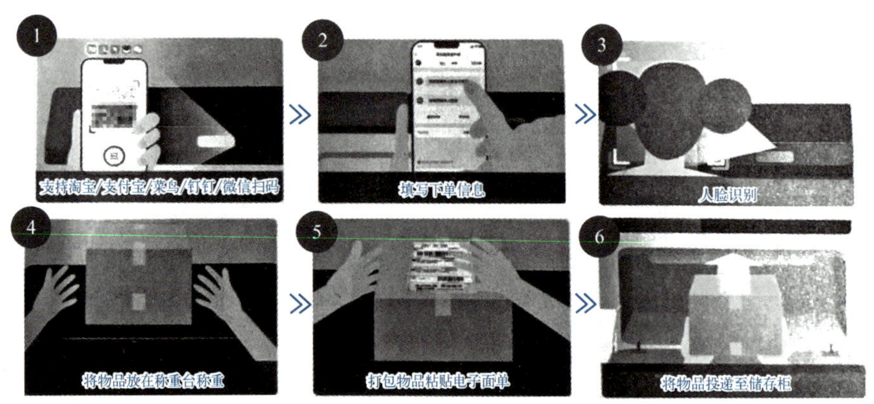

图 3-6　无人自助寄件机操作流程

六、快件收寄操作要点

1. 备好快件收寄相关物料及设备

快件收寄前应准备好收寄过程中的相关物料及设备，如笔、电子秤、卷尺、运单、胶带、发票和手持终端等。

❖ **知识链接**　**快递手持终端**

快递手持终端是快递服务主体提供寄递服务所使用的，具有信息采集、处理、输入和输出等功能的手持操作信息设备，如图 3-7。手持终端功能多样，应用范围广，能帮助快递员提升工作效率。其重要功能有：

① 扫码功能。快递员用手持终端扫码，能查询实时快递信息，完成快递的中转、收、发等步骤，更新快递状态。入库操作时，还能自动通知收件人取件。

② IC 卡识读功能。包括身份证识读和应用。寄快递时，需要录入寄件人身份信息，快递员能使用手持终端识读寄件人身份证，完成信息录入。

③ OCR 文本识别功能。快递员要录入快递单信息时，可以通过 OCR 文本识别，得到所需要的信息，快速完成录入。

笔记

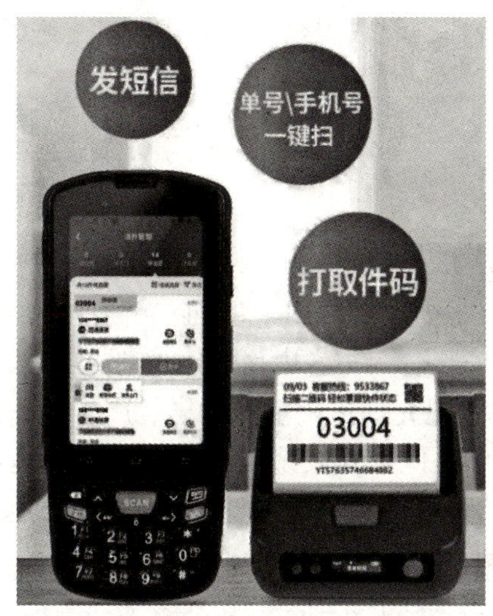

图 3-7　快递手持终端示例

2. 快件收寄实名制

在收寄邮件、快件时，要求寄件人出示有效身份证件，对寄件人身份进行查验，并登记身份信息。

M3-1 扫一扫看《邮件快件实名收寄管理办法》

❖ 知识链接　实名收寄——身份信息查验

2018 年，《邮件快件实名收寄管理办法》规定邮政企业、快递企业、经营邮政通信业务的企业（统称寄递企业）应当执行实名收寄。寄件人出示的有效身份证件包括：

（一）居民身份证、临时居民身份证；

（二）中国人民解放军军人身份证件、中国人民武装警察身份证件；

（三）港澳台居民居住证、港澳居民来往内地通行证、台湾居民来往大陆通行证；

（四）外国公民护照；

（五）国家规定的其他有效身份证件。

3. 避免收取违禁物品

用户交寄的邮件、快件应当遵守法律、行政法规以及国务院和国务院有关部门关于禁寄物品的规定，不得交寄禁寄物品，不得在邮件、快件内夹带禁寄物品，不得将禁寄物品匿报或者谎报为其他物品交寄。寄递企业可通过拍照等方式，对寄件人交付的物品进行图像识别验视，并作为收寄验视的凭证，凭证保留时间不应少于 90 日，保存要求应符合国家相关法律法规的规定。快递揽投员需查验用户交寄的邮件、快件，能准确地辨认用户所寄递物品是否属于违禁物品。

M3-2 扫一扫看《邮件快件包装管理办法》

4. 快递包装

包装快件应当坚持实用、安全、环保原则，符合寄递生产作业和保障安全的要求，节约使用资源，避免过度包装，防止污染环境。

5. 计费重量确定和运费收取

依据快递服务类型和实效等确定快递费率，通过测量实际重量和体积确定计

笔记

费重量，计算运费和保价费，收取现金并找零或通过二维码收款。

七、国际快件收寄

（一）国际快件的分类

国际快件按照通用方法，一般分为文件、包裹两类。

① 文件类是指法律、法规规定予以免税且无商业价值的文件、单证、票据及资料，品名申报为“DOC”（文件），申报价值为“0美元”。

② 包裹类是指法律法规允许进出境的货样、广告品，需要按实际价值进行申报。包裹类快件需要客户提供形式发票或商业发票。包裹根据其申报价值的高低又分为高价值包裹和低价值包裹。各国对低价包裹和高价包裹的划分不尽相同。

（二）国际快件的重量和规格要求

重量限度：国际快件每件最高重量为50kg，有的国家对包裹限重分别为20kg、15kg或10kg，因此，包裹重量限度应以寄达国为标准。我国采用的单件最高重量限度为50kg，单票不超过250kg。

规格限度：非宽体飞机载运的快件，每件快件重量不超过80kg，体积一般不超过40cm×60cm×100cm。宽体飞机载运的快件，每件快件重量一般不超过250kg，体积一般不超过100cm×100cm×140cm。

❖ 知识链接 一些特殊国家的快件重量和规格要求

日本：单件重量不可超过50kg，三边长度之和不能大于210cm。

新加坡、马来西亚：单件重量不能超过85kg，最长不能超过150cm，宽和高不能超过80cm。

泰国：单件重量不能超过85kg。

韩国：单件重量不能超过130kg，单件长度不能大于140cm。

美国：纽约快件单件重量不能超过30kg，其他城市快件单件重量不能超过35kg。

英国、以色列、中南美国家：单件重量绝对不能超过30kg。

菲律宾：单件重量不能超过30kg。

欧洲其他国家：单件重量不能超过50kg，周长（长+2×宽+2×高）不能超过300cm，最长、最宽、最高分别为200cm、80cm、60cm。

印度尼西亚：单票重量不能大于20kg，最长不能大于170cm。

澳大利亚：单件重量不能大于30kg，最长不能大于170cm。

（三）国际快件和我国港澳台地区快件运单填写的注意事项

寄件人和收件人名址应使用英文、法文或寄达国通晓的文字书写。如用英文、法文之外的文字书写，应使用中文或英文加注寄达国国名和地名。文件类的快件可只填写快递详情单，物品类的快件除了填写快件详情单外，还应该填写形式发票、内件品名及详细说明等内容，应使用英文填写，申报价值以美元表示。

寄往我国香港、澳门、台湾地区的快件，寄件人、收件人名址可以用中文书写。

学习单元二　快件验视

一、快件验视工作内容

验视是指快递服务主体在收寄时查验用户交寄的快件是否符合禁寄、限寄规定，以及用户在快递电子运单上所填报的内容是否与其交寄的实物相符的过程。

用户交寄邮件、快件应当遵守法律、行政法规以及国务院和国务院有关部门关于禁寄物品的规定，不得交寄禁寄物品，不得在邮件、快件内夹带禁寄物品，不得将禁寄物品匿报或者谎报为其他物品交寄。寄递企业应当严格执行收寄验视制度，依法当场验视用户交寄的物品是否属于禁寄物品，以及物品的名称、性质、数量等是否与寄递详情单所填写的内容一致，防止禁寄物品进入寄递渠道。同时寄递企业应当建立健全安全检查制度，配备符合国家标准或者行业标准的安全检查设备，安排具备专业技术和技能的人员对邮件、快件进行安全检查。

二、快件验视操作方法

快件验视操作方法如表 3-5 所示。

表3-5　快件验视操作方法

序号	验视操作方法	主要内容
1	观察寄件人	如发现寄件人有以下情况应从严进行验视： a. 精神紧张、言行可疑、假装镇静者； b. 营业时间将结束或已经结束，匆忙交寄邮件快件者； c. 与公安机关通缉的嫌疑人外貌特征相似的人员； d. 故意遮掩面部者； e. 表现异常、催促检查者； f. 态度蛮横、不愿接受检查者； g. 冒充熟人、假献殷勤者
2	询问	对以下事项应从严进行验视： a. 询问清物品的名称、属性、用途等，对含糊其词、语言前后矛盾者要特别关注； b. 询问寄件人是否为别人代寄，对为陌生人代寄的情况要特别注意； c. 询问寄件人贵重物品是否增加保价和保险服务
3	查看外部	通过观察和触摸物品外部，发现下列可疑点应从严进行验视： a. 经过伪装的邮件快件； b. 重量不均、厚薄不匀的邮件快件； c. 有个别部位突起或过硬的邮件快件； d. 内部有粉末状物品的邮件快件； e. 包装或者信封有油污渗出或者变色； f. 缺少邮寄地址的邮件快件； g. 不寻常的、重量或体积大的邮件快件； h. 使用限制性语言的邮件快件； i. 外包装上标有 9 类危险品标识的邮件快件

续表

序号	验视操作方法	主要内容
4	检查内件	通过检查邮件快件内件，发现下列可疑点应从严进行验视： a. 是否装有易燃易爆等危险品和禁寄品； b. 有关部门通报应检查的物品； c. 是否携带均匀透明、淡黄色至棕色、油状或黏稠状态等液体物质和粉末状固态可疑物质； d. 易藏匿爆炸品的物品如罐状物品、玩具、电器、中间挖空的书籍，卷曲的印刷品、物品的空隙、服装夹层是否藏有异物； e. 印刷品、出版物是否符合相关规定，是否有夹带； f. 所查物如有拉链及分层，注意拉链下方、上下层之间有无连接物，以防松发或拉发爆炸装置； g. 多块拼装而成的木箱，应先拆一侧板，确认内部物品与箱盖无连接物后，方可打开箱盖，分层检查内装物
5	掂量	通过掂邮件快件，主观衡量物品重量，再根据寄递物品品名判断是否过重或过轻、与正常重量是否相符，发现可疑点应从严进行验视
6	称量	通过称重，发现下列可疑点应从严进行验视： a. 检查邮件快件内件包装是否标明重量； b. 通过用秤称重后，与内件标明重量相比过重或过轻判别可疑邮件快件
7	听	通过听，发现下列可疑点应从严进行验视： a. 判断邮件快件内部是否有机械手表、石英钟、洗衣机、电风扇、定时器等改装的机械定时装置； b. 发现其他异常声音

三、验视安全作业规范

快递业务员应提示寄件人如实申报所寄递的物品，并根据申报内容对交寄的物品、包装物、填充物等进行实物验视。快递业务员验视时，应按以下要求进行操作：

① 应在收寄现场对用户交寄的物品进行验视，具备条件的可在视频监控下验视，宜由寄件人打开封装；

② 重点查验用户交寄的物品、包装物、填充物是否符合国家关于禁止寄递、限制寄递的规定以及是否与快递运单上所填报的内容相符；

③ 快递业务员应注意人身安全，不应鼻腔直闻，不应用手触摸不明液体、粉末、胶状等物品；

④ 对交寄物品内有夹层的，应逐层清查；

⑤ 对于一票多件的快件，应逐件清查。

验视后，如用户再次增减或更换寄递物品，快递业务员应在用户最终确认寄递物品后，进行再次验视。验视后，快递服务组织应按要求做出验视标识，记录验视人员姓名或者工号，验视人员应与用户一起当面封装。验视时，不予收寄快件按照相关法律法规和邮政管理部门的规定执行。

M3-3 扫一扫
看微视频
"快件验视"

四、违禁物品处理规定

寄递企业完成收寄后发现禁寄物品或者疑似禁寄物品的，应当停止发运，立即报告事发地邮政管理部门，并按下列规定处理：

笔记

① 发现各类枪支（含仿制品、主要零部件）、弹药、管制器具等物品的，应当立即报告公安机关；

② 发现各类毒品、易制毒化学品的，应当立即报告公安机关；

③ 发现各类爆炸品、易燃易爆等危险物品的，应当立即疏散人员、隔离现场，同时报告公安机关；

④ 发现各类放射性、毒害性、腐蚀性、感染性等危险物品的，应当立即疏散人员、隔离现场，同时视情况报告公安、环境保护、卫生防疫、安全生产监督管理等部门；

⑤ 发现各类危害国家安全和社会稳定的非法出版物、印刷品、音像制品等宣传品的，应当及时报告国家安全、公安、新闻出版等部门；

⑥ 发现各类伪造或者变造的货币、证件、印章以及假冒侵权等物品的，应当及时报告公安、工商行政管理等部门；

⑦ 发现各类禁止寄递的珍贵、濒危野生动物及其制品的，应当及时报告公安、野生动物行政主管等部门；

⑧ 发现各类禁止进出境物品的，应当及时报告海关、国家安全、出入境检验检疫等部门；

⑨ 发现使用非机要渠道寄递涉及国家秘密的文件、资料及其他物品的，应当及时报告国家安全机关；

⑩ 发现各类间谍专用器材或者疑似间谍专用器材的，应当及时报告国家安全机关；

⑪ 发现其他禁寄物品或者疑似禁寄物品的，应当依法报告相关政府部门处理。

❖ 知识链接　收寄验视相关法规

《中华人民共和国邮政法》中规定：

第二十五条　邮政企业应当依法建立并执行邮件收寄验视制度。

对用户交寄的信件，必要时邮政企业可以要求用户开拆，进行验视，但不得检查信件内容。用户拒绝开拆的，邮政企业不予收寄。

对信件以外的邮件，邮政企业收寄时应当当场验视内件。用户拒绝验视的，邮政企业不予收寄。

第七十五条　邮政企业、快递企业不建立或者不执行收件验视制度，或者违反法律、行政法规以及国务院和国务院有关部门关于禁止寄递或者限制寄递物品的规定收寄邮件、快件的，对邮政企业直接负责的主管人员和其他直接责任人员给予处分；对快递企业，邮政管理部门可以责令停业整顿直至吊销其快递业务经营许可证。

国家邮政局发布的《快递服务》邮政行业标准中规定：

快递服务人员应询问和验视内件的性质和种类：若是法律、法规规定禁寄物品，应拒收并向寄件人说明原因；若是限寄物品，应告知寄件人处理方法及附加费用；建议寄件人贵重物品宜购买保价或保险服务。寄件人应将交递快件的性质和种类告知快递服务人员。

学习单元三　快件封装

快件封装是指依据快件的规格、性质等特性，选用合适的包装材料，采用合适的包装方法，对快件进行包装，以确保其在流程中的安全。

一、常见快件封装包装物

邮件快件包装过程中采用的主要包装物见表 3-6。

表3-6　邮件快件包装过程中采用的主要包装物

包装物名称	涵盖范围
封装用品	包装箱、包装袋、封套、信封等
包装填充物	植物纤维类填充物、气泡垫、充气柱、充气枕、聚乙烯软质泡沫、发泡颗粒、悬空紧固类填充物等
包装辅助物	胶带、电子运单、标识贴等

二、快件封装用品

1. 快递封套

快递封套是指以纸板为主要原料，经模切、印刷和黏合等加工工序后，制成的可在寄递过程中装载快件的信封式封装用品。

❖ 知识链接　封套上的信息内容

1. 封套正面

应印刷下列内容。

① 快递企业标识和名称。

② 快递企业经营邮政企业专营业务范围以外的信件快递业务，应在封套正面左下角留有 2cm×3cm 的空白区域。该区域内应采用粘贴或印刷等方式标注白底黑字的“信件”字样。字体应采用黑体，字号应不小于1号字。印刷位置如图 3-8 所示。

2. 封套背面

应印刷下列内容，除下列内容外，不应印刷其他任何图案、文字等信息：

① 封套适用的快件厚度、重量、禁限寄物品规定等中英文使用说明以及粘贴快递运单的位置，字号应不小于 5 号字。

② 可回收标志，见图 3-9。

③ 服务信息，包括快递企业服务电话、经营地址和网站地址等。

④ 制作及管理信息，包括生产单位、监制单位、监制证号、数量和生产日期等。

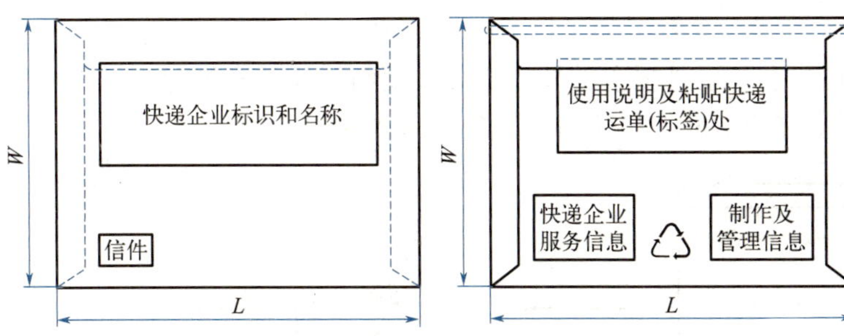

图 3-8　快递封套正面与背面式样

图 3-9　可回收标志

2. 快递包装箱

快递包装箱是指以瓦楞纸板为主要原料，经模切、压痕、印刷和钉合等加工工序后，制成的可在寄递过程中装载快件的箱式封装用品，如图 3-10。

图 3-10　快件包装箱式样

包装箱的箱型结构主要有以下四种：

① 半叠盖式包装箱：上、下外摇盖的伸出部分长度与箱体宽度的一半相同，封箱后摇盖对接的包装箱。如图 3-11 所示。

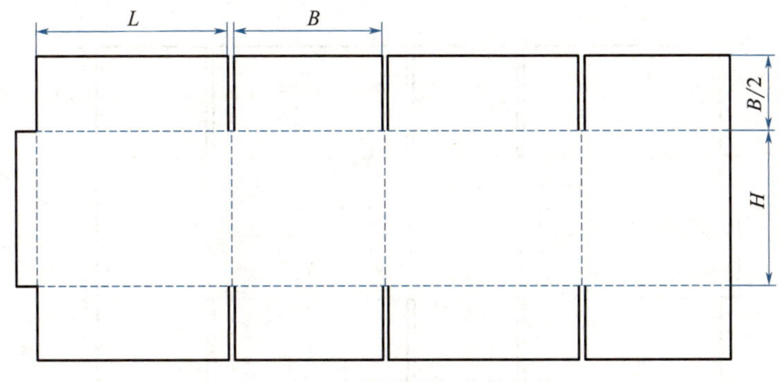

图 3-11　半叠盖式包装箱结构

注：*L*、*B*、*H* 表示内尺寸。

② 互插盖式包装箱：上盖为插入式全盖封箱结构、下盖为互插式自封结构的包装箱。如图 3-12 所示。

③ 插入式包装箱：侧面封箱，两侧均为插入式封箱结构的包装箱。如图 3-13

笔记

所示。

④ 全叠盖包装箱：上、下外摇盖的伸出部分长度与箱体的宽度相同，封箱后摇盖重叠，形成双层盖和双层底的包装箱。如图 3-14 所示。

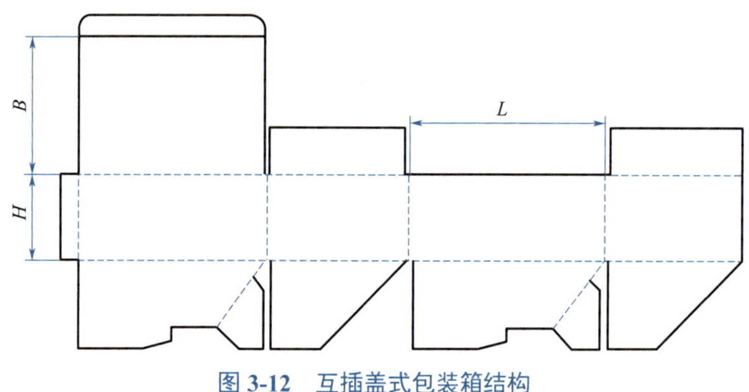

图 3-12　互插盖式包装箱结构

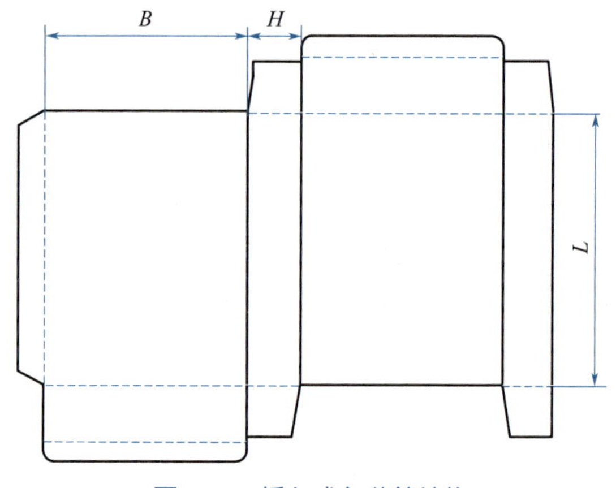

图 3-13　插入式包装箱结构

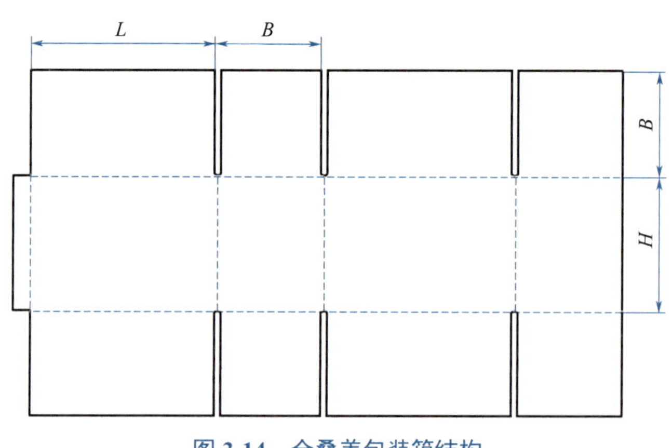

图 3-14　全叠盖包装箱结构

❖ 知识链接　包装箱上印刷内容

包装箱宜保持瓦楞纸板材料原色，印刷面积不应超过箱体表面总面积的

50%。

1. 包装箱正面

应印刷下列内容：

① 快递企业标识和名称；

② 服务信息，包括快递企业服务电话、经营地址和网站地址等。

2. 包装箱侧面

应印刷下列内容：

① 型号；

② “快递”字样的中文或英文标识；可回收标志；重复使用标志，参见图 3-15；

③ 制作及管理信息，包括生产单位、监制单位、监制证号、数量和生产日期等。

图 3-15 包装箱的重复使用标志

3. 快递包装袋

快递包装袋是指可装载快件的袋式封装用品。根据生产原料的不同，可分为塑料薄膜类包装袋、气垫膜类包装袋和塑料编织布类包装袋。

快递包装袋类型：

① 塑料薄膜类包装袋：以树脂为主要原料，经吹膜、模切、印刷和封合等加工工序后，制成的可在寄递过程中装载快件的袋式封装用品。

② 气垫膜类包装袋：以树脂为主要原料，经挤出双层膜真空复合成型的气垫薄膜，并经复合、模切、印刷和黏合等加工工序后，制成的可装载快件的袋式封装用品。

③ 塑料编织布类包装袋：以树脂为主要原料，经挤出、拉伸成扁丝，并经织造、印刷和缝纫等加工工序后，制成的可装载快件的袋式封装用品。

各类包装袋在制作过程中越来越注重使用环保材料，如生物降解塑料。

❖ 知识链接 快递包装袋印刷内容

包装袋宜保持材料原色，印刷面积不应超过表面总面积的 50%。

包装袋正面应印有快递企业标识和名称，以及服务电话和网站地址等快递企业的服务信息。

包装袋背面除下列内容外，不应印刷其他任何图案，文字等信息：包装袋产品标志；包装袋适用的快件厚度和重量、禁寄物品等中英文使用说明，字号应不小于 5 号字；制作及管理信息，包括生产单位、监制单位、监制证号、数量和生产日期等内容。

4. 快递封装胶带

在快递行业中，使用胶黏剂的产品主要有快递面单和胶带。而据测算，我国

笔记

平均每件快递的胶带使用量是 0.8 米，2021 年中国快递使用的胶带长达 800 亿米，可以绕地球赤道将近 2000 圈。快递胶带主要用于快递封套、包装箱和包装袋的密封，其一般结构主要包含胶黏剂、基材、底纸（或称为离型纸）等基材和处理剂，如图 3-16 所示，主要有普通胶带和生物降解胶带两种。

图 3-16 胶带式样

生物降解胶带：是一种用环保材料制成的胶带。该胶带在自然界条件下（如土壤或沙土中等），或特定条件下（如堆肥条件下或厌氧消化条件下或水性培养液中），由自然界存在的微生物作用引起降解，并最终被完全降解变成二氧化碳（CO_2）或甲烷（CH_4）、水（H_2O）、其所含元素的矿化无机盐以及新的生物质。

M3-4 扫一扫看行业标准《邮政业封装用胶带第 2 部分：生物降解胶带》相关技术要求

❖ 知识链接 快递包装绿色革命——封箱胶带

“快递行业每年产生约 900 万吨纸类废弃物，约 180 万吨塑料废弃物”，但循环利用率明显偏低，“总体回收率不到 20%，封箱胶带等塑料品基本没有回收”。随着消费市场迎来新一轮热潮，快递业的绿色化、减量化越来越受到社会关注。主管部门、邮政快递企业、消费者等各方都在共同努力，尝试让快递更加绿色。是可降解、可回收，还是可循环利用？相关企业都在探寻环保、功能和成本兼顾的综合解决方案。近期所创新的无机矿粉薄膜胶带、PLA 可降解胶带等各有所长，但仍不完美。

1. 无机矿粉薄膜胶带

无机矿粉薄膜胶带又称石头纸胶带，通过混合碳酸钙粉末，来降低不可降解成分（PP 塑料覆膜）的占比。但石头纸质脆，抗拉力一般；外观偏向于灰色，美观程度也较一般；可以与纸箱一同回炉，但会降低再生纸箱的性能。

2. PLA 可降解胶带

PLA 可降解胶带基于植物基聚乳酸制成，强调降解性能，在工业堆肥的条件下，几个月内可以完成降解。但常规 PLA 薄膜的抗拉性能主要适用于轻型包装；印刷性能和低温黏性也不突出；堆肥降解的特性，导致不能和纸箱一同回炉。成本方面，材料主要从植物提取，资源有限，成本偏高，更适合于文具市场、小众高端包装。想替代快递透明胶带，难度不小。

2021 年，相关企业发布了新款可降解牛皮纸胶带，可降解牛皮纸胶带的外观与纸箱同色，横向易撕，纵向又有弹性，封箱的直观感受比较好。可降解牛皮纸胶带的组成成分与纸箱基本相同，可以不经过堆肥降解，直接与纸箱一起回炉。

可降解牛皮纸胶带回炉打碎，重新添加到叶浆之中，循环再生，制成新的可降解牛皮纸胶带或其他纸类胶带，循环路径短，再利用效率更高。新款可降解牛皮纸胶带表面不含塑料覆膜，降解能力经过第三方检测机构认证，3～6个月时间内可以土壤掩埋降解，符合国家标准。这款可降解牛皮纸胶带抗拉力强，封箱测试50kg胶带不起翘，可以满足各类中型、小型快递的封箱需求。

笔记

三、快件包装填充物

包装填充物主要是指在邮件和快件中，填充于内件和外包装之间的、能够起到缓冲和保护作用的物品。其主要有四种类型，分别是：植物纤维类填充物、发泡类填充物、充气类填充物、悬空紧固类填充物。

① 植物纤维类填充物：由植物纤维经过造浆、造纸模塑等工艺制成的填充物。包括瓦楞原纸、其他非正常成品纸及纸板、植物纤维模塑等。如图3-17至图3-19所示。

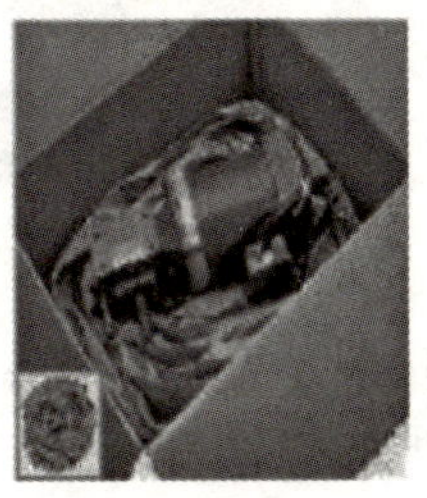

图3-17　植物纤维类填充物（纸填充物）

图3-18　植物纤维类填充物（瓦楞纸板填充物）

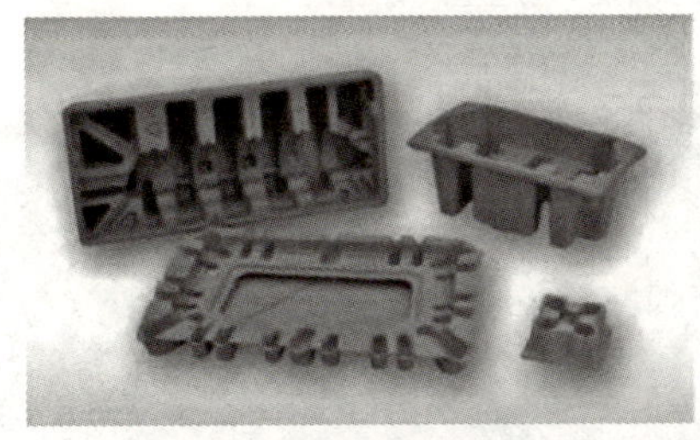

图3-19　植物纤维类填充物（纸浆模塑填充物）

② 发泡类填充物：在塑料加工过程中，通过化学发泡剂释放气体或者往塑料中物理压入气体，使塑料内部形成物理形态泡孔状结构（简称“泡沫塑料”），以降

低泡沫塑料密度，从而具有缓冲和保护作用的填充物。包括聚乙烯（PE）软质泡沫、发泡颗粒等。如图 3-20 和图 3-21 所示。

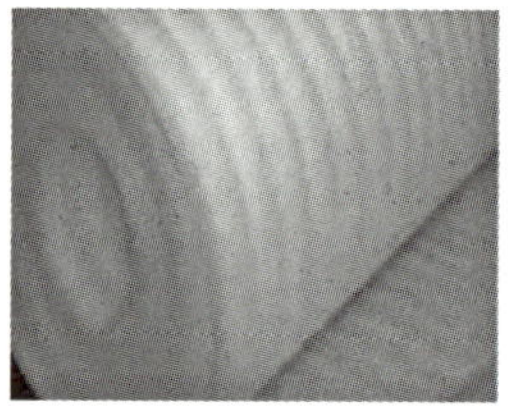
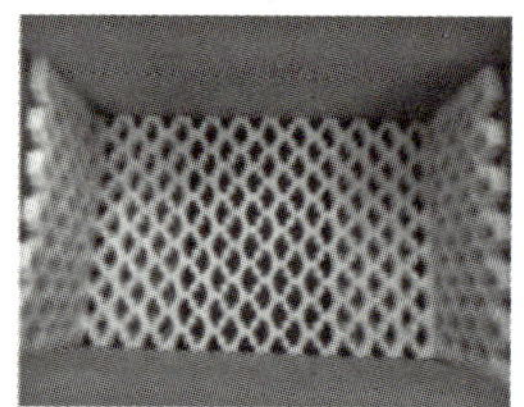

图 3-20　发泡类填充物（聚乙烯软质泡沫）

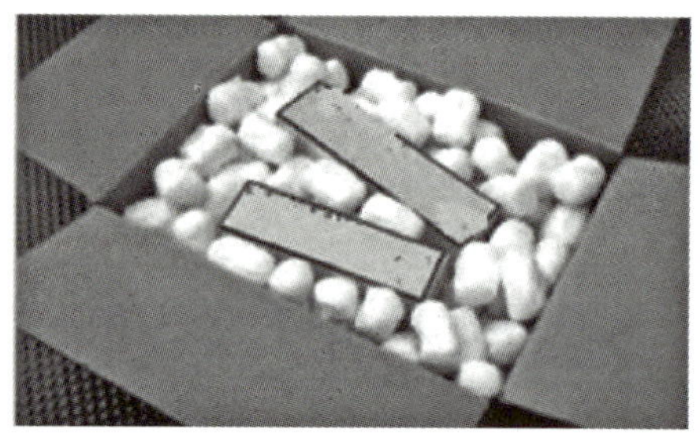

图 3-21　发泡类填充物（发泡颗粒）

③ 充气类填充物：将两层或多层扁平形状的塑料薄膜、纸或纸塑复合软质材料通过热合、糊合等处理方式形成封闭空间，在封闭空间内填充气体形成垫、袋、柱等形状，从而具有缓冲和保护作用的填充物。包括气泡垫（又名“气垫膜”）、充气柱（又名“气泡柱”“气柱袋”）、充气枕（又名“气泡袋”“充气袋”）等。如图 3-22 至图 3-24 所示。

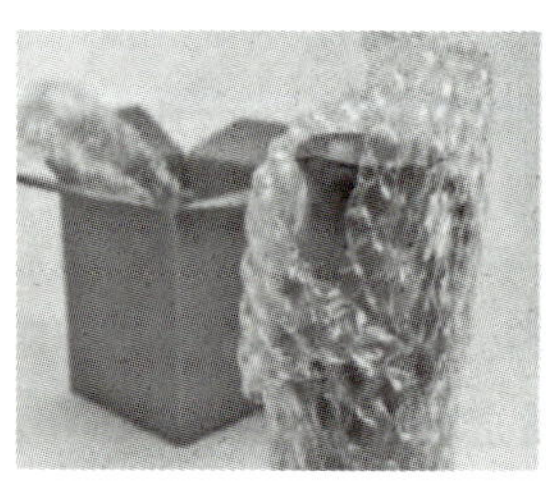
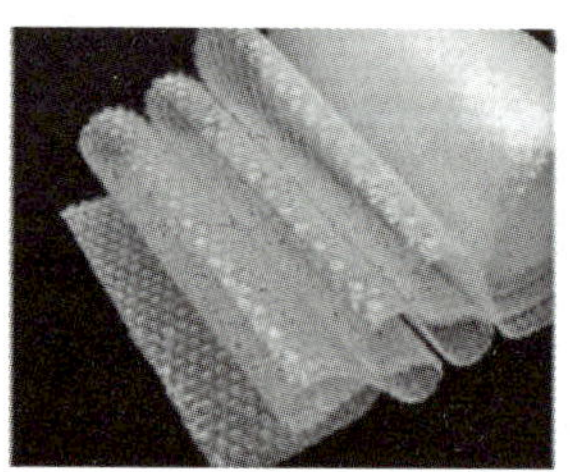

图 3-22　充气类填充物（气泡垫）

图 3-23　充气类填充物（充气柱）

图 3-24　充气类填充物（充气枕）

④ 悬空紧固类填充物：采用两层具有良好弹性且不易滑动的薄膜或绑带等材料，将被包装物进行紧固并将其悬空定位于纸板、木架等基材框架上，从而具有缓冲和保护作用的填充物。包括薄膜与框架悬空结构、绑带与框架悬空结构等。如图 3-25 所示。

图 3-25　悬空紧固类填充物

四、快件封装要求与规范

快件包装材料的选用要合理，包装操作行为应符合规范。

（一）包装基本原则

1. 安全性

① 包装应具备保护寄递物品的功能，应防冲击和挤压，避免物品出现损坏。有隐私防护要求的寄递物品应选用不透光的包装容器。

② 包装容器内有多件物品时，应按照重不压轻、大不压小的原则进行装箱。

③ 包装容器内有易碎物品或液体类物品等特殊物品时，应单独进行包装防护，防止出现破损或漏液二次污染。

2. 环保性

① 应选用减量化包装物。

② 宜使用可重复使用容器，减少一次性包装物的使用。

③ 包装物在满足寄递要求的情况下，寄递企业不应再进行二次包装。合理选用与寄递物品相适应的封装用品，降低空箱率。

④ 胶带不应过度缠绕，宜选用免胶带结构的封装用品。宜选用由生物降解材

笔记

料制成的包装物。

⑤ 宜选用单一材料组成的包装物。

（二）包装物的选用与操作要求

包装物的选用和操作要求如表 3-7 所示。

表3-7 包装物的选用和操作要求

包装物分类	适用物品	操作要求
信封、封套	文件、发票、磁卡	将文件、发票、磁卡等装入信封、封套内封口
包装袋	服装、鞋靴、家纺	将服装、鞋靴、家纺等装入包装袋内封装
	尿裤、湿巾	
包装箱、充气枕	体育用品	将物品装入包装箱内，使用充气枕填充空隙，使物品在箱内不晃动
	休闲食品	
	数码配件	
包装箱、气泡垫	手机	使用气泡垫包裹物品，装入包装箱。 整箱酒运输时宜使用大气泡垫进行包裹。 饮料冲调跨区运输时宜使用大气泡垫包裹
	洗发水	
	酒类	
	粮油调味	
	饮料冲调	
	箱包	
	珠宝饰品	
	个护健康、家电	
包装箱、聚乙烯软质泡沫	笔记本电脑、台式机	使用聚乙烯软质泡沫包裹物品，装入包装箱。 水果长途运输时宜在箱内增加隔板防护。 鲜花宜使用限位包装箱，根部使用营养液。 台式机宜使用聚乙烯软质泡沫进行上下部位防护，装入包装箱
	洗衣清洁	
	蔬菜、鲜花、水果	
	玩具	
	厨具、灯具	
包装箱、充气柱	奶粉、辅食	使用预制的气柱袋包裹物品，装入包装箱。 大型水果宜使用高强度充气柱，装入高强度包装箱
	红酒	
	玻璃杯	
	大型水果	
	大家电	
	灯具	

续表

包装物分类	适用物品	操作要求
包装箱、植物纤维填充	厨具、灯具	使用植物纤维填充放入包装箱底部、四周和顶部，将物品包裹后封箱
	工业零件	
	玻璃、陶瓷制品	
包装箱、悬空紧固类	裸装手机、平板、电脑	使用悬空紧固类进行包装，装入包装箱
	珠宝	

（三）包装操作规范

1. 配装

① 按照要求选用合适的封装用品。

② 根据寄递物品的尺寸，选用合适的包装种类和型号，空箱率[1]不宜超过 20%。

③ 不应使用外观脏污、破损、潮湿、变形等无法正常使用或无法提供保护功能的回收包装物。

2. 填充

① 按照要求选用合适的填充物。

② 应根据包装内的空隙量适度使用填充物，确保寄递物品在包装内不产生明显晃动。

③ 不应选用发泡聚苯乙烯等对人体健康和生态环境有危害的填充物。

3. 封扎

① 按照要求选用合适的封装胶带，宜采用生物降解胶带封箱。

② 在满足寄递安全的前提下，宜采用宽度较小的胶带。

③ 1 号（最大综合内尺寸 450mm）和 2 号（最大综合内尺寸 700mm）包装箱宜采用“一”字形封装方式，使用的胶带长度不宜超过纸箱最大综合内尺寸的 1.5 倍；3 号（最大综合内尺寸 1000mm）、4 号（最大综合内尺寸 1400mm）和 5 号（最大综合内尺寸 1750mm）包装箱宜采用“十”字形封装方式，使用的胶带长度不宜超过纸箱最大综合内尺寸的 2.5 倍；6 号（最大综合内尺寸 2000mm）和 7 号（最大综合内尺寸 2500mm）包装箱宜采用“卄”字形封装方式，使用的胶带长度不宜超过纸箱最大综合内尺寸的 4 倍。封装方式见图 3-26。

④ 内装物超过 30kg 或有特殊寄递要求时，宜选用捆扎带封扎。

“一”字形封装方式

“十”字形封装方式

“卄”字形封装方式

图 3-26　各类封装方式示意图

[1] 空箱率指包装容器装载寄递物品后，剩余容积与包装容器容积的比例。计算公式为：空箱率＝（1- 寄递物品体积／包装容器容积）×100%

笔记

❖ 知识链接 各类快件物品的包装材料及操作规范

1. 文件、票证等纸张

物品厚度不超过 1cm 的，使用快递封套进行包装。物品厚度超过 1cm 且不易破碎的抗压类文刊、样品等，可用包装袋进行包装。

2. 衣物等柔软耐压品

耐压、柔软衣物使用塑料包装袋。若此类物品数量较多，可选择箱包装。为避免发生进水受潮情况，应先用塑料包装袋，再封入纸箱内。

3. 设计图纸、书画等物品

幅面大且不能折叠的书画、设计图等，应卷起后放入三角筒内封装。

4. 带框类怕压、易损物品

① 用泡沫板将凹陷及凸起处填平，然后用泡沫薄膜整体包裹。

② 包裹后使用硬纸板进行整体外部捆包，并在平面部位用整块胶合板加强防护。

③ 用泡沫砖或厚纸板折叠后将各个尖角部位包裹起来。

④ 独立包装完成后装入纸箱或木箱内，并粘贴易碎标志。

5. 易损品、机电产品

① 将不规则零部件卸下，用泡沫包装材料进行捆包。

② 其他部分进行充分包装后装入能够完全容纳该物品的纸箱。

③ 用泡沫填充物填满后，再用木箱进行外包装。

④ 在外包装箱各侧面醒目处粘贴易碎标志。

6. 长形物品

① 用泡沫薄膜包裹后放入三角筒，然后用填充材料将间隙填满。

② 在三角筒各侧面醒目处粘贴易碎标志。

7. 硬性货物

外加麻布、纸箱、布条或绳索进行包装。采用“井”字型打包方式，所用绳索强度应确保能够承受货物的全部重量。

8. 贵重物品

选择坚硬、不易被破坏的包装，如木箱、铁皮箱、合成塑料箱。加装“井”字型铁腰。

9. 多类物品

根据不同物品的特定性质先进行小包装，然后将这些小件物品集中填装到大包装箱中。大包装箱中应无空隙且物品码放合理。

4. 封装安全作业规范

快递业务员或寄件人应根据快件的性质、数量选配适宜的包装材料进行封装，并且作业过程中应满足以下要求：

① 快件封装应坚固、完好，包装外表面不应有突出的钉、钩、刺等，防止快件突出物对用户、快递业务员或其他人员造成伤害，防止运输过程中包装破裂或损坏其他快件；

② 快件封装应整洁、干燥，没有异味和油渍，确保封装的快件不污染其他快

笔记

件，便于搬运、装卸和摆放；

③ 快件封装应根据快件尺寸、重量和运输特性选择合适大小的外包装及填充物，避免不足包装造成物品损坏及过度包装造成材料浪费。

使用不干胶带对包装箱进行封装时，宜使用带有地名及品牌企业名标识的专用不干胶带。封装完成后，应牢固粘贴快递运单或快递电子运单，并对易碎品等粘贴相应标识。

（四）快件防潮包装操作

快件防潮包装工作的步骤及规范如下。

① 包装前检查物品是否干燥清洁。

② 检查物品是否存在尖突部位，根据具体情况对其采取防护措施。

③ 选择防潮干燥剂，可用硅胶或蒙脱石。

④ 将干燥剂与物品用塑料套封好后放入包装箱内。

⑤ 用填充物填满箱内空隙。

⑥ 使用防水胶带封住包装箱所有缝隙。

（五）快件包装的注意事项

在对快件进行包装时，应注意以下事项。

① 禁止使用一切报刊类物品作为快件的外包装，如报纸、海报、书刊、杂志等。

② 对于价值较高的快件采用包装箱进行包装，包装时应使用缓冲材料。

③ 对于一票多件的快件，如果是国际快件，必须按照一票多件操作规范进行操作。

如果是国内互寄快件，单票重量不超过 1kg，且每件快件外包装形状相同、体积最大的快件一侧面积小于运单的，可以多件捆扎寄递，但同时必须在连体快件上批注运单号码，并将连体快件捆扎牢固。

④ 对于重复利用的旧包装材料，均必须清除原有运单及其他特殊的快件标记后方可使用，以避免因旧包装内容而影响快件的流转。

（六）包装搬运图示标志

包装搬运图示标志如图 3-27 所示。

图 3-27　包装搬运图示标志

M3-5 扫一扫看微视频“快件封装”

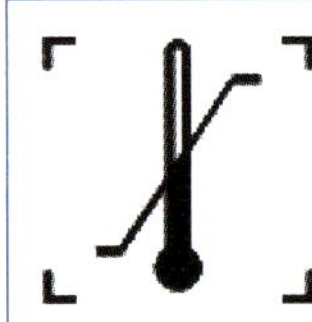

温度极限

表明运输包装件应该保持的温度极限

由此夹起

表明装运货物时夹钳放置的位置

怕雨/怕潮

包装件怕雨淋

易碎物品

运输包装件内装易碎品，因此搬运时应小心轻放

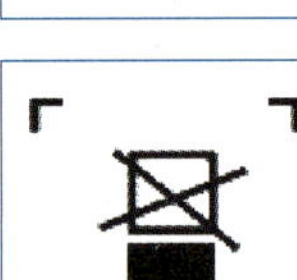

禁止堆码

该包装件不能堆码并且其上也不能放置其他负载

禁用叉车

不能用升降叉车搬运的包装件

怕辐射

包装物品一旦受辐射便会完全变质或损坏

向上

表明运输包装件的正确位置是竖直向上

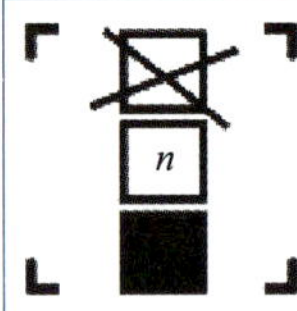

堆码层数极限

相同包装的最大堆码层数，n表示层数极限

此面禁用手推车

搬运货物时此面禁放手推车

怕晒

表明运输包装件不能直接照晒

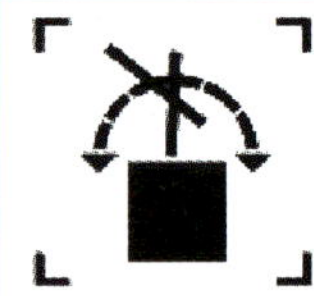

禁止翻滚

不能翻滚运输包装

图 3-27　包装搬运图示标志

学习单元四　快件计费重量确定与运费计算

一、确认快件重量规格

因目前快递行业的自动化水平较低，大部分快件的收取、处理、派送作业还是靠人工来完成，为兼顾快递“快”的特性及出于保护劳动者健康安全的目的，快件在重量上不宜超出单人搬运能力范围。因此，《快递服务》邮政行业标准对快件重量和包装规格的限定为：国内单件快递重量一般不宜超出 50kg，包装规格任何一边的长度不宜超过 150cm，长、宽、高三边长度之和不宜超过 300cm。同时，快件的重量限制还因运输方式、运输工具的不同而有所不同。

二、快件度量计价

快递人员收取快件时，需要通过称重或测量体积来计算资费，所以快件度量工具是快递人员必备的工具。快件度量的工具主要有便携式电子手提秤、电子计重秤和卷尺，如图 3-28。

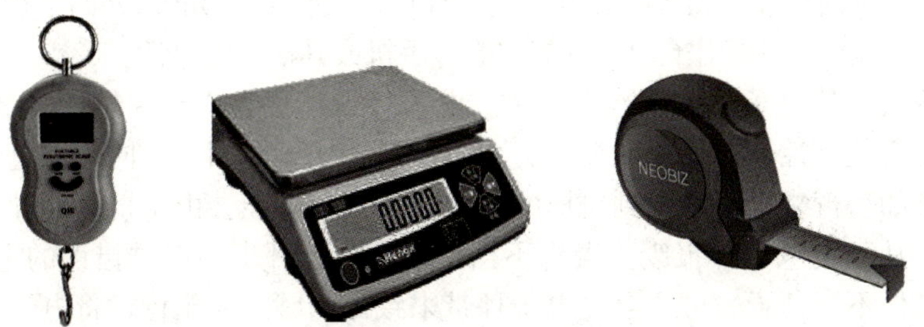

图 3-28　常见的便携式电子手提秤、电子计重秤和卷尺

1. 便携式电子手提秤

使用电子手提秤的注意事项：

① 用前检查、中心秤重：每次开机自检时，电子秤应处于垂直方向。

② 手提着吊环或在吊环上另加辅助工具称量，勿手握外壳称量，否则将导致称量显示值误差超标。

③ 在使用时应尽量避免猛烈碰撞和冲击。

④ 手提电子秤外壳采用 ABS 工程塑料，清洁时使用软布加清水或洗洁精擦拭，严禁使用苯、硝基类溶剂和烧碱液体等腐蚀性物质进行清洗。

⑤ 若显示电量不足“Lo”，请及时更换电池。如果电子秤长期不使用，应取出电池，以免因电池漏液而损坏电路。

⑥ 不超负荷、雷雨关机。

2. 电子计重秤

（1）使用前的准备工作

请将电子秤置于稳固平坦之桌面或地面使用，勿置于震动不稳的桌面或台架上，避免置放于温度变化过大或空气流动剧烈之场所。使用独立电源插座，以免其他电器干扰。调整电子秤的调整脚，使秤平稳且水平仪内气泡居圆圈中央。当电源开启时，请勿将物品置放在秤盘上，使用前先热机 15 分钟以上（高精度秤必须更长时间）。

（2）使用注意事项

严禁雨淋或用水冲洗，若不慎沾水则用干布擦拭干净，当机器功能不正常时要尽速送修，严禁敲打撞击及重压，勿置放在高温及潮湿环境场所（专用防水防腐秤除外），勿让蟑螂或小生物侵入机内，以免造成损坏。电子秤长期不用时须将机器擦拭干净，放入干燥剂用塑料袋包好，不使用时干电池应取出，使用充电蓄电池时，应每隔 3 个月充电一次，以确保使用寿命。

电子秤使用温度一般在 18 ～ 29℃之间，温度过高或过低会影响称量的准确性。不可在不平整的台面上使用电子秤。电子秤出厂前是在水平台面上通过校机的，而客户在不平整或不水平的台面上使用时，就会出现称重不准。最好的解决方式是在相对平整或水平的台面上使用，并在此位置上重新校机，这样就可以避免因台面不平整而导致的称重不准问题。

电子秤使用时须远离磁场。不要在靠近电子设备，如电脑、电视、收音机或者手机等的地方使用电子秤。来自这些设备的辐射会影响电子秤的精准度。任何电子秤都会不同程度受到辐射影响。电子秤可以接收来自 3m 以外的干扰信号。因此，应避免在电子秤操作台 2m 范围内拨打手机或其他无绳电话。

超载会导致电子秤称量严重出错。电子秤设计称重不允许超过其最大量程。超载可能会使弹性体产生永久变形，对电子秤造成致命损伤。同时，电子秤也不能放在诸如后裤袋等容易受到挤压的地方，否则，可能会由于挤压而导致弹性元件损坏，从而使电子秤报废。操作不当是导致电子秤出现严重错误的重要原因。跌落或其他不当处置，可能会给电子秤带来致命问题。如旅行时将电子秤放置在空箱中，使之承受颠簸震动等，这类情形都必须予以避免。电子秤属于精密仪器，不同于计算器或手机类日用物品，其内部灵敏的感应元器件极易因处置不当而损坏。

3. 卷尺

（1）卷尺的读数办法

① 直接读数法。测量时钢卷尺零刻度对准测量起始点，施以适当拉力，直接读取测量终止点所对应的尺上刻度。

② 间接读数法。在一些无法直接使用钢卷尺的部位，可以用钢尺或直角尺，使零刻度对准测量点，尺身与测量方向一致；用钢卷尺量取到钢尺或直角尺上某一整刻度的距离，余长用读数法量出。

（2）卷尺的使用注意事项

①起点正确；②尺拉直；③测量不规则或弧形快件时取测量边的直线。

三、快件运费的计算

笔记

1. 快件运费的计算原则

① 以重量为基础，实施“取大”的方法；

② 以时效为依据，体现“快速高价”方法；

③ 首重加续重的方法，以 1kg 作为计费的基价和递增的标准。

2. 快件的计费方法

（1）常规件

只对重量进行计量；快递企业快件重量取数的通行做法是向上舍入取整，最小计量单位为 1。比如：7.1cm 和 7.8cm 都按 8cm 来算；8.1kg 和 8.9kg 都按 9kg 来算。称重计费主要有以下两种方法。

方法一：首重续重原则计算。

资费 = 首重价格 + 续重 × 续重价格

续重 = 计费标准 − 首重

方法二：单价价格计算。

资费 = 单位价格 × 计费重量

首重价格和续重价格从快递企业公示的资费标准中查询，如表 3-8。

表3-8　某快递公司资费标准

地区	市内首重	市内续重	省内首重	省内续重	省外首重	省外续重
江浙沪内	12 元 /kg	2 元 /kg	12 元 /kg	2 元 /kg	23 元 /kg	（14 ～ 24）元 /kg
广东省	12 元 /kg	2 元 /kg	13 元 /kg	2 元 /kg	（20 ～ 25）元 /kg	（12 ～ 20）元 /kg
西藏、新疆	西藏 11 元 /kg，新疆 12 元 /kg	1 元 /kg	西藏 13 元 /kg，新疆 16 元 /kg	西藏 4 元 /kg，新疆 6 元 /kg	西藏（26 ～ 28）元 /kg，新疆（14 ～ 21）元 /kg	西藏（21 ～ 27）元/kg，新疆（14～21）元 /kg
其他省份	（12 ～ 13）元 /kg	（1 ～ 2）元 /kg	13 元 /kg	2 元 /kg	（20 ～ 25）元 /kg	（8 ～ 20）元 /kg

（2）轻泡件

比较体积重量和实际重量，体积重量大于实际重量的一般称为轻泡件。对于轻泡件，要取体积重量作为计费重量。

轻泡件重量计算公式：长 × 宽 × 高 / 体积系数 = 体积重量

其中体积系数需按照体积重量计算规则确定。不规则货物和圆锥、圆柱状物体按长方体计算，为长、宽、高三个方向的最大尺寸相乘，非航空件轻泡货计费重量按同等体积的航空件轻泡货重量减半计算。

资费 = 首重价格 + 续重 × 续重价格

（3）一票多件快件的计费重量计算

① 将该票快件的每件单独称重，并计算体积重量；

② 取每件较大的一个重量相加，重量之和即为该票快件的计费重量。

例如：一票快件有两件（A 和 B），A 的实重为 6kg，体积重量为 8kg；B 的实

笔记

重为 10kg，体积重量为 3kg，则该票快件的计费重量为：

体积重量 =8kg +10kg=18kg

❖ 知识链接 部分快递公司官网公布的资费标准

不同快递公司对轻泡件重量计算公式的体积系数取值不同：

1. 韵达快递、申通快递、圆通速递公司的体积重量计算标准为：

长（cm）× 宽（cm）× 高（cm）/8000 = 体积重量

2. 中通快递公司体积重计算标准为：

长（cm）× 宽（cm）× 高（cm）/6000= 体积重量

3. 顺丰速运体积重计算标准又根据其服务产品的类型不同而有所不同。

（1）顺丰即日 / 顺丰特快

同城、省内以及经济区域内互寄，体积重量 = 长（cm）× 宽（cm）× 高（cm）÷12000；

省外、跨经济区域互寄，体积重量 = 长（cm）× 宽（cm）× 高（cm）÷6000；

（经济区域包含：京津冀区域、江浙沪皖区域、川渝区域、黑吉辽区域）；

（2）顺丰标快

中国内地大部分流向互寄，当实际重量 30kg 以下，

体积重量 = 长（cm）× 宽（cm）× 高（cm）÷ 12000；

当实际重量 30kg 及以上，

体积重量 = 长（cm）× 宽（cm）× 高（cm）÷ 6000。

西藏昌都市与中国内地其他地区互寄，

体积重量 = 长（cm）× 宽（cm）× 高（cm）÷ 6000。

（3）顺丰卡航 / 冷运标快　体积重量 = 长（cm）× 宽（cm）× 高（cm）÷ 6000；

（4）冷运大件　体积重量 = 长（cm）× 宽（cm）× 高（cm）÷ 3000；

（5）港澳台（服务）　体积重量 = 长（cm）× 宽（cm）× 高（cm）÷ 6000；

（6）国际快递（服务）　体积重量 = 长（cm）× 宽（cm）× 高（cm）÷ 5000；

（7）同城半日达 / 同城次日达　体积重量 = 长（cm）× 宽（cm）× 高（cm）÷ 6000；

四、快件运费的收取

1. 现结

快递企业在与客户确认金额后，并在运单上标明现结金额。快递企业可以通过收取现金或要求客户扫企业收款二维码的方式进行电子支付。

2. 月结

对与公司签订月结付款合同的长期客户，派送员在收取快件时，应核对月结账号，无误后直接收取快件，不需当时付款，月底由公司相应部门核对寄递快件金额，向客户发送电子账单，客户对账付款。

3. 到付

快件的运费为收件方支付，应在快递运单上勾选到付，在投递快件时向收件人收取费用。

学习单元五 快件运单填制

一、快递运单含义及作用

快递运单分纸质运单和电子运单，是快递企业为寄件人准备的、由寄件人或代理人签发的运输单据。快递运单是快递企业与寄件人之间的寄递合同，其内容对双方具有约束力。当寄件人以物品所有人或代理人的名义填写并签署快件运单后，即表示接受和遵守快递运单的背书条款，并受法律保护。快递员在收取快件时能够准确地根据客户提供的信息，指导客户填写纸质快递运单或通过电脑录入快递电子面单系统及指导客户在手机移动端录入信息并打印电子运单。

二、 纸质运单内容构成与填制规范

国内快递运单宜采用3联，由快递服务组织存根联、寄件人存根联、收件人存根联组成。国际出境快递运单根据需要可增加海关存根联。快递服务组织根据业务需要，可适当增减快递运单的联数，但国内快递运单最多不宜超过5联，国际出境快递运单最多不宜超过6联。快递运单各联顺序可根据业务需求自定，快递运单各联可用不同颜色区分。

快递运单各联正面信息内容应分为用户填写区、业务处理区、条码区、服务信息区和自由设置区五部分。寄件人存根联背面信息内容应为服务协议，其中，国际出境快递运单上的服务协议应为中文或中英文对照。

1. 运单正面内容构成

运单正面内容是对快件涉及信息的详细描述，主要包括寄件人信息，收件人信息，寄递物品性质、重量、资费、数量，寄件人签名，收件人签名，寄件日期，收件日期，付款方式等内容。

此外，运单上还应有条码区和服务信息区。条码区用于快件编号条码标识的印刷，每一份运单的正面都有一个条码（不同快递企业使用的条码规则不尽相同），条码与运单内容捆绑，便于快件运输途中的查询和操作，服务信息区包括：

① 组织标识：组织标识信息应包括快递服务组织在国家工商部门注册的图形、文字、字母等内容。

② 组织名称：组织名称信息应包括快递服务组织名称等内容。

③ 客户服务信息：包括快递服务组织的服务电话、查询电话 、注册地址和网址等信息内容。

④ 提示信息：提示信息包括对快件的要求、包装要求、运单填写要求及阅读服务协议和贵重物品需保价等内容，对于填写力度的提示应醒目。快递运单可在适当位置印刷中文的使用指南，用于指导用户正确填写快递运单。

笔记

2. 运单背面内容构成

快递运单应在寄件人存根联背面印有服务协议，它是确定快递服务组织与用户之间权利与责任的服务合同。背书条款由快递企业和寄件人共同承认、遵守，具有法律效力，自签字之日起确认生效。收寄快件时，快递人员有义务提醒寄件人阅读协议内容。注意快递人员不得替对方填写寄件人信息。

运单背面服务协议包括必备内容和可选内容。必备内容包括：适用的法律法规、快递服务组织服务范围及责任声明、禁寄和限寄、验视、安全检查、收费、保价及保险、查询方式、赔偿约定、免责声明、争议解决方式等。

可选内容包括：快件限定、派送约定、收件查验、代理报关等。

3. 运单填写规范和要求

不同快递企业的运单格式存在差异，但运单栏目的内容基本相同。运单填写的总体要求如下：

① 运单填写须使用规范的汉字，不得使用不规范的简化字，也不得使用自造字、异体字。

② 如果使用少数民族文字，应当加注汉字。

③ 用外文或汉语拼音填写的，应当加注汉字。

④ 填写应使用黑色或蓝色笔，或使用打印机填写。应确保各联所填写的内容一致，且从第一联到最后一联的字迹都能清晰辨认。禁止使用铅笔或红色笔填写。

⑤ 字迹要求工整。

⑥ 数字填写要求：数字、字母必须工整清晰，尤其要注意数字与数字之间以及字母与字母之间的区别。为避免由于数字填写过大，超出各栏的方框而造成运单错误，要求填写运单上的件数、计费重量、资费、实际重量及其他数字栏时，数字必须在方框内，不得压线或超出方框范围。

⑦ 电话号码填写要求：注意固定电话号码的位数，例如国内座机号码目前为 7 位或 8 位，如不足 7 位或多于 8 位，则号码有误。国内的手机号码为 11 位，如果手机号码超过或不足 11 位，则可能号码有误。此时，应再次与寄件人确认号码的正确性。

具体填写规范如表 3-9 所示。

表3-9 运单内容填写规范一览表

栏目	分项信息	填写规范与要求
寄件人信息	寄件人公司名称	私人寄件可不填写公司名称，公司寄件必须填写寄件人公司名称
	寄件人姓名	必须填写全名，填写英文名或中文名可根据快件类型确定
	寄件人电话	必须填写寄件人电话，包括电话区号和电话号码（座机或者手机号码可由客户自行提供），便于快件异常时可以及时联系到寄件人
	寄件人所在地邮编	根据各快递企业的要求决定是否填写此项内容，如运单要求填写，须请客户提供正确的邮政编码
	寄件人地址	详细填写寄件人地址，以便在快件退回时可以尽快找到寄件人

续表

栏目	分项信息	填写规范与要求
收件人信息	收件人公司名称	收件人是个人时，可不填写收件人公司名称；收件人在公司签收快件，则必须填写收件人公司名称
	收件人姓名	必须填写全名，填写英文名或中文名可根据快件类型确定
	收件人电话	必须填写收件人电话，包括电话区号和电话号码（座机或者手机号码可由客户自行提供），便于快件异常时可以及时联系到收件人
	收件人所在地邮编	根据各快递企业的要求决定是否填写此项内容，如运单要求填写，须请客户提供正确的邮政编码
	收件人地址	必须详写收件人地址，按“×× 省 ×× 市 ×× 镇 ×× 村 ×× 工业区 / 管理区 ×× 栋（大厦）×× 楼 ×× 单元”或“×× 省 ×× 市 ×× 区 ×× 街道 ×× 号 ×× 大厦 ×× 楼 ×× 单元”详细填写
寄递货物详情		详细填写寄递物品的实际名称，不允许有笼统字眼，如“样板（版、品）”“电子零件等”等；品名内容后不可有“部分”字样，应写明具体数量；出口件的寄递品需根据物品性质、材料详细申报，如衫、裤要注明材料为针织、棉、毛、皮、人造皮革、化纤等，玩具要注明材料为布、塑料或毛绒等，以保证快件发运过程中正常通过安全检查及通关顺利；快递人员不得替对方填写寄递物品信息
数量、价值		快递人员与寄件人共同确认寄递物品的数量及价值后填写
重量与体积		根据快件性质和规格，快递人员与寄件人共同确认后填写快递实际称重重量和计算的体积重量，单位应采用克（g）或千克（kg），体积信息包括快件的长、宽、高尺寸等，单位应采用立方厘米（cm^3）
资费		快递人员根据快件重量计算快件的资费。并与寄件人共同确认后填写，资费信息应包括计费项目，如：运费、保价（保险）费用、包装费用、其他费用及费用合计等内容
付款方式		快递人员与寄件人共同确认后，寄件人在运单上勾选正确的付款方式，付款方式信息包括：寄方付、收方付、第三方付及月结等
日期、时间		如实填写寄件和收件的日期、时间，时间精确到“时”
寄件人签名		寄件人在该栏签名，确认快件已经完好地交给快递人员；快递人员不得替寄件人签名
收件人签名		收件人在收到快件并对快件外包装进行检查后，在运单收件人签名栏签名，确认快件已经签名；快递人员不得替收件人签名
收件员签名		上门收取快件的快递人员在收取寄件人的快件后，在此处填写姓名或工号，表明此票快件由快递人员（即收件员）收取
派件员签名		快递人员将快件派送到收件人处时，请客户检查快件包装是否完好并签字后，在运单上填写姓名或工号，表明此票快件由该快递人员（即派件员）派送
备注		如有其他的特殊需求或者快件出现异常，可在“备注”栏上列明

4. 信息内容布局

信息内容布局如图 3-29 所示。

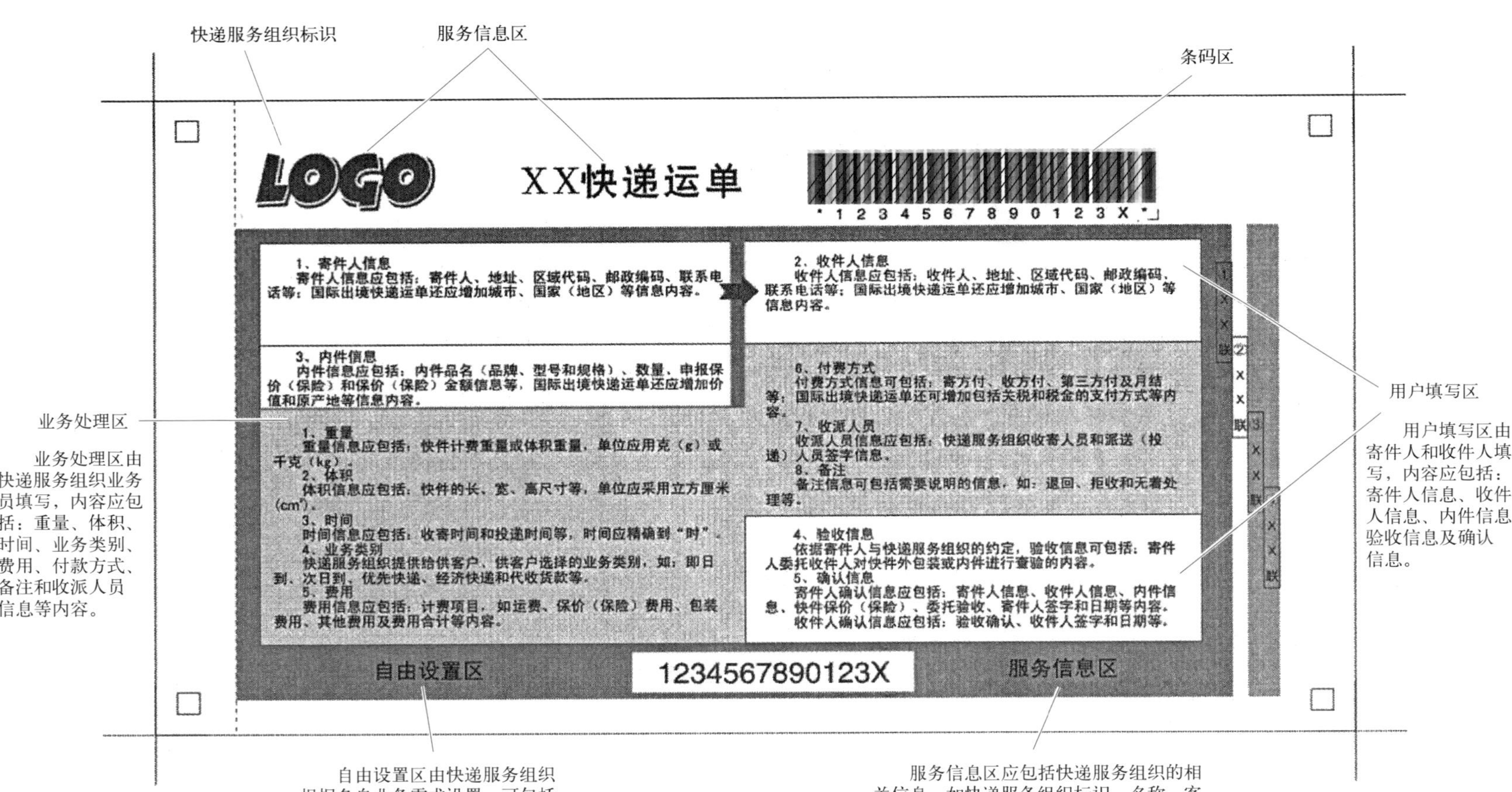

图 3-29 国内快递纸质运单信息内容布局示例

三、电子运单内容构成与填制规范

笔记

随着电子商务的快速发展，快递电子运单应运而生，且应用日益广泛。

1. 快递电子运单含义

快递电子运单（express electronic waybill）指将快件原始收寄信息等按一定格式存储在计算机信息系统中，并通过打印设备将快件原始收寄信息输出至热敏纸等载体上所形成的单据。电子运单分为一联电子运单和两联电子运单两类。

2. 快递电子运单组成

① 一联电子运单由一联构成，用于派件使用及收件人存根；两联电子运单由上、下两联构成，上联是派件存根，下联是收件人存根。两联之间以横向模切线分割，快递服务组织一般使用一联电子运单，具体如图 3-30 和图 3-31 所示。

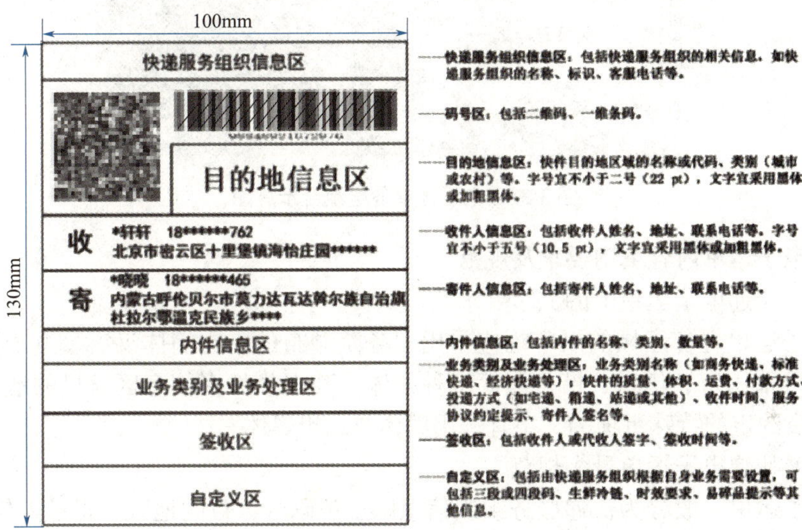

图 3-30　一联电子运单区域划分与信息内容示例

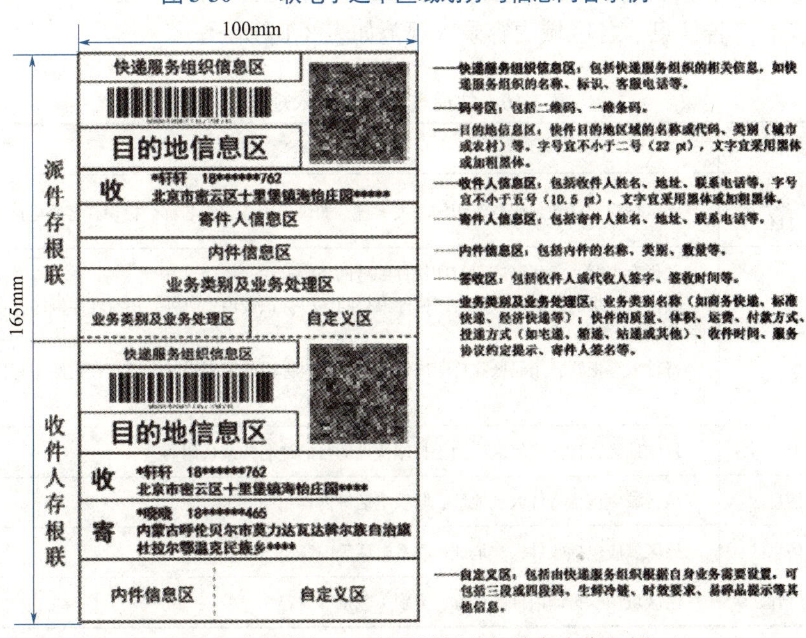

图 3-31　两联电子运单区域划分与信息内容示例

② 电子运单每联均由三层组成，第一层为热敏打印纸，用于信息打印；第二层为铜版纸或格拉辛纸等材料，用于粘贴；第三层为格拉辛离型纸，用于隔离。各层组合如图 3-32 所示。

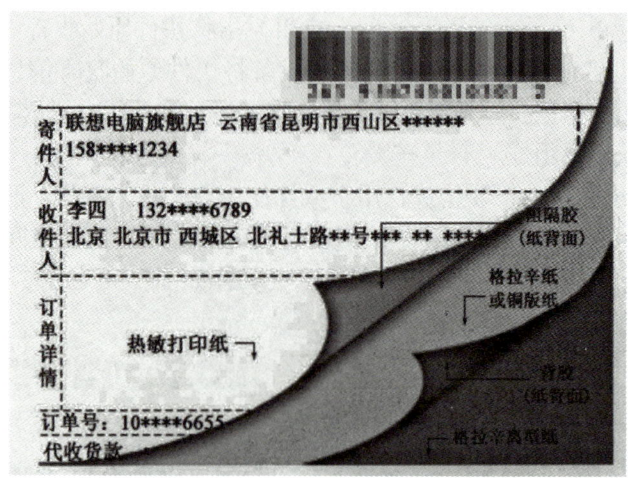

图 3-32 电子运单各层组合示意图

3. 电子运单内容填制要求及规范

（1）快递电子运单上的文字要求

电子运单上各区域的汉字均应采用国务院颁布的中文简体汉字。电子运单上的汉字可采用宋、仿宋、楷、黑等多种字体，其中收件人信息区、目的地区、代收货款及约定的特殊事项的文字宜采用黑体或加粗黑体。

（2）快递电子运单录入规范

电子运单一般分为快递服务组织信息区、条码区、目的地区、寄件人信息区、收件人信息区、内件详情区、业务类别及业务处理区、用户签收区等，但电子运单上不应有广告信息。各区域内容录入规范如表 3-10 所示。

表3-10 快递电子运单录入规范

区域名称	信息内容
快递服务组织信息区	该区域应包括快递服务组织的相关信息，如快递服务组织名称、标识、客服电话等
条码区	派件存根联：条码区应只打印快件编号的条码标识； 收件人存根联：条码区除打印快件编号的条码标识或识别码外，还宜在左侧印有快递企业标识； 寄件人存根联：条码区除打印快件编号的条码标识或识别码外，还宜在左侧印有快递企业标识
目的地区	目的地区又称大头笔区，用于打印快件的目的地名称或代码等
寄件人信息区	该区域应包括寄件人、地址、联系电话等内容
收件人信息区	该区域应包括收件人、地址、联系电话等内容
内件详情区	该区域用于打印内件的名称、类别、数量等内容

续表

区域名称	信息内容	
业务类别及业务处理区	业务类别	该区域用于打印业务类别名称，如即日到、次日到、优先快递、经济快递和代收货款等
	业务处理	派件存根联：应包括快件的质量、体积、运费、付款方式、代收货款金额、收件时间、服务协议约定提示、寄件人签名等内容； 收件人存根联：应包括快件的付款方式、代收货款金额等内容； 寄件人存根联：应包括快件的质量、体积、运费、申报保价（保险）金额、保价（保险）金额、收件时间、收派员签名、服务协议约定提示等内容
用户签收区	该区域用于收件人或代收人签字，填写签收时间等内容	
自定义区	该区域由快递服务组织根据自身业务需要设置，可包括二维码、易碎品提示等其他信息	

4. 快递电子运单服务协议

① 快递服务协议应置于快递服务组织网站及APP软件系统中，以醒目方式便于用户阅知、保存，供查询、追溯等使用。

② 在派件存根联的业务类别及业务处理区中应明确标示“服务协议内容本人已阅知并同意”等字样。在寄件人存根联的业务类别及业务处理区中应明确标示“寄件人已阅知并同意服务协议内容。服务协议可在快递服务组织网站或APP软件系统中查阅”等字样。

5. 快递电子运单上的二维码

二维码宜包含寄件人和收件人的名址、订单详情、快件路由等信息，可用于信息保护和自动分拣等。

笔记

学习单元六　网点作业处理

一、快件信息录入

快递人员收取快件后，应将快件的运单号码，寄件人和收件人信息，寄递物件信息、资费、重量、目的地，寄件日期及时间，收件快递人员的姓名或工号等信息录入快递企业的信息系统。

快递人员在快件信息录入完毕后，应立刻将其上传至快递企业的网络信息系统，并与之对接，使得寄件人、收件人可凭运单号码查询快件的状态。综合来看，快件信息录入主要有以下三个目的。

① 便于客户查询。

② 便于快件配载计划的制订。

③ 便于快递企业各网点进行财务收款。

二、网点快件交接

快件交接是指快件经验收后，在运回营业网点（或中转站）时，快递人员与营业网点（或中转站）处理人员共同对快件和运单进行复核，以确保快件和运单完好、相符的作业。

（一）复核快件

交接快件前应进行复核，具体复核的内容如下：

① 检查快件外包装是否牢固，如有异常应与中转站处理人员一起在监视器监控下拆开包装，重新加固封装。

② 检查快件上的运单粘贴是否牢固，若运单发生缺损，则应重新填写一份运单代替原运单，并及时通知客户新运单号。

③ 核对运单数量与快件数量是否相符，若不符，必须及时找出数量不符的原因并跟进处理。

④ 检查运单是否填写完整、正确。

（二）登记运单

1. 手工登单

手工登单的工作步骤如下：

快递业务人员按照清单填写内容要求，将快件信息抄写在清单的相应位置上，全部抄写完毕后，将清单中的一联交给中转站处理人员，另一联自留保存。

手工登单的具体要求如下：

① 字迹工整，便于识别、判定信息的准确性。

② 保证完整性，必须根据清单填写要求，将运单上的相应内容完整地登记在清单上。

③ 保证真实性，按照要求如实填写收寄快件的信息。

2. 电脑系统登单

电脑系统登单的工作步骤如下：

① 点部处理人员（仓管员）对快递业务人员交回的快件和运单进行扫描。

② 将数据上传到公司数据库。

③ 整理收件人员的收件信息并打印清单。

④ 清单一式两份，由快递业务人员签字确认。

如果是电子运单则无须登记，直接扫描电子运单上的一维码或二维码，完成此环节的交接。

三、营业款交接

营业款（运费和代收货款）交接主要是指业务员与快递企业指定收款员之间的交接，即业务员把当天或当班次收取的营业款（主要指现金），移交给快递企业指定的收款员。

1. 营业款交接的工作要求

① 快递业务人员必须将营业款移交指定收款人员。

② 所有营业款需当日结清，不得将款项留在快递业务人员处过夜。

③ 应于公司规定的结算时间之前交接完毕，移交工作不得延误。

2. 营业款交接步骤

① 交款准备：快递人员准备并整理当天的快件收寄清单和营业款（如果是二维码收款，快递业务员需对照收款明细逐笔核对）。

② 出具交款清单：收款员根据系统信息向业务人员出具当天的交款记录，以此作为收款依据。

③ 核对交款清单：业务员根据当天的收寄清单核对收款清单，如有差异，应立即与收款人员确认。

④ 交款签字：核对无误后，业务人员按照交款清单的营业总额移交现金或支票。

四、网点快件打包

① 网点发往集散、分拨中心的件，打包按省内件、陆运件、空运件打成三个大类的包，便于集散、分拨中心及时区别分拣。同时也须区分文件和物品，把文件和物品区分开来装包。若有问题件退回的，把各类问题件单独装一个包，并在外包装上注明“问题件”。

② 网点发往集散、分拨中心的件，打包时，要仔细检查打包袋是否使用过，内外是否写过字，如果写过字，该打包袋就不允许用来装件发往集散、分拨中心。目的是避免误导集散分拨中心人员，导致快件错分错发。

③ 做好打包前的准备工作：在打包袋上贴货签，并写上目的地集散、分拨中心名称、日期及快件的属性（文件包、货物包、省内件或陆运件、空运件）。

④ 打包人员先看清楚每一格口所归集快件的目的地，检查所归集的快件是不

笔记

是流向该目的地，在确认无误后，再开始打包工作。

⑤ 打开无线巴枪窗口，输入下一站集散、分拨中心代码，然后区分文件和物品，先扫描货签，然后再扫描每票快件作发件扫描。文件作发件扫描完毕后，将文件整齐码放在一起，每 10 票一个单位，高度不高于 25cm，然后用胶带以“井”字型在塑料袋上缠 2 圈，放入文件包里。货物作发件扫描完毕后，把外形规则的货物装在一个包内，装包时遵循“大不压小、重不压轻”的原则，不规则的货物另外装包。把重量及体积近的快件装入一个包内，例如：1 ～ 2kg 的快件装在一个包内，2 ～ 3kg 的快件装在一个包内。不可以将快件并成一个包，过分挤压快件。省内包体积不超过整包 3/4。空运包体积不超过整包 2/3 且不超过 25kg。陆运包体积不超过整包 2/3 且不超过 40kg。

⑥ 所有快件装包完毕后，用施封锁将袋口封起来。打包后的包内快件距离袋口上限为 25cm，并在快件和袋口 12cm 处进行 90 度折回，对袋口统一使用施封锁封。再一次检查每个包有没有写明包内快件属性，下一集散、分拨中心名称，日期等。

五、快件更址与撤回

（一）快件查询

快件查询是快递企业向寄件人反馈快件传递状态的一种服务方式。

① 查询渠道：网站、手机端、电话、网点等几种查询方式。

② 查询内容：快件当前所处的服务环节、所在的位置。

③ 查询答复时限：客户电话查询时，快递企业应在 30 分钟内告知客户。

④ 查询信息有效期为快递企业收寄快件之日起一年内。

（二）快件更址

快件更址：快递企业根据寄件人的申请，将已经交寄快件的收件人地址按照寄件人的要求进行更改。

1. 快件更址的条件

① 同城和国内异地快递服务：快件尚未派送到收方客户处时可申请快件更址。

② 国际及港澳台快递服务：尚未出口验关前可以申请更址。

2. 快件更址申请

快件更址申请单如图 3-33 所示。

（三）快件撤回

快件撤回是指快递企业根据寄件人的申请，将已交寄的快件退还寄件人的一种特殊服务。

1. 快件撤回的条件

① 同城和国内异地快递服务：快件尚未首次派送，或已首次派送但尚未派送成功，可撤回，但应收取相应的撤回费用。

② 国际及港澳台快递服务：快件尚未出口验关可申请撤回。

笔记

2. 快件撤回申请

客户提出快件撤回的要求后，快递人员应指导客户填写快件撤回申请，并将其送交客服人员处做撤回处理。快件更址申请单如图 3-34 所示。

快件更址申请单
关于____年____月____日经“×× 速运”寄往________单号为__________的快件，我司请求更改寄送地址。 将原送达地____， 变更为____。 并且接受你公司关于改寄运费的相关规定，请安排。 盖章 / 签名： 联系电话： ____年____月____日

图 3-33　快件更址申请单样本

快件撤回申请单
关于____年____月____日经“×× 速运”寄往________单号为______________的快件，我司请求撤回，愿付退回运费________元，请安排。 盖章 / 签名： 联系电话： ____年____月____日

图 3-34　快件撤回申请单样本

实训项目三

1. 训练目标

通过收件与快件接收的业务模拟操作，进一步掌握快件接收与收寄的内容及基本工作流程，并掌握收件和收件后续处理的基本步骤与基本要领。

2. 训练内容

按照收件与快件接收的流程进行模拟操作，注意操作的规范和相关注意事项。

3. 实训步骤

① 收件前准备工作。

② 根据收件通知选择路线。

③ 调度信息的确认。

④ 具体收件流程的操作。

⑤ 快件处理。

4. 检查评估

完成表 3-11。

表3-11　能力评估表

能力		自评（10%）	小组互评（30%）	教师评价（60%）	合计
专业能力（60 分）	快件服务规范与礼仪（10 分）				
	收件和快件接收业务流程操作的准确性（30 分）				
	快件处理业务流程操作的准确性（20 分）				
方法能力（40 分）	信息处理能力（10 分）				
	表达能力（10 分）				
	创新能力（10 分）				
	团体协作能力（10 分）				
综合评分					

笔记

思考与练习

1. 快件收寄的方式有哪几种？电商客户收寄的操作流程和要求是什么？

2. 快件收验的工作内容有哪些？禁限物品指的是哪些物品？

3. 请绘制大客户、电商客户（协议用户）实名收寄操作流程图。

4. 一票从上海寄往广州的快件（航空运输），使用纸箱包装，纸箱的长、宽、高分别为 60cm、40cm、30cm，快件实重 5kg，其计费重量是多少？（体积系数取值为 $6000cm^3/kg$）

5. 快递公司某一快件的重量为 12kg，运费计算标准如表 3-12，请问发往山东的运费是多少？

表3-12　运费计算标准

目的地	首重（1kg）	续重
山东	10 元	8 元

学习情境四 快件处理作业

学习目标

知识目标

① 了解快递处理场所的含义及类型；

② 了解常见的快件分拣技术、快件路由优化技术；

③ 熟悉快件安检的要求和常见违禁品的 X 射线特征；

④ 熟悉快件分拣和封发作业流程；

⑤ 掌握快件分拣作业要求和主要分拣方式；

⑥ 掌握快件集包、总包封装和装车的作业规范及要求。

能力目标

① 能借助分拣设备，依据一定规则完成快件分拣作业；

② 能通过安检设备识别常见违禁物品；

③ 能依据一定规则对快件进行集包作业。

素质目标

① 培养创新、效率意识；

② 树立严谨细致、安全规范的职业素养。

案例导入 “双十一”快递如何快速分拣中转？

在快递服务中，收寄和派送是首末端重要的两环，但如何集散成千上万的快件，做到快速、准确地“由集到散、由散到集”，各大分拨集散中心地位举足轻重，必不可少。2022 年 11 月 3 日，在顺丰

笔记

武汉走马岭中转场，现场揭秘“双十一”快递如何分拣中转。

顺丰武汉走马岭中转场位于东西湖区丰泰产业园内，2022 年 4 月正式投入运营，是产业园面积最大的单体建筑。全新投用的走马岭中转场是顺丰华中分拨区重要的集散中心，占地面积 10 万平方米，场地设备投资 3.5 亿元，拥有最新一代全自动智能分拣系统。

顺丰武汉走马岭中转场综合主管张 ×× 介绍，中转车首先来到中转场底层装卸作业区，这里设有百余个中转车泊位，可同时进行大规模快件的装卸作业，进出武汉的省内外和国际快件，都会到这里进行分拣中转。中间层是初分拣作业区，主要是对进出的快件进行分包操作，对快件 6 个面进行扫描识别，获取快件运单基本信息，小型快件会进入下一流程分拣，实现快件分大小、分区域、分流向处理。顶层是智能全自动化区，配备多台大型自动化分拣机，主要处理小型快件。所有中转的快件分拣完成后都会集中到底层装卸区，根据不同流向进行装车发车，运往下一中转场分拣或末端网点进行派送。

据了解，顺丰武汉走马岭中转场配备数百条流水作业线，日快件处理能力最大 300 万件，快件进出处理最快 2 小时内完成，出港集货运达全国，进港散货覆盖武汉全市，是顺丰华中分拨区（湖北、湖南、河南）目前自动化集中度最高、功能性最强大的综合性中转场之一。

问题与思考：

请同学们仔细阅读以上案例，通过查找资料，分析快递企业中转场作业内容都有哪些。

学习单元一　快件处理场所接收

快件处理在快递服务全过程中主要具有集散、控制和协同作用。快件处理，包括快件接收、分拣、封发和运输等主要环节，是快递流程中贯通上下环节的枢纽，在整个快件传递过程中发挥着十分重要的作用。快件的分拣封发是将快件由分散到集中、再由集中到分散的处理过程，它不仅包括组织快件的集中和分散，还涉及控制快件质量、设计快件传递频次、明确快件运输线路和经转关系等工作内容。快件处理作业流程主要由总包到站接收、卸载总包、拆解总包、快件分拣、制作清单、总包封装、装载车辆、车辆施封等任务环节组成，快件接收是快件处理的重要环节之一。

一、快件处理场所的含义及类型

快件处理场所主要是指快递服务组织专门用于快件分拣、封发、存储、交换、转运等活动的场所，又称为中转场、分拨中心、转运中心等。

（一）快件处理场所类型

快件处理场所依据其所负责的区域可以划分为全国级、省级、地市级、城配级和跨境级等类型。

（二）快件处理场所设备类型

快件处理场所主要的设备类型包括快件分拣设备、装卸设备、测量设备、安检设备和消防设备，具体如表 4-1 所示：

表4-1　快件处理场所的主要设备类型

序号	设备名称	设备类型
1	分拣设备	直线皮带分拣机、滑块式分拣机、交叉带分拣机、模组带分拣机、翻盘式分拣机、滑靴式分拣机、AGV 分拣机器人等
2	装卸设备	伸缩机、作业车类、装卸过桥、叉车、装卸机器人等
3	测量设备	仅测重量、仅测体积、测重量和体积
4	安检设备	X 射线、生物酶、太赫兹、荧光光谱、智能安检系统等
5	消防设备	警报设备、逃生设备、灭火设备、防爆设备等

二、快件处理场所作业场地功能区

分拨中心主要处理从下辖营业网点或上下一级分拨中心往来快件的分拣作

业，其主要场地为快件作业场地，其功能区包括称重区、停车/回车区、卸载/装载区、拆包区、安检区、分拣区、建包区、异常快件处理区、物料存放区、员工休息区等。快递服务组织可根据作业模式以及场地所具备的功能进行选配，如表4-2所示。

笔记

表4-2 分拨中心的快件作业场地区域划分及要求

序号	区域名称	要求	备注
1	称重区	① 如需对整车进行称重，可设置专门的称重区，配备地磅等称重设备，并张贴明显的车辆减速、称重等标识； ② 称重区可设置于快件处理场所入口处，或与卸载/装载区合并设置	
2	停车/回车区	① 宜临近卸载/装载区布置； ② 应按车型确定停车/回车区的尺寸，满足车辆回转要求； ③ 停车区车位数量应按高峰时车流量计算确定，车位尺寸应符合装载车辆停放要求； ④ 采用封闭场地作为停车/回车区的，出入口应分别设计，其净距应大于10m；如无条件分设，进出通道的宽度不应小于7m；车辆出入口应设置车辆进出引导标识及控制设施； ⑤ 场地荷载设计值应满足车辆停靠、行驶的承载要求； ⑥ 应设置机动车限速标志，防撞、缓冲设施以及反向镜等	
3	卸载/装载区	① 卸载区和装载区不宜同向设计； ② 宜在卸载/装载区安装雨棚，并设置月台，月台高度应与车厢高度相匹配，宜为0.6～1.2m之间；未设置月台的，应配备爬坡机等设备； ③ 应设置机动车限速标志和减速带； ④ 严寒地区和气象灾害严重地区宜采用室内装卸站台； ⑤ 作业卡口应满足高峰时期车辆装载泊位需求； ⑥ 应在卸载/装载区设置码货区域和大件物品暂存区	
4	拆包区	① 拆包区应与卸载/装载区、分拣区相邻设计； ② 宜配备拆包机等设备	
5	安检区	① 安检机宜与分拣流水线紧密衔接； ② 需配置安检设备，且安检设备应符合GB15208.1的规定，其中设备的穿透力应达到A类以上要求	
6	分拣区	① 对各类快件业务量及流向进行调查分析，确定场地分拣处理能力，明确各类快件的机械化、自动化或手工操作方式； ② 根据确定的分拣工艺，对分拣区进行合理规划布局，确保快件运输传送衔接、设备配套、工艺流程便捷顺畅； ③ 按快件目的地，科学设置分拣卡位，且标识清晰准确； ④ 设置应急通道，便于进行紧急疏散； ⑤ 配置笼车、托盘、地牛等作业设备	
7	建包区	① 建包区应与分拣区、装载区相邻，或在分拣区之内，便于快件分拣完成后进行建包及装载； ② 宜配置打包架、缝包机以及编织袋等建包物料和设备	

续表

序号	区域名称	要求	备注
8	异常快件处理区	① 单独设置，并进行物理隔离； ② 配备照相机等证据留存设备	
9	物料存放区	① 物料存放区应与分拣区、建包区等功能区相邻； ② 物料存放区内应采用隔离措施，确保不同物料分别储存	
10	员工休息区	① 尽量远离分拣区； ② 设置更衣、储物设备； ③ 提供洁净饮水设备； ④ 配备厕所	
11	其他	进行冷链操作的场地，应设有调节室内温度、湿度的设施和设备。具有国际快件功能的场所，应设置隔离围栏，并应根据需要设置专用隔离通道。其中，空侧区域为机场统一规划建设的，应符合民航相关规定；空侧区域为快递服务组织自行规划建设的，应满足以下要求： ① 宜靠近航空器和机场跑道设置； ② 空陆侧分界应完整、清晰，便于管理，空陆侧交界口数量适宜	

快件作业场地功能区布局应满足以下要求：

① 功能区设置与布局应与快件处理流程相匹配，便于快件操作，并在每个功能区设置标识。

② 除称重区、停车/回车区、员工休息区外，其他功能区应相邻设置，与外界具有隔离措施，宜设置门禁系统和查验门岗，配备安检门和金属探测仪，对出入人员进行检查，防止无关人员进入；各功能区应采取画线方式或物理隔离方式进行分割，其中异常快件处理区应进行物理隔离。

③ 快件作业场地内部应合理设置走道，实现人车分离，走道宽度应为 1.5 ～ 2m；采用辅助设备运快件的，内部走道宽度不宜小于 2m。

三、快件处理场所的一般作业流程

快件处理场所（分拨中心）主要是负责从各个点部运输过来的快件的接收，到达快件处理场所后对快件按到达地进行分拣，然后再装包扫描，最后装车运输，具体如图 4-1 所示：

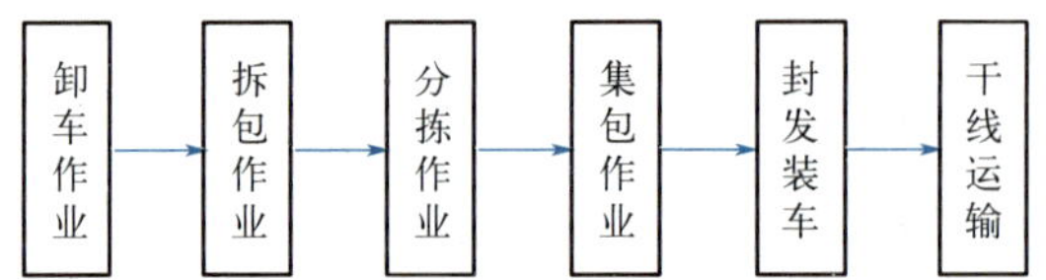

图 4-1 快件处理场所的快件处理作业流程

快件处理作业中分拣作业是关键处理环节，快件分拣效率及准确率会影响快件整体流转速度与服务质量，其一般作业流程如图 4-2 所示。

笔记

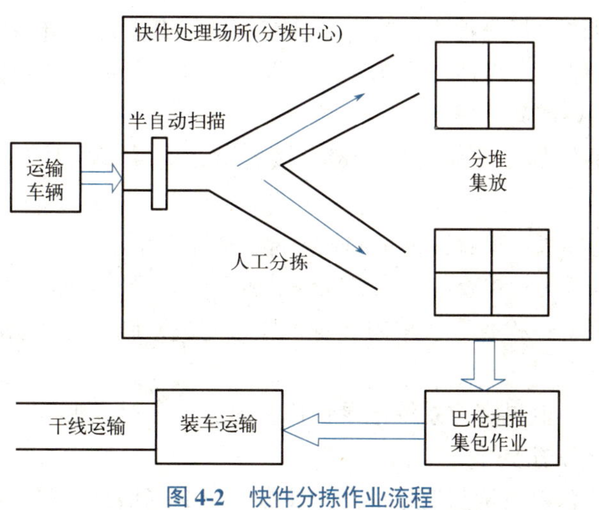

图 4-2　快件分拣作业流程

四、快件营业场所（网点）初分和运输操作

1. 营业场所（网点）快件的初分

快件在由揽投员收取交回点部后，经过短暂的集结，通过运输车辆将货物运达市级或省级快件处理场所（中转场或分拨中心）进行分拣作业。在起运前需进一步对快件进行确认检查有无“快件处理更改单”，并进行扫描操作。一般点部可以根据快件的递送方式（陆路件或航空件）或快件的流向（省内件、省外件或同城件）等方式进行快件的初分工作，将快件分别转入不同的总包（盛装在一个或数个容器内，在不同地区间交换的同一次封发、同一种类的快件集合）并进行封扎，同时对封扎标志上的条码进行扫描。

2. 营业场所（网点）到快件处理场所（分拨中心）的运输

网点按不同方式将快件分好并装入总包后，将总包装车同时对车门进行固封，运输到快件处理场所（分拨中心）。从营业场所（网点）到快件处理场所（分拨中心）的运输可以分为直送式或集送式两种，如图 4-3 和图 4-4 所示。当网点快件量较大时候可以安排直送式，当网点快件量不大的时候可以安排集送式运输方式。

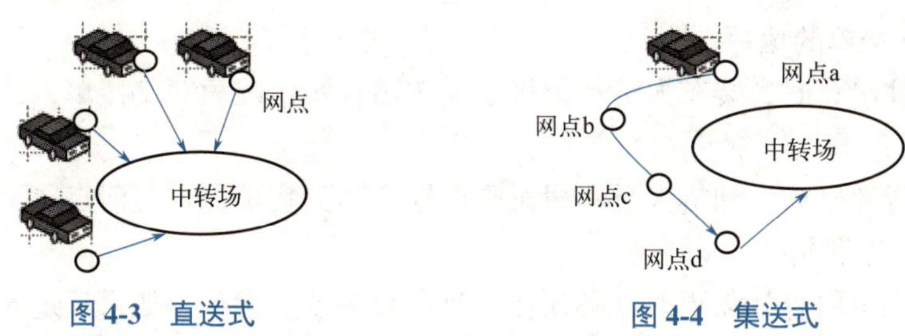

图 4-3　直送式　　图 4-4　集送式

五、营业场所与快件处理场所快件交接作业

1. 快件交接步骤

快件运输车辆进入中转场分拣场地后，快递企业应当根据车辆到达的先后顺

序、快件参加中转的紧急程度，安排到达车辆的卸载次序；卸载完成后，应检查车厢各角落，确保无快件遗漏在车厢内。快件处理人员应严格依照下列步骤、要点来办理交接验收手续。

① 引导车辆停靠：要停靠在指定交接场所，引导车辆时人不可站在车的正后方。

② 核对车辆牌号：检查交方车辆是否符合业务要求。

③ 查看人员身份：检查押运人员证件是否齐全，身份是否符合业务要求。

④ 检查交接单：检查交接单内容是否填写完整正确，有无缺漏，章戳签名是否规范。

⑤ 检查封志、卫星定位系统记录：检查封志有无拆动痕迹，卫星定位信息有无非正常停车开门的记录。

⑥ 核对快件总包数量与交接信息：如数量与交接信息不符，需当面查清或在交接单上批注。

⑦ 检查总包包装：对破损油污、不合标注的总包，双方应当面处理、如实记录。

⑧ 快件交接结束：必须在交接单上注明接收时间，并签名盖章。

2. 交接单操作规范

在快件交接工作中，交接单是交接双方交接工作的书面证明和责任转让，因此企业应制定交接单操作规范，指导和约束双方工作。

（1）交接单的制作

① 快件在转仓时，相关部门应在操作系统内制作“出仓交接单”；

② 因网络电力等不可抗拒因素导致无法及时录入运单和制作“出仓交接单”时，必须联系下一环节的运作部门及时补录运单并制作交接单；

③ 交接单内需附单号、走货方式，并且所有内容必须与所需交接的部门一致；

④ 交接单表头内容包括交接部门、到达部门、编号和日期；

⑤ 交接单内容包括单号、部门、件数、重量、体积、目的地、品名、包装和交接人等。

（2）交接单的填写

① 快件出仓时，装车人员和司机必须按照真实情况填写交接单，并在指定位置签名盖章；

② 到货卸好后，卸货人员和司机应根据实际到货情况进行清点及记录，并在指定位置签名盖章；

③ 交接单内容如需更改，必须在更改栏目旁签名确认，如果超过 6 个单号有变动更改，必须重新做一份交接单；

④ 分批配载需在交接单上进行备注。

（3）交接单的交接

① 贵重物品、空运货、偏线、城际快车和专线需要单独进行交换；

② 交接单由发出部门、外场、司机和专线各留一份，每份必须清晰易辨。

笔记

（4）交接单到件确认操作

① 运作部门、收件公司营运部、发件公司营业部必须对所有到件进行交接单到件确认操作，确保以下环节的正确操作；

② 各部门确认交接单时，发现有快件但是未制作出仓交接的，代收件部门必须制作“出仓交接单”，并向收件部门提取操作费；

③ 各运作部门发现有快件但在系统中未录入运单信息的，代收件部门必须补录运单，同时制作“出仓交接单”，并向收件部门提取操作费；

④ 代替录入运单信息导致差错的，责任由录入部门承担。

3. 拆解封志

（1）封志的分类

封志是指为了防止车辆在运输途中被打开，从而对车门进行固封的一种方法，如图 4-5。快件处理人员应对封志类型有基本的认识。它包括信息封志和实物封志两种类型。

① 信息封志：卫星定位系统、地理信息系统。

② 实物封志：纸质封志、封条、封签、塑料封志、金属封志、施封锁、铅封。

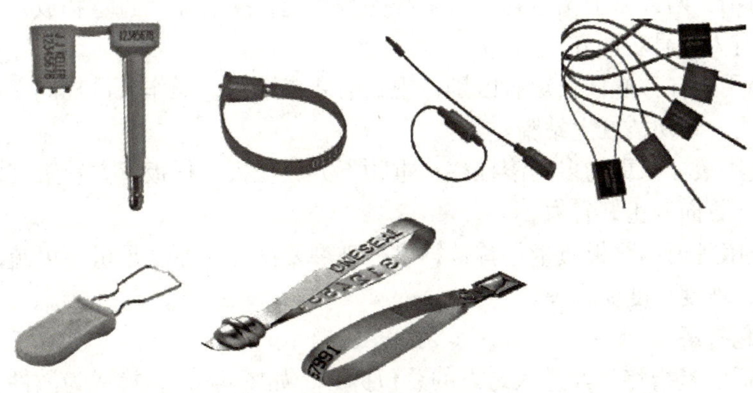

图 4-5 常见车辆封志

（2）封志拆解步骤

① 检查封志：检查封志是否已被打开过，对于松动、有可疑痕迹的应做记录。

② 检查封志印志号码：检查号码、标签是否清晰，对于模糊、有更改痕迹的应做标记。

③ 封志信息录入：可采用扫描枪或手工登记，注意与交接单进行核对。

④ 拆开封志：对于施封锁，应用钥匙开启；对于其他封志，应用剪刀或专用钳拆解封绳；注意不得损伤封志条码或标签。

4. 总包卸载

（1）总包卸载作业安全要求

卸载作业要保证货物安全和人身安全，总包卸载作业的安全要求如下。

① 车辆停稳后才能开始作业，不要一拥而上；进出车厢注意扶扶手，避免

摔倒。

② 要遵守先上后下、先外后里、按单点货的原则。

③ 戴好防护手套、防护腰带，穿好防滑鞋，以免损伤身体。

④ 卸载体积大、重量沉的总包快件时，应双人或多人协同作业及使用托盘、叉车等卸载工具。

⑤ 如果卸载快件有破损并渗漏出不明物品，必须用专用防护用具、用品进行隔离，切忌用身体直接接触或用鼻子闻。

⑥ 如果堆码在手动运输的托盘、拖车和拖板上，要注意控制码放的重量、宽度和高度，以免发生快件倒塌伤人和损伤物品的现象。

⑦ 使用托盘、拖车时要分清头尾，不得反向操作，拉运快件时应专心，不要东张西望。

⑧ 卸载工具严禁载人。

（2）手工搬运安全要求

手工卸载是常见的快件卸载方式，卸载员应牢记以下的手工搬运安全要求。

① 肩扛：重物应轻于人体重，最好有人来搭肩，重物到肩放起立，谨记直腰弯曲，以免扭伤悔不及。

② 肩抬：两人以上抬重物，大家统一顺肩起，换肩需要将重物放，同起同降不受伤，有人喊号步调齐。

③ 使用撬杠：撬杠长短有区别，视物需要来选取，操作人员杠同一侧，两腿叉开手用力，切勿撬杠上站骑。

④ 使用滚杠：重物多用滚杠移，重物下方放托板，托板下方置滚杠，滚杠大小须一致，方向调正好省力。

⑤ 使用跳板：跳板质量是首选，腐朽破裂要抛弃，厚度足量不可疏，两头还应包铁箍，坡度长度要合理。

5. 总包拆解

总包拆解是指将已经进入站点的总包拆开，如图 4-6，转换成为散件，开拆前应当检查总包封条是否牢固，袋身有无破损，开拆后应当核对总包内快件数量是否与总包袋牌或内附清单标注的数量一致，为快件分拣环节做准备。总包拆解主要分人工拆解和机械拆解两种方式。

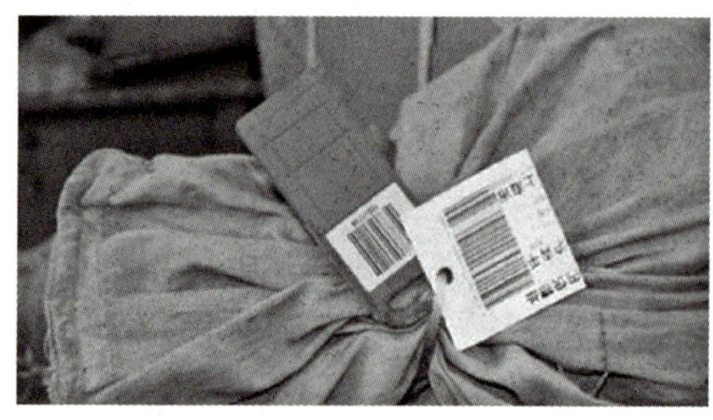

图 4-6　快件总包

（1）人工拆解

人工拆解总包的步骤：

笔记

① 检视总包：检查总包规格，拆开送达正确的总包，异常总包应作剔除处理。

② 扫描总包信息：扫描总包条码，对于扫描失败的，应用手工输入，不能遗漏。

③ 拆除总包：拆开时不能损伤内部软件，要保证包牌不脱落，禁止用力拽扯封志扎绳。

④ 清理快件：将快件倒出，并检查包内是否有遗留件，对易碎快件要小心轻放。

⑤ 扫描快件信息：检查封发单填写情况，并整理存放好，逐件检视、扫描快件。

⑥ 清理现场：将合格快件放入分拣区，过大、过重、易碎等物件需要处理，并检查现场是否有遗留物。

（2）机械拆解

机械拆解是指用电动葫芦或推式悬挂机把总包悬挂提升起来再拆解的方式，如图 4-7 和图 4-8：

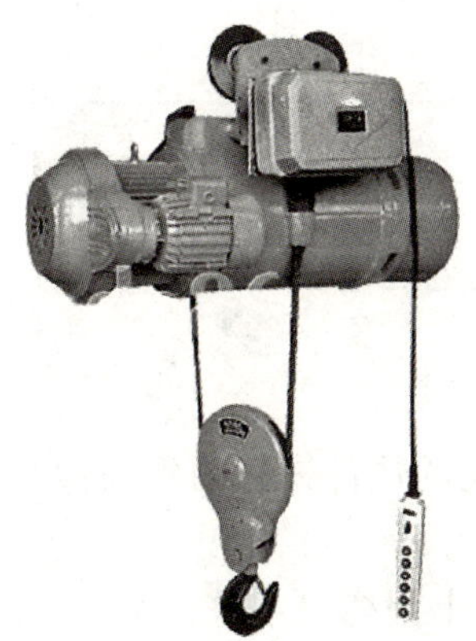

图 4-7　电动葫芦

图 4-8　推式悬挂机

机械拆解步骤和人工拆解步骤相似，快件处理人员需特别注意机械设备的使用安全，机械设备的安全使用要求：

① 操作人员按要求着装，长发女工须盘发，长发不允许露出工作帽，以防卷入机器。

② 开启设备后，通过听、闻、看等方式，检查设备是否有异样。

③ 如果出现故障，要通知专业人员维修，严禁私拆设备。

④ 操作过程中严禁用机械拆解超过规定规格的总包，以免损坏机械。

⑤ 严禁无故使用急停开关或中断设备电源。

⑥ 设备运转中，严禁身体任何部位接触设备。

⑦ 操作台要保持清洁，严禁将任何与作业无关的物品放在上面。

⑧ 作业结束后，要及时清理场地，并检查设备是否已经关好。

6. 总包拆解异常情况处理

（1）常见的总包拆解异常情况

常见的总包拆解异常情况和处理方法见表 4-3：

笔记

表4-3　总包拆解常见异常情况及处理方式

序号	常见异常情况	处理方式
A	快件总包包牌所写快件数量与总包袋内的快件数量不一致	保存好总包袋身和包牌，如实记录数量，及时向业务主管反映问题
B	封发清单更改划销处未签名、未盖章，快件数量与清单不符	保存好清单，如实记录，并及时向业务主管反映问题
C	改退快件的批条或批注签有脱落，改退签批注错误等	当即做剔除处理，并按公司规定追究业务经办人的责任
D	拆出的快件有水湿、油污、破损、断裂和拆动的痕迹	按公司要求进行阴干、清洁和隔离处理，追究相应的封装、运送人员的责任
E	有内件受损并有渗漏、发臭、腐烂变质现象发生	当即进行隔离，并由问题件处理人员与发件人沟通联系
F	快件运单地址残破	当即做剔除处理，并由问题件处理人员与发件人联系确认
G	拆出的快件属误发错误	当即剔除，并及时将误发快件退回封发处并进行处理

（2）破损潮湿件处理办法

快件破损潮湿是最常见的总包拆解问题。为做到规范处理、合理担责，企业需制定破损潮湿件处理办法。

① 上报要求

a. 各经手环节须确保快件完好无损，对于已经破损的快件，必须重新包装，加固；

b. 各经手环节发生货物破损时，需在内部操作系统上报栏目中进行填报；破损情况较为严重的，应拍照上传，并附相关说明；

c. 如在中转过程中发生快件破损，交接人员必须要求送货司机在交接单上签字；

d. 如快件需派送，派送人员必须在外场交接确认快件的异常情况。

② 上报时间

a. 上报破损潮湿快件的时间为卸货时间完毕 4 小时之内，在内部操作系统上报错；

b. 卸车完毕后已无人上班的，应于次日早晨 10 点前上报差错。

③ 责任划分

a. 快件破损潮湿责任划分如表 4-4 所示。

表4-4　快件破损潮湿责任划分

快件	上报部门	具体情况	责任部门
全部货物	所有部门	货物被污染，能正确找到污染源	收运污染件的部门
	所有部门	货物被污染，不能找到污染源	发现部门的上一环节部门
	所有部门	找到现场责任人	责任人

续表

快件	上报部门	具体情况	责任部门
包装不合格的快件	所有部门	因包装不合格导致破损潮湿	收件部门
包装合格的快件	无驻地外场的到达部门	及时上报货物破损情况，但不能明确责任人	到达部门、上一环节部门
		未及时发现破损	到达部门
	有驻地外场的到达部门	派件之前没有上报破损，且不能明确责任人	派件部门、运输部门
		派送之前发现破损，但不能明确责任人	派送部门及上一环节部门
		属自提件，客户拒绝签收，且不能明确责任人	驻地外场及上一环节部门

b. 全部责任部门需要承担相应的保险赔偿。

六、快件安检

（一）快件安检的含义与要求

安检是指快递企业处理场所应配备微剂量 X 射线安全检查设备（图 4-9），对进入快件处理场往来的全部快件做进一步的检查，对一些物理方式不能打开的物品查看其内部。

图 4-9　快件过机安检示例图

① 航空和高铁邮件、快件，以及国际和港澳台邮件、快件全面过机安检。

② 重点地区、重点部位、重大活动所在地的寄达邮件、快件再次过机安检。

③ 省际邮件、快件过机安检。

④ 根据需要配置省内及同城邮件、快件安检设备。

除航空、高铁、国际和港澳台邮件、快件，以及重点地区、重点部位、重大活动所在地的寄达邮件、快件外，对已签订安全协议的用户交寄的大宗邮件、快件，寄递企业与邮政管理部门签订安全责任书并报备安全协议，征求有关部门同

笔记

意后，可以采取特定方式过机安检。

寄递企业承担邮件、快件安全检查的主体责任，使用、管理安检设备必须执行定人（设置邮件、快件安检员岗位）、定机、定岗、定责制度。寄递企业需要注意的是，要对已过机安检的邮件、快件逐件作出安检标识，载明安检单位和安检省份，如在醒目位置加盖安检戳记等，确保应检必检。

根据国家规定，航运和火车托运中，有许多商品是禁止的，比如易燃易爆物品、腐蚀性物品、管制刀具等物品都是禁运的。一旦在邮寄过程中查出这些商品，需要给客户打电话退回快件。

（二）检查原理与形态

快递安检机就是通过输送带将要被检查的包裹等物品输送到 X 射线检查通道内，从而完成检测以及检测的目的。包裹在进入 X 射线检查通道以后，将阻挡包裹检测传感器，检测信号被送往系统控制部分，产生 X 射线触发信号，触发 X 射线的射线源发射 X 射线束。X 射线束穿过输送带上的被检物品，被被检物品吸收，最后轰击安装在通道内的半导体探测器。探测器把 X 射线转变为信号，这些很弱的信号被放大，并送到信号处理机箱做进一步处理，这些信号处理后就通过显示屏显示出来。无论包有几层，X 射线都能穿透，一层层地将包裹内的物品显示出来。

不同物品在过机安检时的表现形态是有所不同的，如表 4-5 所示。粉状物品在过安检机时，颜色是蓝色的，液体会呈现出橙色，而且安检机可以清晰地看到盛装液体瓶子的影像。安检员一旦发现“可疑物品”，会立即开包检验，发现违禁邮寄物品，立即作退回处理。

表4-5　常见违禁邮寄物品X射线图像基本特征

序号	类别	X 射线图像基本特征	原图片	X 射线图像示例
1	液体类	汽油属于禁止邮寄物品，它和矿泉水在 X 射线图像中都显示为橙色。密度越大，X 光机图像颜色越深。水的密度比汽油大，所以颜色稍浅的就是汽油，颜色稍深的就是水		汽油 矿泉水
2	易燃压缩气体类	空气清新剂一般被压缩成液态装在小型耐压金属罐内，大多属于有机物，与金属罐重叠后在 X 射线图像中显示为黄绿色或蓝绿色		

笔记

续表

序号	类别	X射线图像基本特征	原图片	X射线图像示例
2	易燃压缩气体类	对于打火机的辨认主要是看火头上的形状和色泽。火头周围是一层金属因而是蓝色的，打火机机身是橙色的		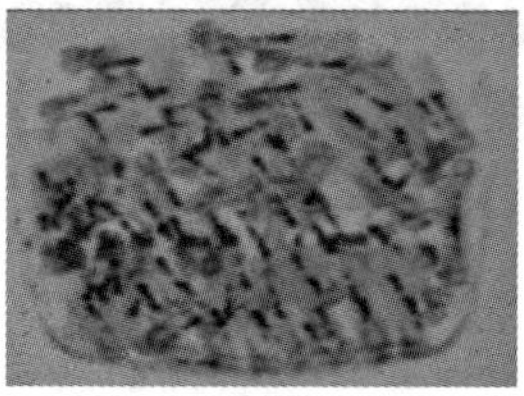
3	烟花爆竹类	烟花爆竹的结构大多为火药、由黏土制成的隔堵、外层包裹纸。外层包裹纸和火药的密度很小，外层包裹纸在X射线图像中显示为淡橘黄色，火药显示为稍微偏绿的淡黄色。黏土的密度稍大，显示为淡绿色。但如果火药中加入了使其燃烧时发光的金属成分，就会显示为绿色或蓝色，比较容易识别		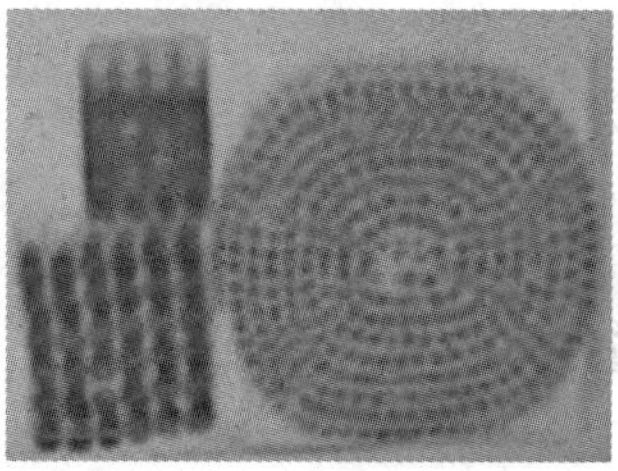
4	管制刀具类	一般可分辨出刀具的形状，比较明显地看到刀刃和手柄。刀身一般呈蓝色，刀柄因材质厚度不一，X射线穿透效果不同，呈现出不同颜色	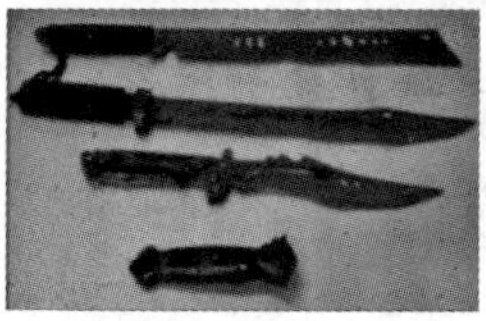	

学习单元二　快件分拣

一、快件分拣现状

在 2012—2021 年，我国快递行业业务总量保持逐年增长的趋势。国家邮政局网站统计数据显示，快递行业业务量从 2012 年的 56.9 亿件，增长至 2021 年的 1083 亿件，2022 年上半年，全国快递服务企业业务量累计完成 512.2 亿件，同比增长 3.7%；业务收入累计完成 4982.2 亿元，同比增长 2.9%。我国有 4 万多个人均处理量在 2 万～3 万件的末端网点，尽管国内少数大型快递（物流）企业一级分拨中心已开始采用全自动化分拣，但多数快递公司处于半自动化状态，末端物流分拣中心目前仍靠人工录入地址信息、扫描进行分拣。

二、分拣技术

通常，分拣快递的依据是自动或者人工识别快递单上的信息。快递运单中的信息作为分拣快递唯一的依据，是一种可视化的图像数据，运单图像中以两种方式记录着收、寄件人的个人信息和地理位置信息，其中：

第一种为纸质信息说明，如运单中打印的收、寄件人信息，传统的分拣快递人员正是以此为依据对快递包裹进行分拣。

第二种为电子信息说明，如条形码和三段码，快递分拣人员使用设备对电子信息进行扫描，从而完成快递包裹的入库、分拣和出库。快递运单信息包括三段码字符（一般由印刷体数字和大写英文字母组成）和一维条形码，它们都标明了快递的发出所在地和接收所在地的代码。通常，国内大型分拣中心的自动分拣都是依靠图像识别技术来识别一维条形码完成分拣作业。三段码字符也是需要识别的一个重要信息，小型分拣中心由于受到场地面积、成本的限制，目前大多数都是由人工识别快递单上的三段码字符来进行分拣。

❖ 知识链接　一维码与三段码分拣技术

1. 一维条形码含义与分拣技术

条形码或称条码（barcode），是将宽度不等的多个黑条和空白，按照一定的编码规则排列，用以表达一组信息的图形标识符。常见的条形码是由反射率相差很大的黑条（简称条）和白条（简称空）排成的平行线图案。条形码可以标出物品的生产国、制造厂家、商品名称、生产日期、图书分类号、邮件起止地点、类别、日期等信息，因而在商品流通、图书管理、邮政管理、银行系统等许多领域都得到了广泛的应用。

快递单上的一维码表示快递的单号，快递单号在收寄过程中通过信息系统绑定了快件的详细信息（收、发件人和快件相关信息）。在快件流转过程中，每个环节通过扫描快件运单上的一维码来记录其流转过程，通过单号，可以查询到该快件的流转记录和当前所处的环节，在分拨中心通过自动扫描设备读取快件运单上的一维码信息来实施自动分拣。常见一维码如表 4-6 所示。

表4-6 常见一维码

名称	EAN	Code39	Code128	Codabar	Interleaved 2 of 5（ITF）
符号式样	EAN 13码 9 751115 554445 EAN 8码 5068 3369	* A B C 1 2 3 *	12ABcd《GS》#56	a12345678b	0123456789
字符限制	有标准版（EAN-13 位）和缩短版（EAN-8 位）两种	长度可以自由调整，能用字母、数字和其他符号共 43 个字符表	长度可以自由调整，但最多不超过 232 个字符	长度可以自由调整，条码字符集仅 20 个字符	长度仅为偶数位，只可以编码 0 ～ 9 十个数字
特征	能够识别条码的国家、地区，满足国际通用的要求，有检查码	允许双向扫描，具备自我检查能力	允许双向扫描，可自行决定是否要加上检查码。具有 3 种不同的编码类型，可提供标准 ASCII128 个字符的编码使用	没有检验位，具备自我检查能力	没有检验位，具备自我检查能力
应用性能	世界通用码，常用于日常零售	主要应用于工业生产线和图书的自动化管理	常用于流通配送标签	常用于仓库和航空快递包裹的跟踪管理	主要用于包装、运输等物流作业环节和制造领域

笔记

图 4-10　快件电子运单上的三段码

2. 三段码含义与分拣技术

三段码是快递单号开头的三段由数字和字母组成的代码，如图 4-10 所示，其作用是方便快递分拣。三段码的含义是：一段是省、自治区、直辖市或区域分拨中心代码，二段为城市公司代码，三段为对应末端网点代码和业务员代码。可通过人工识别或智能设备的 OCR 功能识别完成人工或自动化分拣作业。图 4-10 第一段主要代表省级区域，比如华东省份及直辖市以 2 开头，201 代表江苏省，202 代表上海市。中间代码代表目的地网点公司，比如江苏省苏州公司 A01。第三段对应末端网点代码和业务员代码，图中 66-888 代表 66 号网点 888 号收派员（不同的快递公司三段码所代表的含义可能有所差异）。

三、快件分拣的基本含义

快件分拣是快件分拨中心或营业网点将快件从送货车辆里拣取出来，并按一定的要求如收件地址、快件种类、服务时限等要素进行分类，集中派送给开往各地的运输工具的作业过程。具体又分为快件的初分和快件的细分。

1. 快件的初分

快件的初分，是指因受赶发时限、运递方式、劳动组织、快件流向等因素的制约，在快件分拣时不是将快件一次性直接分拣到位，而是按照需要先对快件进行宽范围的分拣。

2. 快件的细分

快件的细分，是指对已经初分的快件按寄达地或派送路段进行再次分拣。

快件分拣是快件处理过程中的重要环节，分拣的正确与否决定了快件能否按预计的时限、合理的路线及有效的运输方式送到客户手中。

四、分拣人员素质要求

分拣是指按照快件运单送达地址，将相关的快件分别汇集分到规定区域内的处理过程。要做到分拣速度快、准确率高，分拣人员应具备如下知识。

① 快件运单知识：包括运单的填写规范、运单的粘贴方法和要求，以便快速识别问题件，避免误分。

② 快件包装知识：包括包装资料的选择和包装方法，以便对快件包装进行检查或对破损件重新包装和加固处理。

③ 行政区的简称、代码和电话区号等知识：包括各省、自治区、直辖市、特别行政区的汉字简称、电话区号，以便正确分拣。

④ 国内主要城市航空代码：应掌握国内主要城市航空代码，以便准确、高效地分拣快件，避免投递错误，导致延时误事。

⑤ 部分国家和地区英文简称：掌握部分国家及我国港澳台地区的英文简称，

完善自身素质，提高分拣正确率。

笔记

五、快件分拣前相关物品与工具的准备

1. 安全搬运

快件到中转场后，将进入处理流程，根据属性将快件分为易碎、易损品与普通物品。选择恰当的搬运卸载工具，对快件的安全性、完整性将起到重要作用。

① 普通物品：普通物品指无特殊要求的物品，普通物品可使用夹钳、滚杠、撬杆、叉车和手工作业等。

② 易碎易损品：易碎易损品包括玻璃、陶瓷、镜面、灯具、工艺品等。可采用手动叉车、升降叉车、手推车和手工作业等。

2. 工具准备

分拣员应提前准备好分拣用具，快件装运前需进行封发工作，快递包装员应准备封发用具。如表 4-7 所示。

表4-7　工具准备

分拣用具准备	封发用具
圆珠笔、记号笔、包牌、条形码扫描枪、名章、包签、拆卸专用钳	封装容、封志、封装专用钳、手携扎袋器、手携封包机

3. 做好个人准备工作

快件处理人员在工作前应自行检查服装和劳保用品是否穿戴整齐。是否符合公司作业要求。检查内容如下：是否穿着公司统一工服，衣帽是否整洁干净，是否戴好统一工作帽，是否穿戴好护腰用具，是否戴上防护手套，工作牌是否佩戴端正。

六、分拣要求

① 应按快件处理场所的分区，分区作业；

② 摆放快件时，应遵循大不压小、重不压轻、分类整齐摆放、易碎件单独存放的原则；

③ 文明分拣，不应野蛮操作，快件脱手时，一般快件离摆放快件的接触面之间的距离不能超过 30cm，易碎件不能超过 10cm；

④ 小件物品及文件类快件，不应直接接触地面；

⑤ 准确将快件分拣到位，避免出现错分滞留现象；

⑥ 及时录入分拣信息，并按规定上传网络。

七、分拣方式

在快件中转场（分拨中心）常见的快件分拣方式分为三种，分别是人工分拣方式、半自动机械分拣方式和全自动分拣方式。

笔记

（一）人工分拣方式

在技术不发达的情况下，人工无疑是最简单的、最直接的选择。在物流的分拣环节，最开始也是采取人工分拣。人工分拣是指依靠人力，使用简单的生产工具来完成整个分拣作业过程的一种分拣方式，需要分拣人员掌握一定的交通、地理知识，熟记大量的快件直封、经转关系，具备熟练的操作技术以及书写能力等。这就对分拣员提高了要求。人工分拣所需要的工具简单，作业流程简捷，经济节约，在未实行机械化分拣的单位仍然是一种十分重要的分拣手段。

1. 人工分拣方式具体分类

① 按码分拣：按码分拣是按照快件上收件人地址对应的运单编码进行分拣的一种方式。实行运单编码后，除投递前的落地快件分拣必须按收件人详细地址分拣外，其他环节的进、出、转快件都可按码分拣。采用人工分拣的，出、转口处理按照快件上的收件人运单上的编码前三位号码分拣；进口处理按照收件人运单编码的后三位号码分拣。对于按码分拣尚不够熟练的，可采用按址分拣和按码分拣两种方式并用的方法，来保证分拣准确，避免错分错发。

② 专人专台分拣：专人专台分拣，是指对贵重或特殊快件指定专人或设置专台进行专门处理，其目的在于确保相关快件的安全与迅速传递。

2. 人工分拣作业步骤

人工分拣作业步骤及要点如表 4-8 所示。

表4-8　人工分拣作业步骤及要点

序号	步骤	要点
A	快件识别	信件类一次取件数量在 20 件左右，包裹类需单件处理
		通过运单的运单号、三段码和电话区号等编码进行快件识别
B	快件分类	先将待分快件分为信件类和包裹类
		可分初拣和细拣两个环节
C	快件投格	一手托件，另一手拇指捻件，用中指轻弹入格
		保持运单面朝上并且方向一致
D	快件整理	将分拣格子内的信件捆扎封发
		将已分拣包裹进行堆码，避免串位

3. 人工分拣快件技巧

人工分拣的质量由分拣速度、分拣正确率和问题件准确分拣处理三方面内容构成。快递企业分拣员应善于总结经验，提高分拣质量。常用的分拣快件技巧如下：

① 快件、清单、包牌三核对；

② 眼到、手到、心到不分神；

③ 熟记格口的路段，力求能做到“盲拣”；

④ 牢记三段码或区号等，业务知识要熟练；

笔记

⑤ 疑难快件先剔除，而后单一作分拣；

⑥ 如需进行较远距离搬运，应当将快件装入货物搬运设备（如手推车）进行搬运，不得对快件进行猛拉、拖拽、抛扔等破坏性动作。

4. 人工分拣的优缺点

人工分拣的好处是成本低、资金回收快、利润高。但是，这适合一些小型快递企业，资金不是太雄厚，采取这种方式，以避免企业在资金周转方面遇到的问题和企业面临破产倒闭的问题。

人工分拣也有许多坏处。如果使用这种分拣方式，则会导致企业服务提升缓慢、客户流失、丢失合作伙伴等一系列问题。人工分拣准确率不高，分拣的快件数少，而且劳动强度大，对分拣人员的身心造成极大的伤害。据统计，每个工人每小时平均只能分拣 150 件，同时分拣人员也不能在这种劳动强度下连续工作 8 小时。即使分拣中心的分拣人员一天三批在不停地进行分拣工作，每天至多也只能分拣 3600 件。而这种效率现今远远满足不了与日俱增的快件数，如果企业依旧采用人工分拣的话，是没有足够的实力在日益激烈的竞争中获胜的。

❖ 案例分析 “双十一”快递企业全天处理快件超过 6 亿件

2021 年 11 月 12 日 0 点，天猫双十一总交易额定格在 5403 亿，京东宣布累计下单金额超 3491 亿，再创新纪录。大促落幕，快递登场。国家邮政局监测数据显示，11 月 11 日当天共处理快件 6.96 亿件，稳中有升。此前 11 月 1 日，全国揽收量 5.65 亿件，创历史新高，快递量的变化正在反映出双十一消费趋势的多元化。

从快递企业来看，无论是顺丰还是通达系，2021 年双十一在订单量与揽收量方面均比 2020 年有所增长，而抖音与快手平台的订单增幅较大。京东物流宣布，双十一期间全国超 300 城实现分钟达，93% 区县和 84% 乡镇实现当日达和次日达，全链路预测准确率均值达到约 95%。近 400 辆智能快递车助力末端配送、抗疫保供，绿色供应链物流减碳 26000 吨，单日收入超千元的京东快递小哥数量增长超 50%。

（二）半自动机械分拣方式

指采用手工和机械设备相结合的方式，将快件从运输车辆上卸往自动传送带，再根据快件标识进行人工分拣的一种分拣方式。

1. 半自动机械分拣作业程序

半自动机械分拣是人机相结合的分拣方式，信件类快件的分拣程序如表 4-9。

表4-9 半自动机械分拣作业程序及要点

序号	步骤	要点
A	事前准备	首先查看是否有业务变更通知
		准备备用信盒以及信筐
		打开捆扎器电源预热或准备捆扎绳
		开机前检查分拣机的各个格口内有无遗留快件

续表

序号	步骤	要点
B	设备操作	开启机器，依次按下“单封供信”“供信”按钮
		手工挑出不能上机的快件
		将理好的快件送入分拣机的供信槽
		机器自动扫描快件邮编进行分拣
C	过程控制	注意机器运行，发现异常要立即按下“紧急停机”按钮，及时通知设备维护人员进行处理
		随机抽查格口分拣质量，清理满格快件，对拒识信函及时进行人工分拣
D	后期清理	分拣完毕后，按“停止供信”按钮关机
		及时清理现场，并检查分拣机内有无遗留邮件
		将小车、信盒和信筐等用品用具归位，关闭捆扎器电源

2. 半自动机械分拣操作规范

① 在指定位置将快件上机传输，运单面朝上，宽度要小于传送带的宽度。

② 快件传到分拣工位时，要及时取下快件。未来得及分拣的快件由专人接取，再次上机分拣或进行人工分拣。

③ 看清货运单的目的地、电话区号和“三段码”后，准确拣取快件。

④ 取件时，较轻的快件用双手托住两侧取下，较重的则用双手托住底部或抓紧两侧，顺传送带的方向取下，注意用力。

3. 半自动机械分拣安全要求

在进行快件半自动分拣时，快件分拣人员要注意作业过程中的设备安全和人身安全，具体要求如表 4-10。

表4-10　半自动机械分拣安全作业要求

类别	要求
设备操作安全要求	① 设备运行前，清除带式传输或辊式运输设备周围影响设备运行障碍物，然后试机运行； ② 注意上机分拣的快件重量和体积均不得超出设备的载重和额定标准； ③ 对非正常形状或特殊包装不符合上机要求的快件，要进行人工分拣； ④ 上机传输的快件与拣取的速度要匹配； ⑤ 传输过程中一旦发生卡塞、卡阻，要立即停止设备运行； ⑥ 分拣传输设备在使用中如果发生故障，要立即停止使用
人身安全要求	① 严禁跨越、踩踏运行中的分拣传输设备； ② 不能随意触摸带电设备和任何电源设备； ③ 身体任何部位都不能接触运行中的设备； ④ 拣取较大快件时，注意不要剐碰周围人员或物件； ⑤ 拣取较重快件时，要注意对腰部、腿部等的保护； ⑥ 不得使用挂式工牌，女工尽量留短发或者戴工作帽

笔记

（三）全自动分拣方式

全自动分拣是目前快件处理最先进、效率最高的方式。

1. 自动分拣系统的作业描述

分拨中心每天接收成千上万的快件，可以通过自动分拣系统（图4-11）快速、准确、安全地将这些快件卸下，并按货件的发送地点进行自动、快速、准确地分类，将这些分类好的货件运送到指定地点（如指定的货架、出货站台等），并快速地装车配送。

图 4-11　滑块式自动分拣系统进行快件分拣作业

2. 自动分拣系统的组成

自动分拣系统一般由控制装置、分类装置、输送装置及分拣道口组成。

（1）控制装置

控制装置的作用是识别、接收和处理分拣信号，根据分拣信号的要求指示分类装置按快件类别、快件送达地点或按货主的类别对快件进行自动分类。这些分拣需求可以通过不同方式，如可通过条形码扫描、色码扫描、键盘输入、重量检测、语音识别、高度检测及形状识别等方式，输入分拣控制系统中，根据对这些分拣信号判断，来决定某一种快件该进入哪一个分拣道口。

（2）分类装置

分类装置的作用是根据控制装置发出的分拣指示，当具有相同分拣信号的快件经过该装置时，该装置通过相应的动作，改变快件在输送装置上的运行方向，使其进入其他输送机或进入分拣道口。分类装置的种类很多，一般有推出式、浮出式、倾斜式和分支式几种，不同的装置对分拣货物的包装材料、包装重量、包装物底面的平滑程度等有不完全相同的要求。

（3）输送装置

输送装置的主要组成部分是传送带或输送机，其主要作用是使待分拣商品鱼贯通过控制装置、分类装置。输送装置的两侧，一般要连接若干分拣道口，使分好类的快件滑下主输送机（或主传送带）以便进行后续作业。

（4）分拣道口

分拣道口是已分拣快件脱离主输送机（或主传送带）进入集货区域的通道，一般由钢带、皮带、滚筒等组成滑道，使商品从主输送装置滑向集货站台，在那里

笔记

由工作人员将该道口的所有商品集中后或是入库储存，或是组配装车并进行配送作业。

以上四部分装置通过计算机网络联结在一起，配合人工控制及相应的人工处理环节构成一个完整的自动分拣系统。

3. 自动分拣系统的主要特点

（1）能连续、大批量地分拣货物

自动分拣系统采用大生产中使用的流水线自动作业方式，不受气候、时间、人的体力等的限制，可以连续运行 100 个小时以上，每小时可分拣 7000 件包装快件。如用人工则每小时只能分拣 150 件左右，同时分拣人员也不能在这种劳动强度下连续工作 8 小时。

（2）分拣误差率极低

自动分拣系统的分拣误差率大小主要取决于所输入分拣信息的准确性大小，这又取决于分拣信息的输入机制。如果采用人工键盘或语音识别方式输入，则误差率在 3% 以上，如采用条形码扫描输入，除非条形码的印刷本身有差错，否则不会出错。因此，目前自动分拣系统主要采用条形码技术来识别货物。

（3）分拣作业基本实现无人化

建立自动分拣系统的目的之一就是减少人员的使用，减轻工员的劳动强度，提高人员的使用效率。自动分拣系统能最大限度地减少人员的使用，基本做到无人化。分拣作业本身并不需要使用人员，人员的使用仅局限于以下工作：

① 送货车辆抵达自动分拣线的进货端时，由人工接货。

② 由人工控制分拣系统的运行。

③ 分拣线末端由人工将分拣出来的货物进行集载、装车。

④ 自动分拣系统的运营、管理与维护。

自动化分拣是快递物流发展的必然趋势。虽然其自身的高科技、高效率性已经不容置疑，但是要想建立起完全的自动化分拣也有着比较苛刻的条件。

❖ **知识链接** 快递背后的仓储智能化关键技术——自动分拣系统

自动分拣系统是智能物流装备中的核心部件，能连续、大量地给货物分类，基本实现无人操作排序，错误率极低。

目前，我国快递分拣自动化程度较低，在劳动密集型的转运中心，与分拣作业直接相关的人力约为一半，分拣作业时间约占整个转运中心作业时间的 30% ～ 40%，分拣的成本占到转运中心总成本的 40%。智能分拣设备能够实现以大转盘模式，将快递流水线和分区的建包袋结合，在 800 平方米操作区域大循环，每小时处理超过 1.2 万件包裹，全过程只需一次扫码，大大缩短了操作时间，满负荷运转可减少 2/3 的分拣人员，分拣精准度达 99% 以上。

以苏宁为例，苏宁云仓拥有 SCS 智能拣选系统、A-frame 自动拣货系统等高科技，日处理包裹可达到 181 万件，是行业同类仓库处理能力的 4.5 倍以上，其分拣速度是传统人找货拣选方式的 10 倍以上，拣选效率达到每人每小时 1200 件，拣选准确率可达 99.99% 以上。

笔记

虽然快递行业逐步推广了电子面单，但在设备分拣过程中却可能因条形码破损而出现无法识别的情况。德邦通过采用华为光学字符识别（OCR）技术，分拣设备能够准确地识别面单上的文字信息，并判断出货物的目的地，快速分拣。

2020 年，菜鸟联手圆通启用了超级机器人分拨中心，在“双十一”高峰期，2000 平方米的场地内，350 台机器人昼夜作业，每天可分拣超 50 万个包裹，机器人 3 天的行驶里程足以绕地球一圈。机器人在操作平台上自动根据包裹流向的不同，将包裹运到对应区域格口。到达指定位置后，机器人上的托盘竖起，包裹被倒入格口，然后顺着通道从二层滑到一层包裹装运区，完成整个过程仅需十几秒。

4. 常见分拣机类型及作业程序

按照分拣机对分拣信号进行判断并分拣的方式划分，常见的分拣机类型包括：斜带式分拣机、平带式分拣机、U 形带式分拣机、托盘式分拣机等。以下重点介绍平带式分拣机的工作程序。

① 分拣人员阅读编码带上的地址，并在编码键盘上按相应的地址键。

② 携带有地址代码的快件被编码带输送至缓冲储存带上排队等待。

③ 计算机系统发出上件信号，快件进入分拣机的传送带，即平钢带。

④ 当传输的快件挡住探测器时，探测器发出信号。

⑤ 计算机系统将新到件地址信息以磁编码的形式记录在快件前沿的钢带上。

⑥ 快件传输到分拣机格口，格口滑槽磁编码信息读取装置阅读信息。

⑦ 计算机根据读取结果控制导向挡板快速运动到钢带上方。

⑧ 计算机系统将新到件地址信息以磁编码的形式记录在快件前沿的钢带上。

M3-6 扫一扫看微视频“快件分拣”

相比人工分拣和半自动分拣，全自动分拣是最先进、效率最高的，但是其投资太大，同时运行维护费用也很高，在国内应用也存在一些技术与经济上的问题，比如信息识别方式，廉价的条形码在高速条件下识读准确率和容错率都不高等。所以目前阶段一些大型的快递企业的中转场或分拨中心所采用的分拣方式主要是半自动分拣。

学习单元三 快件封发

一、快件封发的含义

快件分拣后要进入后续的快件封发工作，封发是指按发运路线将快件进行封装并交付运输的过程。包括登单、集包、总包的封装和码放、快件的装车发运。

快件在中转场或分拨中心按地址分拣好后，将同一路由的快件装入总包运往目的地分拨中心或更高一级的中转场（分拨中心）再次进行分拣，所以可将快件封发分为快件直封、快件转封。快件直封就是快件分拣中心按快件的寄达地点把快件封发给到达城市分拣中心。快件转封就是快件分拣中心把寄达地点的快件封发给相关的中途分拣中心，经再次分拣处理，然后封发给寄达城市分拣中心。

二、登单与集包

集包是指对同一路由的快件，混装在一个容器内形成快件运输包装单位的过程，集包作业后形成总包，其中总包内的散件在传递给目的地的分拣中心处理前，需要对装入总包内的散件进行登记封发清单。清单内容包括清单号码、始发地、目的地、快件号码、寄达地、种类和总数。可通过手工登记、扫描录入或是分拣系统自动形成等方法制作封发清单，如图 4-12。

特快专递邮件封发清单

总包号码		封发日期			封发时间		页号	
封发日戳	车(航)次						接收日戳	
	原寄局： EMS				寄达局：			
格数	邮件编号	收寄局	备注	■	格数	邮件编号	收寄局	备注
1				■	2			
3				■	4			
5				■	6			
7				■	8			
9				■	10			
11				■	12			
13				■	14			
15				■	16			
17				■	18			
19				■	20			
21				■	22			
23				■	24			
25				■	26			
27				■	28			
29				■	30			
总件数			封发人员签章			接收人员签章		

图 4-12 封发清单

笔记

1. 手工登单操作

选择清单，加盖日期戳记，填写清单号、封发地等内容，按照公司编码要求进行清单号码排序，同时按照出站车的顺序在对应栏目内登记快件号码、寄送地和快件类别等内容。如采用多页清单，检查是否每一页都已注明页数，最后一页是否已写上快件的总件数。

清单检查内容注意事项：退回、易碎、液体快件要在备注栏内注明；对于保价、代收货款、到付快件，应注明金额。结束登单，快件处理人员在指定位置用正楷字签名或者盖章。登单后期工作注意事项：对需建包、箱的快件，登单结束后制作总包包牌；包牌号应与清单的号码一致。

2. 条形码设备扫描登单操作

用条形码设备扫描快件运单，并在快件满袋后生成封发清单，操作步骤如下：

① 操作人员启动系统，并使用专用口令进入扫描登单操作模块；

② 根据操作要求，在指定栏目内输入快件的邮编、电话区号和专用代码等名称；

③ 对需建总包的快件，除系统自动生成总包包牌外，还应先扫描预制的总包条码牌，再扫描包内快件；

④ 逐渐扫描快件，并手工录入无法扫描的快件；

⑤ 扫描过程中，注意核对结果，以防发生信息错漏的信息；

⑥ 扫描结束后，应通过系统打印封发清单和制作电子信息清单；

⑦ 如实物数量与打印清单数量不符，应进行复核，并及时补充或更正；

⑧ 登单结束后，检查作业场地周围有无遗漏的快件；

⑨ 操作人员按要求退出操作系统，确保信息安全。

3. 分拣系统自动形成登单

（1）分拣系统自动形成登单的原理

① 设置各逻辑格口封发标准；

② 系统扫描快件信息和解读；

③ 信息传送给导向挡板和运输带；

④ 快件被导入相应逻辑格口；

⑤ 格口达到封发标准，自动封锁；

⑥ 系统根据扫描信息，生成封发清单。

（2）分拣系统自动形成登单的检查

对于分拣系统生成清单的登单方式，操作人员应加强对操作系统和生成结果的检查，以避免发生错误。检查内容如下：

① 检查设备操作系统有无版本升级，业务处理是否有变更要求，设备组件是否正常运转；

② 检查格口的封锁和开启是否按照设置的标准执行；

③ 检查各格口快件规格、数量等是否与封发要求一致，是否有无法自动分拣需手工处理的快件；

④ 检查快件生成清单的信息是否与实物数量、内容一致，对于错误清单，要

及时复核更正；

⑤ 作业结束后，检查作业场地周围是否有遗漏的快件。

三、总包的封装和码放

1. 总包的类型

总包工具主要有快递集装袋和快递集装笼。

① 快递集装袋：以涤纶、塑料和棉麻等为主要原料，经编织、成卷、分切、印刷、裁剪、缝纫等加工工序制成的可在快件分拨、转运、处理等环节中循环使用的集装容器。如图 4-13。

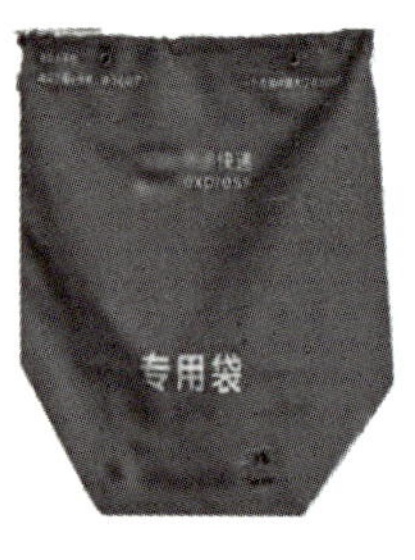

图 4-13　集装袋示例图

② 快递集装笼：用于快件运输的封闭式集装器具，具有快件单元化积载功能，能够单独构成一个基本的集装运输单元。按照笼体结构可分为固定式集装笼、可折叠式集装笼、可拆装式集装笼，如图 4-14 所示。

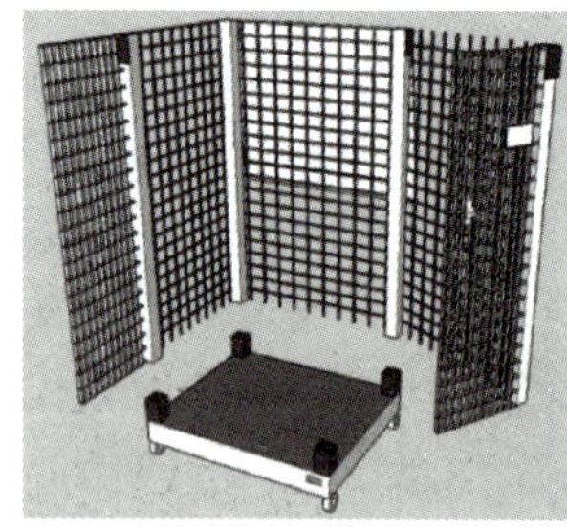

图 4-14　分别为固定式、可折叠式、可拆装式集装笼示例图

❖ 知识链接　总包的工具集装袋和集装笼

一、快递集装袋类型及印刷标识信息

1. 集装袋类型

（1）按照材质划分

① 塑料编织袋：以聚丙烯或聚乙烯等为主要原材料，经挤出、拉丝、编织等工艺而制成的集装袋。

② 涤纶袋：以涤纶纤维为原材料，经纺织工艺而制成的集装袋。

③ 涤棉帆布袋：将涤纶纤维和棉纤维按照一定比例，经混纺工艺而制成的集装袋。

④ 棉麻帆布袋：将棉纤维和麻纤维按照一定比例，经混纺工艺而制成的集装袋。

笔记

（2）按照封口方式划分

按照封口方式，集装袋可分为扎口袋、链口袋、锁口袋等，如图 4-15 所示。

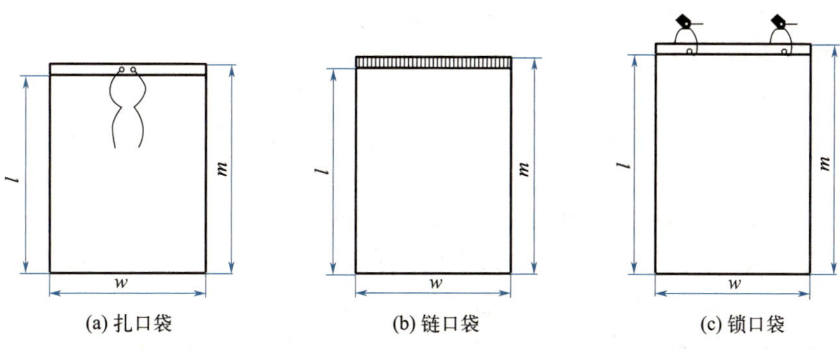

图 4-15 封口方式示意

w—有效宽度；l—有效长度；m—总长度

2. 集装袋印刷信息要求

集装袋正面应印有企业信息（企业名称、企业标识）、参考循环使用次数、最大允许装载质量等信息，应预留动态转运信息的贴放区。集装袋背面应按规定印制可重复使用标志和制作信息（生产单位名称和代码）。如图 4-16 所示。

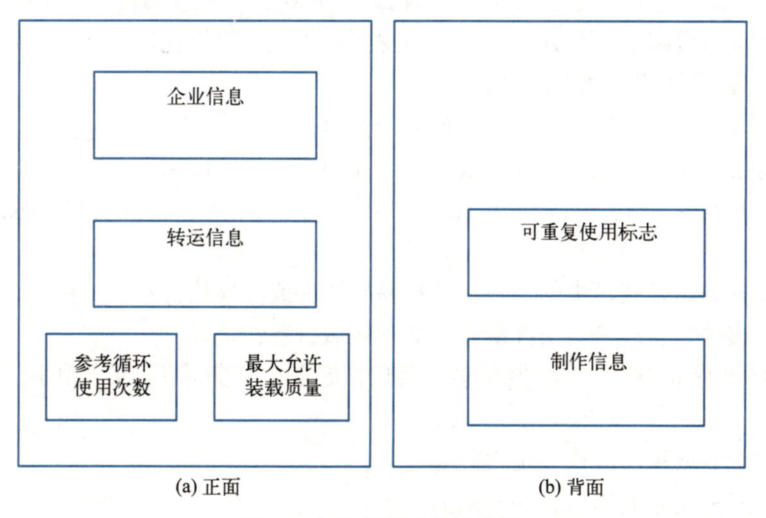

图 4-16 集装袋式样示意图

二、快递集装笼类型

① 按照笼体结构可分为固定式集装笼、可折叠式集装笼、可拆装式集装笼；

② 按照作业方式可分为有轮集装笼（轮式笼）和无轮集装笼；

③ 按照生产材质可分为金属集装笼、塑料集装笼、混合材质集装笼。

2. 制作总包包牌

总包包牌是企业为了发寄快件和内部作业而粘贴或拴挂在快件总包上的信息标志，记录了快件的种类、数量、目的地等相关信息。可由系统生成或手工制作，以操作系统自动生成包牌为例，制作过程要点如下：

笔记

① 检查操作系统存储的快件扫描信息；

② 对操纵系统输入打印包牌的指令；

③ 用与操作系统连接的打印设备打印出指定内容的条形码总包包牌；

④ 包牌含有包牌号码、总包发出地、寄达地、件数和重量等信息；

⑤ 检查是否有需手工补充的信息。

3. 进行总包封装

总包包装是将打印清单与快件一同装入特定容器内，并进行专业封扎、拴挂包牌的过程。对总包封装的不同容器，采取相应的封装要求。

（1）总包袋封装要求

① 根据快件数量和体积选择大小合适的总包袋；

② 将已填制好的包牌贴在空袋子的中上部；

③ 将贴好包牌的总包袋正确钩挂在撑袋架上；

④ 应将信息类和包裹类快件分开封装；

⑤ 对保价快件、代收货款、到付快件等进行分类封装；

⑥ 保持快件运单朝上，按照由重到轻、由大到小、方下圆上的原则一次装袋；

⑦ 易碎快件和液体快件应单独封装或放在袋子的最上层；

⑧ 快件装好后放入该总包的封发清单，封发清单要求用专用封套包装；

⑨ 装袋时快件不宜超过袋子容积的 2/3，重量不宜超过 32kg；

⑩ 将总包袋卸下并扎紧实，切勿出现“鹅颈袋”的松扎口。

（2）轮式笼和集装箱封装要求

① 检查轮式笼或集装箱是否有损坏、变形；

② 将已填制好的包牌贴在笼或箱子正面的上部指定区域；

③ 保持运单向上，将快件按照重不压轻、大不压小、小件填装空隙的原则装笼或装箱；

④ 充分利用笼或箱中的隔板，保护易碎快件或液体快件；

⑤ 将文件类和包裹类快件混装，集中区域拼装；

⑥ 对于保价快件、代收货款、到付快件，应集中码放或利用隔板进行隔离；

⑦ 检查笼或箱门的快件是否码装整齐；

⑧ 正确关闭笼或箱门，切勿随意合上；

⑨ 使用专用或特制的绳子、塑料封带封扎笼或箱门。

4. 总包堆位和码放

规范有序地堆位和码放总包，有利于合理规划区域空间，梳理作业程序，保证快件处理时间上的合理性和有序性。总包堆位和码放的一般要求如下：

① 同一航班或车次的总包集中堆放，便于装运；

② 同一车次的总包应以总包中转卸货的先后顺序码放；

③ 总包应直立放置，整齐划一排列，以一层为限，切勿横铺堆叠；

④ 码放在托盘或搬运工具上的总包，应严格按照工具载重标准和操作要求执行；

笔记

⑤ 各堆位间应留有通道，并设置隔离标志；

⑥ 不得出现摔、拽、扔、拖总包的粗鲁行为，如发现包装破损或包牌脱落，应及时处理；

⑦ 对代收货款、到付快件和优先快件应单独码放，对于易碎快件，要按公司要求处理；

⑧ 根据总包装运时限的先后顺序建立堆位，以免出现压包延误现象。

四、装车发运

1. 汽车运输交接步骤

使用汽车运输快件是最常见的方式，采用该方式进行快件交接时，应做到如下几点：

① 引导运输车辆停靠在指定的交接站台；

② 检查押运人员的身份是否真实；

③ 检查运输车辆是否符合公司车辆安全运行标准；

④ 与押运人员核对总包的数量与交接单内容是否一致，规格是否符合要求；

⑤ 监督快件搬运装车工作，确保总包堆码拼装符合运输要求；

⑥ 填写“出站快件交接单”，注意检查是否有遗漏栏目和不符信息；

⑦ 交接双方在交接单上签名盖章，并如实记录实际发车时间。

2. 装卸作业规范

快件装载和卸载时，应遵循“大不压小、重不压轻、分类摆放”的装卸原则，还应满足以下要求：

① 装载快件不应超出车辆核定载重；

② 装载和卸载快件期间，车辆应熄火，拉紧驻车制动；

③ 装载完成后，应对车厢进行安全检查，确定工作人员及装卸设备撤离车厢，锁闭车门并进行封车操作，确保运输途中不被随意打开；

④ 卸载时，车辆应服从作业现场管理人员指挥，按照要求停靠于指定位置，车辆经过驾驶员与现场管理人员共同验证封签完好后，开启车门；

⑤ 普通快件脱手时，离摆放快件接触面之间的距离不应超过 30cm，易碎件不应超过 10cm。

五、运输车辆封志的建立

快件和总包装入车辆后，需对车辆进行加封。对运载快件的车辆施封，是确保快件安全送达的有效手段。建立车辆封志的步骤如下。

① 关闭车门：关闭车门前应检查快件堆码是否符合要求，作业场地周围是否有遗漏快件。

② 加封封志：应在车门指定位置施封，加封过程应至少有两人在场。

③ 检查封志：检查定位系统（北斗导航或 GPS）是否正常，封志是否牢固，条形码是否完好无损。

④ 登记封志条形码：将封志的条形码号登记在出站快件的交接单上。

⑤ 双方交接确认：交接双方如对施封过程无异议，则在交接单上签字确认。

六、快件干线运输

（一）干线运输

快件装车和加封后，开始进入干线运输环节。快递运输网络由干线和支线组成。干线是连接不同地区（区域）或以分拨中心为核心的运输线路，它是实现快件快速空间位移的主要运输线路，快递干线的运输方式主要有以下几种。①航空运输：是省际或跨地区快件的主要运输方式；②公路运输：特别适合 500km 左右或以内的中短距离运输；③铁路运输：适合 1000km 以下的干线运输。支线是以营业网点为中心的各种运输线路。

（二）干线路由规划

快递企业需要满足的是客户快速递送的需求，所以在整个路由规划过程中最为关键的环节是对时效的控制，必须保证每一条车线时效的合理性和可控性。快递企业路由规划普遍遵循“时效优先，成本兼顾”的原则。

另外，快递主要面对的是 C 端客户，其订单量通常具有不可预测性，这就要求快递企业能根据实际需求快速调整路由和运力。因此，快递企业通常会推出几种固定的快递产品，如 24 小时送达、48 小时送达、72 小时送达等，这样既给客户一定的选择权利，又能够根据产品定位来规划有竞争力的路由，所以快递的路由规划同时也是根据产品定位设立的。

❖ 知识链接 路由规划概述

1. 路由规划的必要性

路由规划作为物流企业管理的核心支撑，决定了物流企业的网络组织形式、服务质量和成本结构。受“效益背反”现象影响，成本、时效、服务之间的平衡点需要一个全面、系统的规划对其进行必要的统筹安排，而这种规划即是路由规划。

2. 路由规划的内涵

路由规划包含了两个方面：路由设计、线路规划。

路由设计就是在既定的运输网络中，寻求一个最优的连接路径，使得出行顺序的组合达到最优，简单地说就是根据线路上货量的变化做路由的调整。合理的运输路由设计可以使企业在保证服务质量的同时，实现运输过程费用少、中转少、速度快。

线路规划指新线路的开发。对于全网的物流公司来说，由于没有充足的货量支撑，不可能将所有大小枢纽进行连接，从而达到点点直达。对于时效要求较高的地区一般会采用直发线路，时效要求不高的则选择中转运输，而每一条新线路的选择，都是对成本与时效的冲击，如何开线、如何养线都是线路规划的重中之重。

笔记

3. 路由规划的关键因素

对于路由规划来说，货量、时效、运力都是影响其规划的关键因素。货量上，包含了线路货量、主路由货量、产品货量、分拨与分拨之间的货流量等；时效上，指线路上的时间节点，包括发车时间、到达时间、兑现时间、运行时间、停发时间等；运力上，包含了装载率、发车频率、发车班次等。

此外，路由规划还受许多其他因素影响。其中包含了不同车型的需求、各车型数量需求、线路成熟度、人力因素、环境因素、突发事件等，这些因素都是需要被综合考量的。这些关键影响因素按照特定的算法模型，输出符合公司运营需求的路由规划结果。

路由规划实则是根据各类影响参数按照企业产品及运营的特定要求，通过复杂的算法平衡后输出的结果。尽管各家物流企业会根据自己的需求设计路由算法，但其算法模型都是基于基础的蚁群算法和遗传算法进行的改进优化。

1. 开线准则

常规快递线路一般基于货量需求，同时满足装载率标准。平衡时效与成本的主要因素是枢纽间的运输公里数。在开单条线时，为达到网络连接目的，可不满足装载率标准。在开第二条线路时，货量为主要依据，同时需要满足装载率标准。具体如表 4-11 所示。

表4-11　运输距离对应最低装载率标准

公里数 /km	最低装载率
0 ～ 200	40%
200 ～ 500	50%
500 ～ 800	60%
800 ～ 1200	70%
1200 以上	80%

战略性线路的设计，主要基于满足客户快速送达的需求，基本可分为多点停靠的要拆分线路、增设车线；对于往返跑的车要调整为对开线路；对跨省长线可以增设车辆、循环跑车、增加班次等。

2. 路由优化

快递企业以加盟制为主，末端支线运输由各加盟商负责。因而，对于一般快递企业来说，线路优化指的是分拨中心之间的干线优化。在货量密集的地区，基本实行直线运输，保证运输时效，以此提升网络运输实力。

对于需要中转的线路来说，由于快递运输对于时效的要求相对严格，所以在规划时对班车频次及出发时间必须严格控制。

快递干线优化主要考虑各时间段货量、车辆装载率、场站间距离、场站操作时间、最晚发车时间、下游最晚进港时间、下游发车时间等因素，遵循不增加或减少成本、不增加或减少中转次数、行车线路短的原则。经过模型计算，可得出包含各枢纽发车时间点、用车需求、中转次数的最优方案，再结合实际可运行情况进行最终线路确定，如图 4-17。

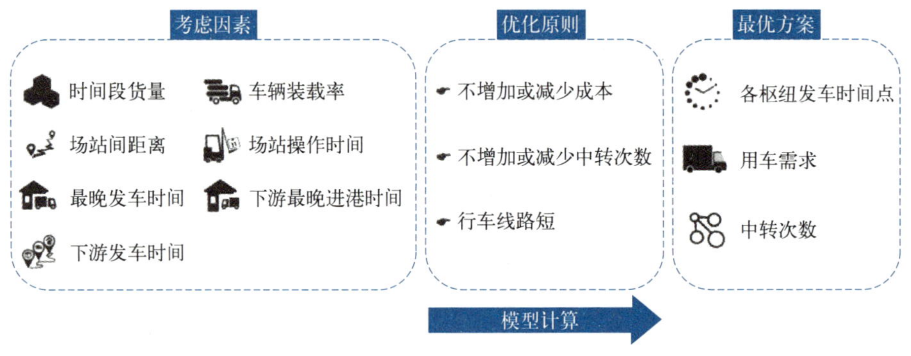

图 4-17　快件路由优化

3. 双网合并

随着企业规模的不断扩大，快递、零担企业的业务范围也不断扩大。快递和零担开始相互渗透，出现快递企业做零担、零担企业做快递的业务情景。加上主营业务产品对重量界限逐渐模糊，不少企业实行快递、零担双网合并。在零担与快递各自装载率不足的情况下，进行双网融合，调整路由，保证运输时效的同时降低空载率，减少车辆使用成本，如图 4-18。

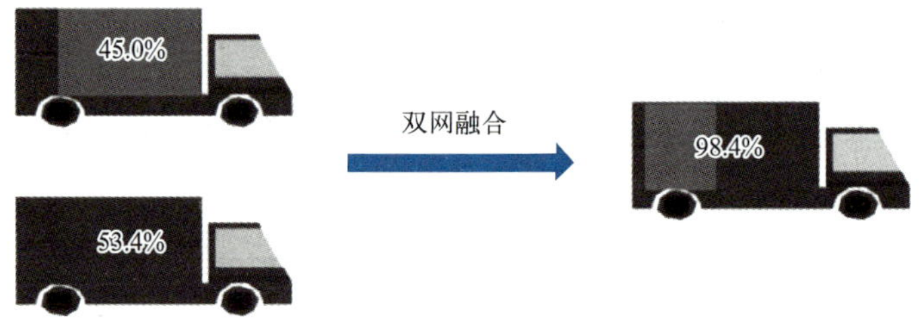

图 4-18　快递与零担运输网络融合

例如，某快递企业在重货的运作方面，将产品定位、支线短驳、分拨中转、干线运输各阶段进行拆分，分别搭建在原有快递网络的基础上并行运营。干线运输模块、重货干线跟着快递走货，不存在走货路径的差异，只存在装车顺序的区别，都按照隔日件路由走货，这与一般零担货运公司的干线运输方式无异，如图 4-19 所示。

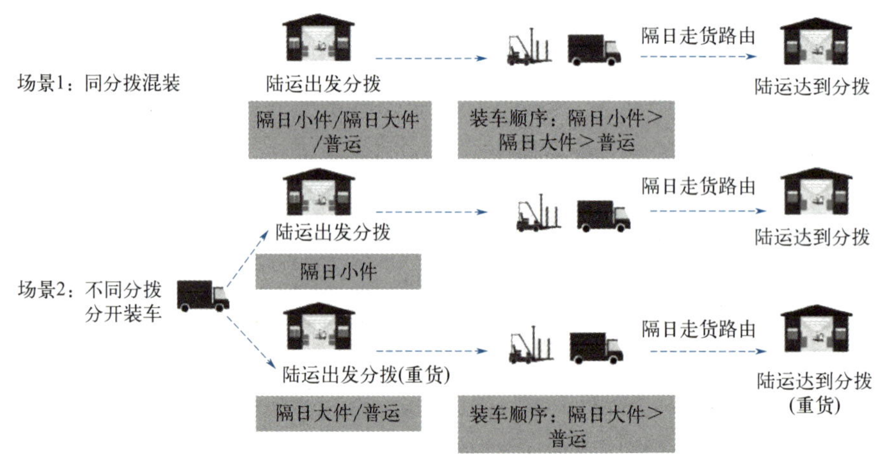

图 4-19　某快递企业重货与快递运输网络融合

实训项目四

1. 训练目标

通过对快递企业的区域中转场或分拨中心进行调研，进一步了解中转场对快件处理的流程。

2. 训练内容

中转场或分拨中心通常是按照地址编码来对快件进行分拣，长时间面对大量的数字容易让分拣人员产生视觉疲劳进而造成分拣差错，请设计一种标识，能让分拣员快速地识别，并不需要过多的思考，并对整个流程进行优化。（提示：颜色和数字是日常生活中最常见的事物，颜色的优点就是：可以显而易见地被识别，且某些颜色也能使人更加亢奋或者心态更平和。所以采用颜色来区分快递的送往区域是比较现实且高效的。心理学家对颜色与人的心理健康进行了研究。研究表明，在一般情况下，红色表示快乐、热情，它使人情绪热烈、饱满，激发爱的情感。黄色表示快乐、明亮，使人兴高采烈，充满喜悦之情。绿色表示和平，使人的心里有安定、恬静、温和之感。蓝色给人以安静、凉爽、舒适之感，使人心胸开朗。灰色使人感到郁闷、空虚。黑色使人感到庄严、沮丧和悲哀。白色使人有素雅、纯洁、轻快之感。德国科学家研究发现玫瑰色使人已经消沉或受到压抑的情绪振奋起来，粉红色使人感到愉快开朗，而选择橙色的人通常都非常热爱大自然并且渴望与自然浑然一体，他们喜欢户外活动，在林中漫步会让他们感觉到重生的力量。喜欢紫色的人总在努力做得更好，无论是在信仰、情感还是精神方面。他们渴望知识，热爱读书。喜欢黄色的人们很有生意头脑。他们想让别人知道他们受过良好的教育，想通过努力来获取成功。总之各种颜色都会给人的情绪带来一定的影响，使人的心理活动发生变化。）

3. 实施步骤

① 以 4 ～ 6 人小组为单位进行操作，并确定组长为主要负责人；

② 到当地所在的快递企业中转场或分拨中心进行实地调研，了解快件的主要处理流程；

③ 搜集资料，完成表 4-12；

表4-12　工作计划表

序号	工作名称	工作内容	工作要点	责任人	完成日期

笔记

④ 以颜色为标识，对当前分拨流程进行再造和优化并形成方案；
⑤ 整理资料，制作 PPT 进行汇报。

4. 检查评估

完成表 4-13。

表4-13　能力评估表

能力		自评（10%）	小组互评（30%）	教师评价（60%）	合计
专业能力（50 分）	快件处理流程描述的准确性（20 分）				
	快件分拨流程优化方案设计的合理和可行性（30 分）				
方法能力（50 分）	信息处理能力（10 分）				
	表达能力（10 分）				
	创新能力（20 分）				
	团体协作能力（10 分）				
综合评分					

思考与练习

1. 总包拆解的注意事项及方式有哪些？
2. 快件分拣的主要方式及其特点是什么？
3. 运输车辆封志的建立步骤是什么？

学习情境五 快件投递作业

学习目标

知识目标

① 了解快递投递的基本含义；

② 熟悉上门投递、箱递及站递快件投递方式及操作规范；

③ 掌握快件签收过程中的注意事项；

④ 掌握快件投递结算业务内容；

⑤ 掌握快件投递过程中常见的问题和解决方法；

⑥ 掌握快件派送路线的设计方法。

能力目标

① 能根据客户要求采用合理的快件投递方式；

② 能指导客户对快件进行签收；

③ 能根据运单上的信息确认是否为到付或代收货款；

④ 能对异常件和异常情况采取合理的应对方法；

⑤ 能结合快件的流向和派送区域合理设计派送路线。

素质目标

① 建立遵守交通法规、安全和高效的生产服务意识；

② 具备良好的沟通能力、责任意识及吃苦耐劳的工作作风。

案例导入 一件快递一份使命

“双十一”是快递行业最忙碌的时候。2021 年“双十一”期间，小强刚刚结束了一天的派送任务，还没吃晚饭，就接到其所负责区域的客户的电话，客户称他有个快递刚刚到达河南郑州分拨中心，里面是救急的药品，态度非常焦急，要求小强去分拣中心帮他找一下，尽快送过去。十一月份的郑州寒风刺骨，送了一天货的小强其实早已筋疲力尽了，但他一想到是客户救急的药品，是人命关天的大事，顾不上吃饭，连忙骑车前往市郊区的分拣中心。快递分拣中心快件很多，要在这些还没分拣的快递中找到一个小盒子谈何容易，在一个多小时以后，终于在上万件货物中找到了那个救命的包裹。随后他又骑车赶在晚上 12 点前将快递送到了客户家中。客户看到已经变成了“雪人”的小强，从怀中掏出一个未被风雪打湿的小盒子，他诚信服务的精神深深打动了客户。小强说：“不送这个快递，我少挣一块钱，这事很小，但是每一个快递背后，可能是一个家庭的期待，是一份沉甸甸的信任和重托，我不能辜负。”

干快递其实是很考验一个人诚信敬业精神的，因为不论刮风下雨还是酷日炎炎，都必须将每一个快递安全送达客户手中。作为一名年轻的 90 后快递员，小强一干就是 6 年，无论是面对恶劣天气还是客户的刁难，他都用微笑化解，他说既然选择了这份工作，那就要坚持。疫情防控期间，快递服务人员克服困难，及时复工复产，保证快件及时送达，保障居民防疫物资和生活必需品寄递服务。

问题与思考：

请同学们仔细阅读以上案例，通过查找资料，分析并绘制快递企业的快件投递的主要方式及流程。

学习单元一　快件上门投递

一、快件投递含义

快件投递是指快递服务组织通过快件揽投员将快件递送到收件人或其指定的地点并获得签收的过程。快件投递是体现整个快件服务质量的最为关键的一个环节，由快件揽投员直接和客户接触。能否准确、按时按照客户的要求送达客户手中或送达其指定的地点成为客户衡量快递企业服务的一个重要因素。

快件经过目的地所在区域中转场分拨，运达到区域点部，在区域点部内进一步将快件分拨给负责快件运单上目的地的投递员，由投递员完成最后一公里的递送任务。快件投递是快递服务的最后一个环节，具体工作包括：进行快件交接、选择派送路线、核实用户身份、确认付款方式、提醒客户签收、整理信息和交款等项工作。快件投递工作不仅是直接保证快件快速、准确、安全地送达客户的最后一环，也是同客户建立与维护良好关系的一个重要机会。

二、快件投递方式

快件投递方式应主要包括上门投递、投递至智能收投服务终端（箱递）、投递至快递服务站（站递）以及其他方式。 用户应在下单时选择投递方式，快递服务主体应按用户选择的投递方式提供投递服务。因客观因素无法按用户选择的方式投递的，快递员应与收件人协商解决。

三、快件上门投递

（一）快件上门投递服务流程

快件上门投递服务的基本流程如图 5-1 所示。

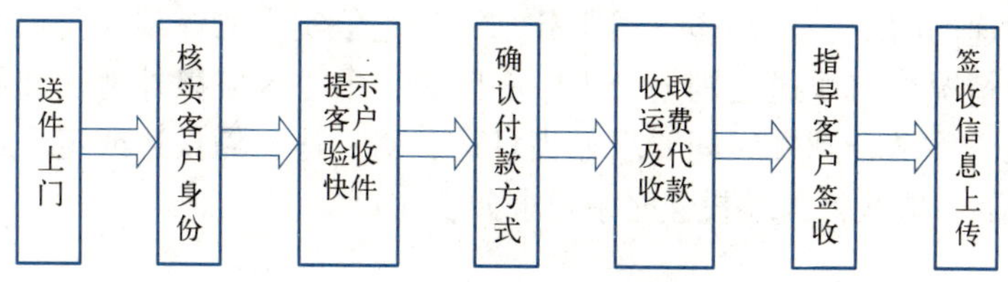

图 5-1　快件上门服务流程图

1. 送件上门

将快件按照派送顺序妥善捆扎，装载在运输工具上，安全送达收件客户所处的地点，确认收件人地址，运送过程中妥善保护好交通工具及快件。

2. 核实客户身份

为了保证派送正确，派件前要认真查看客户或客户委托签收人的有效身份证件，以核实客户身份。

3. 提示客户验收快件

投递快件时，应告知收件人当面验收快件，由收件人查看快件外包装，外包装完好的，收件人应接收快件。快递包装出现明显破损的，应告知收件人，收件人可以当面查看内件物品的外观或者拒收快件。快递服务主体与寄件人事先书面约定了收件人查看内件物品具体方式的，快递服务主体应在快递电子运单上以醒目方式注明，并在投递快件时履行约定。

收件人无法验收时，经收件人（寄件人）允许，可由其他人代为验收。代收时，快递员应核实代收人姓名和身份，并告知代收人代收责任。

4. 确认付款方式

确认到付款或代收款快件客户的具体付款方式。

5. 收取运费及代收款

向客户收取到付款或代收款等应收的款项，并向客户开具收款收据或发票。

6. 指导客户签收

打开手持终端，进入快件签收界面，指导客户在手持终端上签署姓名。

7. 签收信息上传

客户签收后，立即使用手持终端进行签收扫描并上传到企业信息系统。若采用电子签收方式，则请客户在手持终端上签字，然后上传企业信息系统。

8. 例外情况

用户选择上门投递，因不可抗力或客观因素无法上门投递的，快递员应与收件人协商解决，不应自行更换投递方式。快递服务主体应对上门投递快件提供至少2次免费投递，投递宜在8：00～20：00时间段进行。2次免费投递之间应间隔8h以上，与用户有约定的除外。

上门投递2次未能投交的快件，快递服务主体可与收件人约定采用延迟投递或者箱递、站递方式投递；收件人仍选择上门投递的，快递服务主体可收取额外费用，但应事先告知收件人收费标准。无法联系收件人的，可根据寄件人要求对快件进行处理。

（二）快件投递时限控制

快件投递的时效，是快递公司服务水平和竞争实力的体现。公司可根据网点分布和交通情况，将派送范围划分为中心区域、中心区域以外地区和偏远乡村三级派送区域，并结合到件时间要求如当日达、明日达、隔日达或定日达等控制快件派送时限，一般快件末端投递时限要求如表5-1。

表5-1　一般快件末端投递时限

序号	到件时间	派送时限
1	上午8点（含）前到件	中午12点（含）前派送完毕
		下午2点（含）前派送完毕
2	上午8点后至上午10点（含）前到件	下午2点（含）前派送完毕
		下午4点（含）前派送完毕

续表

序号	到件时间	派送时限
3	上午10点至下午1点（含）前到件	当日派送完毕
		次日中午12点（含）前派送完毕
4	下午1点后到件	次日中午12点（含）前派送完毕
		次日下午2点（含）前派送完毕
5	偏远地区	偏远乡村的派件时效需以书面的形式上报总公司客服部，由总公司审批。各公司须根据审批结果，按时派送快件

❖ 知识链接　某快递企业投递安全操作指导

为了防止快件被水湿、污染、火烧等造成损毁，防止快件在投递过程中被盗，防止因快件外包（袋）破损而丢失快件，防止派送夹带造成快件丢失，规范派送行为，快递企业都会针对投递操作环节制定相应的安全操作规范。

① 投递前外场交接员应与派送员清点快件单号、件数，检查包装情况，并进行书面记录。

② 司机单独送货的，将司机定义为派送人员，并做好清点、检查和记录。

③ 投递快件过程中须做到人和快件不得分开，尤其不得将快件包装放在摩托车上，以防被盗。

④ 收件人收件签字时，投递人员有义务提示收件人认真检查包装。

⑤ 快件签收是收件人本人的，在客户签收前派件人员应认真查看收件人身份证原件，并且要在运单存根上记录证件号码，经过收件人签字确认后方可放件。

⑥ 快件签收为代收的，投递人员应电话联系收件人，与其确认受托人的身份，记录确认内容，受托人姓名、电话号码、证件号码，并要求代收人员签字确认后方可放件。

⑦ 收件人有疑问，须当场开包检查核实。

⑧ 收件人如有异议，须当场提出书面异议或拒收，派件人员将该快件带回，并及时通知发件公司。

⑨ 只要收件人签字接收快件，而没有当面提出书面异议，则可认定快件完成正常移交。

⑩ 投递人员必须在送件当天将相关单据及账款送还给点部，并进行交接记录确认。

（三）快件揽投员作业规范

1. 快件投递前的检查及准备工作

投递前准备是指快件揽投员在派送快件出发前，为保证快件投递的时限，确保投递服务水平所做的一系列准备性工作。

2. 个人仪容仪表整理

快件揽投员的仪容仪表代表着公司的形象和风貌，因此揽投员在开展派送工作前应整理好着装，身着企业统一制服，佩戴工作牌，整理好个人仪容、仪表，

笔记

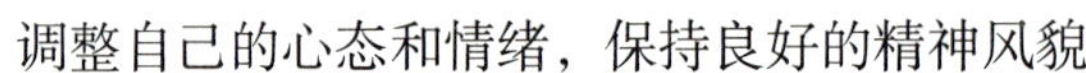
调整自己的心态和情绪，保持良好的精神风貌。

3. 运输工具及用品用具的检查

运输工具关系到派送人员的行车安全，证件、挎包、手机和纸笔等是做好派送工作的必备品，派送人员应在出发前检查运输工具和准备相关物品。

揽投员的运输工具主要有电动车、摩托车和汽车等，各类工具检查要点如表 5-2 所示：

表5-2　运输工具的检查事项

运输工具	检查事项
汽车的检查	外观——汽车外观有无破损、擦刷痕迹，车门是否能锁紧
	内部——车厢内是否清洁，有无异味
	行车安全——启动车辆是否正常，有无异味、异响，机械配件有无松动、损害
	内部零配件是否齐全、灵活
	配套汽车修理工具是否齐全
	相关行车证件是否备齐且在有效期内
摩托车的检查	检查有无漏油、漏气、漏电的现象
	检查汽油量是否充足，汽油箱盖、蓄电池盖、气门嘴盖是否严实
	检查灯光、喇叭、反光镜是否正常
	检查车辆启动是否正常
	检查相关证件是否备齐
电动车的检查	电瓶——电量是否充足，电池盒是否锁好
	变速车把——变速车把是否灵敏有效
	车胎——车胎是否足气且无磨
	配件——查看车链是否绞合，螺丝钉是否拧紧

4. 相关物品用具的准备

投递快件前应准备的用品用具包括快件搬运工具、派件辅助工具和移动扫描工具三类，派件人员应备齐以上物品并做好相关检查工作。

（1）快件搬运工具

主要检查手推车扶手是否完好，承重板面有无破裂变形，脚轮是否灵活。

（2）派件辅助工具

检查个人证件是否齐全，包括工作证、身份证、驾驶证和行车证。派件工作用具是否完备，如挎包、便携式电子秤、绑带、雨布雨具、笔纸和小刀等。

（3）移动扫描工具

主要是检查扫描枪电量是否充足、能否正确读取信息、能否连接操作系统。

5. 注意事项

① 避免派件过程中业务员因物料或工具短缺而无法正常工作。如投递到付或

笔记

代收款快件，收款时需要向客户出具收款收据或发票，如果没有携带相关票据，将影响派送工作的正常进行；收取到付款或营业额时，可能需要找零，如果不提前准备零钱，也可能会因无法找零而延误快件派送时间。

② 检查有无快件处理的相关要求和操作变更通知，作业系统有无版本升级或操作变动。检查手持终端，核对作业班次和时间。避免因不了解情况和手持终端出现故障而影响快件派送。

③ 办好交接手续，明确责任。快递业务员与处理人员交接快件时，当面核对数量，检查快件外包装、重量等有无异常情况。如发现异常情况，要将快件交由处理人员处理，交接双方在确认快件无误后，签字确认交接信息，明确责任。

④ 派件交接时，注意避免详情单脱落、详情单“派送存根联”缺失或粘贴不牢固的情况。发现详情单脱落、详情单“派送存根联”缺失的快件，交回处理人员处理；发现详情单粘贴不牢固的快件，用企业专用胶纸粘贴牢固后，按正常快件进行派送。

⑤ 派送交接时，注意详情单破损、字迹潦草模糊、收件人名址不详的快件。此类快件需在确认收件人的详细名址后进行派送。

⑥ 确保投递时限，降低投递服务成本。投递出发前合理设计派送路线，对快件进行整理排序。一方面可以节省派送时间，实现企业派送时限的服务承诺；另一方面可以减少交通工具的磨损和油耗，降低派送成本，提高企业经济效益。

（四）快件交接

1. 普通快件交接

将快件送达网点后，网点仓管员对快件按路段进行分拣，并与各派送路段的揽投员办理交接手续，如下：

（1）核对快件总数

核对一票多件快件的件数、代收货款的件数、到付款快件的件数。

（2）检查交接文件

检查交接文件外观有无破损，检查交接快件有无液体渗漏、受污染情况，检查运单是否脱落或者破损，检查收件人名址是否属于派送区域及是否具体明确。

（3）交接签字

在交接单上如实填写领件的单号、件数和时间等，并在交接单指定位置签名。

2. 特殊快件交接

（1）优先快件交接

派送交接时，对于优先快件进行单独交接，并单独存放，以保证揽投员及时掌握优先派送快件的信息。做好优先派送的计划与准备，保证优先派送，实现对客户的优先服务承诺。同时，对于优先的快件详情单信息、收件人名址进行核实，发现错分快件应及时退回处理人员进行重新分拣，以便及时安排派送。

（2）保价快件交接

保价快件通常具有高价值、易碎、对客户重要性高的特点，在交接时需特别注意。快递企业对保价快件有单独的收派及处理流程，而且快件流转的每个环节

笔记

都需交接双方签字确认。因此，保价快件派送时，一定要单独交接并逐件点验数量，查验快件外包装、保价封签及重量是否异常。查验内容主要包括：

① 检查快件外包装及保价封签。检查保价快件的外包装及保价封签是否完好，有无撕毁或重新粘贴的痕迹。检查快件外包装有无破损、开缝、挖洞、撬开、污染、水渍和沾湿等不良情况。外包装破损的快件有可能已导致内部部分或全部丢失、毁损；开缝、挖洞、撬开、保价封签撕毁或重新粘贴有可能是被盗的迹象；外包装污染可能已导致快件内部部分或全部价值损失。发现快件外包装及保价封签异常情况。应向处理人员及时反馈。

② 快件复重。保价快件交接时，处理人员与快递业务员会同进行称重，将重量异常的保价快件上报主管人员，必要时经主管人员同意，在监控下面，两人以上会同开拆外包装进行检查。

③ 易碎保价快件检查。易碎保价快件交接时通过摇晃、触摸灯方式查验快件的完好性，发现异常快件（如轻微摇晃听到异常声响），向处理人员反馈，将快件交与处理人员跟进处理。

3. 到付快件、代收货款快件交接

到付快件、代收货款快件因涉及向收件人收取相应的款项，存在一定的风险。一般情况下，快递企业规定此类快件交接时进行逐票分类检查，在派送路单（或称派送清单）中注明应收取的款项和金额，或制作专用的应收账款清单。为了避免错收款项，投递交接时，业务员要注意核对派送路单所注明的应收账款金额与快件详情单或其他收款单据所写的金额是否相符。如有金额不符的快件，交由点部仓管人员核实。

4. 详情单脱落“派送存根联”缺失快件的交接

网点仓管员分拣快件时，发现有详情单脱落或“派送存根联”缺失的快件时，应单独存放，与揽投员单独交谈。首先，揽投员协助仓管员在处理现场寻找有无脱落的详情单，如果寻到并能确认，将详情单粘贴牢固后，按正常流程进行派送；如果现场找不到脱落的详情单，应交回仓管员，仓管员通过与上一环节联系、对比等方式查询快件的详情单单号及相应的信息，填写企业专用的派送证明（图 5-2）并代替“派送存根联”，交给揽投员按正常流程进行派送。

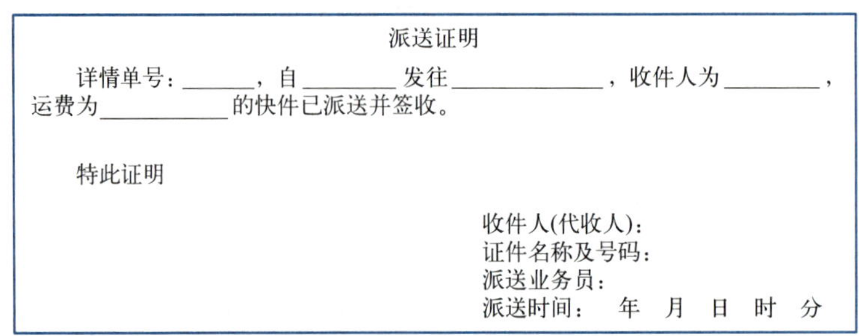
派送证明

详情单号：______，自________发往____________，收件人为________，运费为__________的快件已派送并签收。

特此证明

收件人(代收人)：
证件名称及号码：
派送业务员：
派送时间：　年　月　日　时　分

图 5-2　派送证明样例

5. 详情单书写潦草、模糊不清快件的交接

网点仓管员分拣快件时，发现详情单因书写潦草或涂改严重等原因造成字迹模糊，不能清晰辨认收件人名址、资费或代收款的快件应单独存放，与揽投员单独交接。利用快件单号，通过信息系统确认收件人及其他信息并批注在详情单上，交与揽投员按正常流程进行派送。

6. 收件人名址不详快件的交接

网点仓管员分拣快件时，发现名址不详的快件应单独存放，与揽投员单独交接。如果有收件人电话，与收件人联系，确认详细名址并在详情单空白处进行批注后按正常流程进行派送。如果有收件人电话，但电话无人接听，可先携带快件出发派件，途中连续拨打收件人电话，如能与收件人取得联系并确定详细名址，在详情单空白处进行批注按正常流程派送；无法取得联系时，作为问题件带回营业网点，交与指定处理人员，办理交接手续；无电话号码或因电话号码错误、停机等原因无法与收件人取得联系时，将快件直接交回处理人员跟进处理。

笔记

M5-1 扫一扫看微视频“快件投递”

学习单元二　箱递及站递作业

一、箱递作业

箱递是指将快件投递至智能收投服务终端。智能收投服务终端是指利用机械化、自动化、人工智能等技术完成快件收寄和投递服务的自助终端设备，主要有智能信包箱、智能快件箱、快递无人车、快递无人机等。

（一）智能信包箱

指应用信息技术控制与管理，通过密码验证、电子验证和其他身份识别方式进行操作，供用户接收邮件和快件的智能收投服务终端。

（二）智能快件箱

指应用信息技术控制与管理，通过密码验证、电子验证和其他身份识别方式进行操作，供快递服务主体收件、投递和用户交寄、提取快件的智能收投服务终端。

❖ 知识链接　智能信包箱

智能信包箱是新兴产品，如图 5-3 所示，它整合了传统信报箱和智能快件箱的全部功能，既可投取信函、报刊，又可投取快递包，对邮政、快递企业开放。住宅智能信包箱在快件包裹投递方面与智能快件箱的功能及使用流程均一致，但智能信包箱由于涉及邮政普遍服务，功能方面在智能快件箱的基础上增加了邮件投

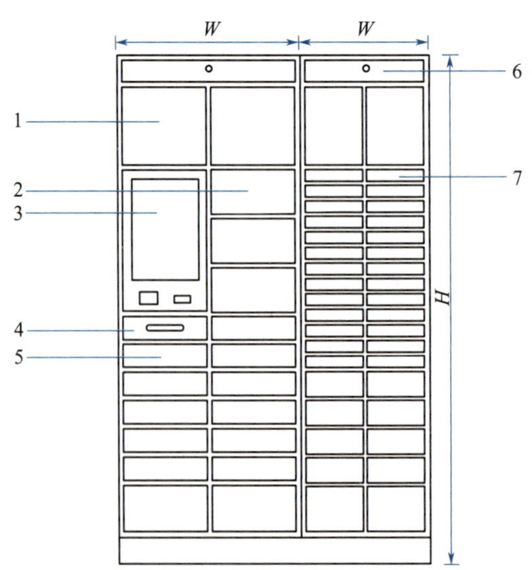

图 5-3　一般智能信包箱外形示意图

1—大型格口；2—中型格口；3—系统控制面板；4—退件格口；5—小型格口；6—应急检修槽；7—超小型格口；*H*—高度；*W*—宽度

笔记

递功能，可以说是智能快件箱的升级版。其投取件流程简约便捷，搭配多样化身份验证方式，具备智慧社区综合服务拓展能力，可有效解决投取时间差异化问题，为用户的财产、隐私及人身安全提供多重保障，推进邮政普遍服务与快递服务一体化和智能化。

一、智能信包箱的身份识别方式

智能信包箱的身份识别方式如表 5-3 所示：

表5-3　身份识别方式说明

身份识别方式	说明
密码验证	通过密码，进行身份验证，获取相应权限
电子验证	通过二维码扫码、手机 APP、IC 芯片卡等方式，进行身份识别，获取相应权限
生物识别	通过指纹、面部、虹膜、声纹等方式，进行身份识别，获取相应权限
其他方式	通过其他方式，进行身份识别，获取相应权限

二、箱体要求

① 住宅及住宅区智能信包箱的格口总数应大于或等于户数，政府机关、企事业单位、学校和医院等场所的智能信包箱的格口数量应满足邮件、快件投递的需要。

② 智能信包箱格口分为超小型格口、小型格口、中型格口和大型格口四类，格口高度可按需要调整，宜形成一定的倍数关系。格口内有效尺寸宜符合表 5-4 的规定，尺寸示意图见图 5-4，四种格口的设置比例应满足实际需要。

表5-4　格口内有效尺寸　　单位：mm

规格	宽	深	高
超小型格口	150 ～ 450	340 ～ 600	40 ～ 80
小型格口	300 ～ 450	400 ～ 600	80 ～ 110
中型格口	300 ～ 450	400 ～ 600	110 ～ 250
大型格口	300 ～ 450	400 ～ 600	≥ 250

注：超小型格口适用于信件的投递。

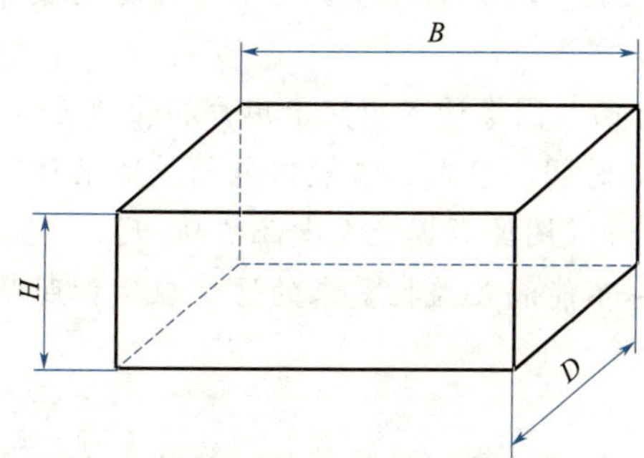

图 5-4　格口空间尺寸示意图

B—宽；D—深；H—高

笔记

三、格口代码

1. 代码结构

智能信包箱格口应具备唯一标识代码。格口代码由两部分组成，采用 2 位英文字母和 4 位阿拉伯数字组成，其结构见图 5-5。

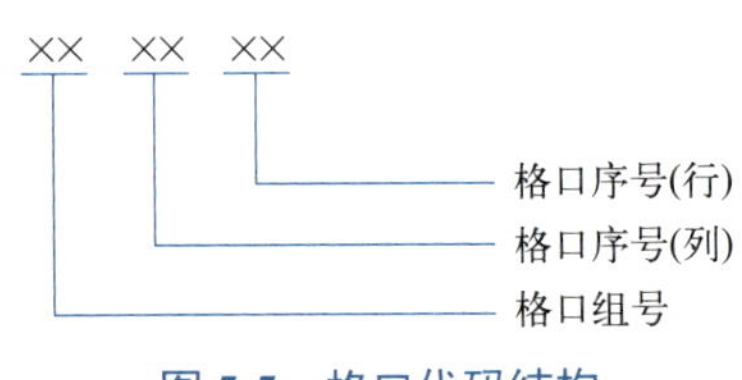

图 5-5　格口代码结构

2. 编码方法

如图 5-6 所示。

① 第 1、2 位表示格口所在一组智能信包箱箱体的组号。编号从左向右依次为 AA、AB 到 ZZ。

② 第 3、4 位表示格口所在该组智能信包箱箱体列号。编号从左向右依次为 01、02 到 99。

③ 第 5、6 位表示同一列格口每行的序号。从上至下依次为 01、02 到 99。

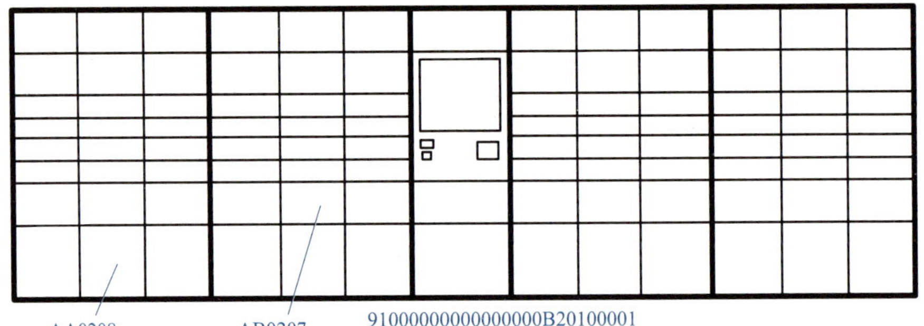

AA0208——AA组智能信包箱箱体的第02列第08行格口；AB0207——AB组智能信包箱箱体的第02列第07行格口

图 5-6　格口编码

四、操作安全要求

1. 邮件、快件安全

① 视频监控图像应能清晰辨别投递员、用户和其他操作人员的面部特征、操作过程和人员活动状况。

② 所有监控画面和回放图像均不应显示用户和管理员、投递员的操作密码。

③ 视频图像应叠加时间、日期、智能信包箱属地名称等信息，字符叠加不应影响图像记录效果。视频或图像数据应至少保留 90 天。

④ 在环境光照条件不能满足监控要求的区域应增加照明装置，图像回放应清晰可见。

2. 信息安全

① 信息系统应采取相应的防范措施保护邮件快件和用户个人信息，防止信息泄露。

笔记

② 各系统间的传输数据应选用安全可靠的密码算法进行加密传输，传输过程中数据应保密、完整和一致。

③ 当供电不正常、断电，系统的密钥信息及记录信息应正常保存。

④ 当网络中断时，智能信包箱应能在离线状态下安全正常工作，实现信息储存等功能；网络恢复后，控制单元应自动与管理平台实现数据同步。

M5-2 扫一扫看微视频《无人车投递》

（三）快递无人车

快递无人车是指具备在特定区域和道路上自动行驶功能，可实时监测周围环境，能正确识别和响应各种交通标志、标线、信号灯及障碍物等物体，可具备一定的网联通信功能，专门提供快件寄递服务的无人驾驶的、可载货的移动终端。

1. 快递无人车的技术要求

（1）环境要求

寄递无人车应在环境温度 -10 ～ 40℃、相对湿度 10% ～ 85%、公众电信网或专网覆盖范围内的封闭区域和城市道路上正常使用。其他使用环境由供需双方协商确定。

（2）尺寸要求

快递无人车尺寸要求如表 5-5 所示：

表5-5　快递无人车尺寸要求

项　　目	尺寸 /mm
整车长度 L	$1500 \leqslant L \leqslant 3000$
整车宽度 W	$900 \leqslant W \leqslant 1100$
整车高度 H	$1300 \leqslant H \leqslant 1650$

注：W 为除传感器外，厢体的横向尺寸；H 为除传感器外，厢体顶部至地面的距离。

（3）车速限制及续驶里程

寄递无人车设计速度应不大于 25km/h，行驶速度应按当地交通管理部门的规定执行。寄递无人车一次充电后，在城市道路行驶，最大装载续驶里程应不小于 80km；在封闭区域行驶，最大装载续驶里程应不小于 60km。

（4）整车质量及最大装载质量

寄递无人车的整车质量不超过 750kg，最大装载质量不超过 200kg。

（5）标识

寄递无人车厢体两侧应有统一标识，统一标识的组成、颜色和字体见图 5-7。

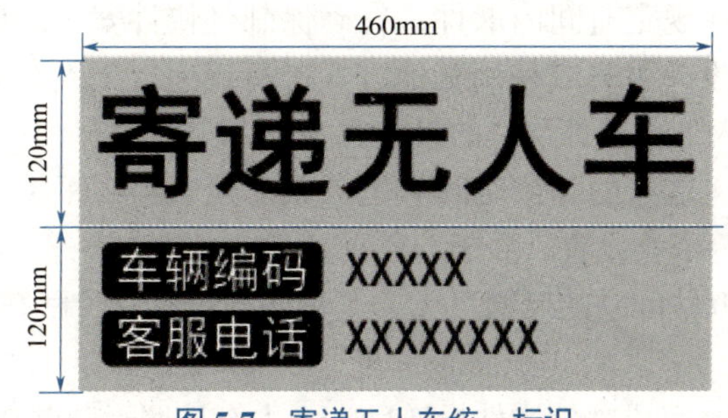

图 5-7　寄递无人车统一标识

笔记

① 标识组成：寄递无人车统一标识由“寄递无人车”字符、车辆编码和客服电话组成。

② 标识颜色：寄递无人车统一标识应采用与车辆外表颜色形成鲜明对比且可直观看到标识内容的颜色。

③ 企业标识：除统一标识外，寄递无人车厢体上可有企业标识等信息。

2. 无人车快件投递服务规范

无人车快件投递服务流程主要包括投递前、投递中、投递后、例外情况及信息交互。投递前工作包括车辆检查、邮件快件确认、与收件人沟通。投递中工作包括邮件快件检查及装载、无人车行驶、收件人取件。投递后工作包括无人车返程和车辆回收。各个环节应紧密配合，信息记录应完整准确，确保服务流程的安全性。

（1）投递前

① 车辆检查。开展邮件快件投递服务前，运营服务人员应对无人车进行检查，包括但不限于续驶里程、厢体状态等。

② 邮件快件确认。通过无人车运营管理平台确认邮件快件内容、时间、地点、气象条件等是否符合运营要求。应根据无人车厢体尺寸、装载能力、行驶速度等条件，对邮件快件进行筛选。超重、超限（超长、超宽、超高）、包装破损、易碎等邮件快件，不宜使用无人车进行投递。

③与收件人沟通。宜事先与收件人沟通，并与收件人就采用的投递方式达成一致，同时告知例外情况的处理方法。对于到付件，应与收件人沟通电子支付方式，达成一致，并由收件人完成支付后，向收件人发送取件码。

（2）投递中

① 邮件快件检查及装载。运营服务人员应检查邮件快件外包装是否完整、是否需要采取必要的防护措施，在确认邮件快件安全的前提下，将邮件快件装载到无人车上。

② 无人车行驶。无人车出发时应向收件人发送投递信息，包含但不限于车辆编码、投递地点、预计投递时间等。无人车按运营路线行驶，行驶过程中，无人车运营管理平台应监控车辆行驶状态，确保无人车行驶安全。

③ 收件人取件。

a. 根据无人车抵达投递地点时间，提前通知收件人取件，收件人可通过扫码、输入验证码等方式取件。无人车宜通过语音、操作屏提示等方式引导收件人完成取件操作流程。

b. 如收件人未在规定时间内取件，在确保邮件快件安全的前提下，宜重新开展无人车邮件快件投递服务或采用其他方式进行投递，无人车离开投递地点前应发送信息通知收件人下次邮件快件的投递方式。

c. 无人车在投递地点的等待时间宜由无人车运营组织根据承诺的寄递服务时限、交通拥堵程度等因素设置，并于取件前通知收件人。

d. 收件人关于取件问题的反馈，无人车运营组织应及时做好记录并妥善处理。

（3）投递后

① 无人车返程。完成邮件快件投递后，无人车按照运营路线返程。

笔记

② 车辆回收。无人车返回投递场所后，运营服务人员应完成以下操作。

a. 状态检查：对无人车外观、机构部件、续驶里程等进行检查。

b. 格口检查：根据邮件快件投递信息进行检查，确保无丢件及误取件的情况。

c. 邮件快件卸载：对投递两次未能投交的以及与收件人沟通采用其他投递方式的邮件快件，进行卸载。

d. 信息记录；对无人车投递过程中的视频监控数据、车辆状态数据进行记录存储，记录信息应保存 30 天以上。

e. 入库停放：将无人车停放至车位。

f. 车辆维护：对传感器等关键零部件进行清洁除尘等日常维护。

g. 充换电池：根据车辆续驶里程进行无人车充电或更换电池；充电应在充电区域采用专用充电装置，不应超负荷用电。

（4）例外情况。由于车辆故障、极端天气或人为破坏等原因，导致无人车在投递中无法行驶的，无人车宜通过声光等方式发出预警提示信息，并在无人车运营管理平台上进行提示。运营监控人员应采取必要的救助措施，避免对第三方的生命或财产安全造成威胁。无人车装载的邮件快件应予以及时处置，不应遗弃。

（5）信息交互。无人车运营组织应与寄递企业进行信息交互，包含但不限于：

a. 邮件快件信息：邮件快件单号、收件人姓名、联系方式、地址等。

b. 车辆信息：车辆编码、运营路线、实时位置、格口状态等。

c. 投递信息：投递地点、投递时间、投递状态等。

3. 快递无人车服务安全规范

无人车运营组织不应在未经批准的区域开展无人车邮件快件投递服务。

（1）人员安全要求

无人车运营组织在开展无人车邮件快件投递服务时，应满足以下要求：

a. 对无人车运营监控人员、维修人员、运营服务人员定期开展交通法规和安全培训；

b. 制定无人车操作流程，并对无人车运营监控人员、维修人员、运营服务人员进行安全操作培训；

c. 在无人车邮件快件投递场所设置必要的防护设施、安全标志及警示牌。

（2）快件安全要求

无人车运营组织应采取以下措施，确保邮件快件安全：

a. 制定邮件快件安全运输制度，强化人员培训管理等；

b. 在开展无人车邮件快件投递服务时，应确保邮件快件不裸露在外；

c. 应制定完备的监控制度，配备必要的监控设备。

（3）个人信息安全要求

无人车运营组织开展无人车邮件快件投递服务，应符合国家相关法律法规和《寄递服务用户个人信息安全管理规定》，保障用户个人信息安全。

M5-3 扫一扫看微视频《无人机投递》

（四）快递无人机

快递无人机指由遥控设备或自备程序控制装置操纵，提供快递服务的无人驾驶航空器，如图 5-8。

图 5-8　快递无人机示例图

1. 开展快递无人机投递服务的条件

（1）航线条件

开展无人机快递投递服务前，快递无人机运营组织应完成航线勘测，按照规定向当地空域管制单位或公安机关进行相关报审或报备且得到批准，并具备以下条件：

① 快递无人机运营组织航线规划应考虑多个因素，包括但不限于人口密度因素、道路因素、工程因素、电磁因素、通信因素、政策因素、地理因素、气候因素和任务因素等；

② 航线应为固定航线，对于两个点之间航线的规划宜有备份；

③ 应定期对航线进行检查，发现风险及时处理或重新规划航线，并报当地空域管制单位或公安机关批准。

（2）系统装备条件

开展无人机快递投递服务，快递无人机运营组织应具备快递无人机、控制站以及辅助设备等。

① 无人机设备应具备且不限于以下能力：

a. 符合相关管理规定和标准要求；

b. 无人机应具备安全闭锁装置，保障快件装载设备与无人机可靠连接，避免在飞行中发生快件装载设备脱落情况。

② 控制站具有实时监控、接收当地气象信息、提供导航精准定位、应急操作等能力。

③ 辅助设备满足以下要求：

a. 快件装载设备内应配有快件固定装置，具备防摔、防震动、防冲击等功能；

b. 宜配有经国家计量检定合格的重量和体积计量器具；

c. 宜配备手持终端等数据采集设备。

（3）人员条件

开展无人机快递投递服务，快递无人机运营组织应具备以下人员或条件：

① 快递无人机驾驶员，具备由民航管理部门及其授权单位签发的民用无人驾驶航空器系统驾驶员执照。采用分布式操作系统实现全自动控制无人机，没有无人机驾驶员参与整个运行投递任务的快递无人机运营组织，其分布式操作系统应

取得民航管理部门相关认可。

② 接收人员，具备快件接收等业务处理能力，由快递服务组织按照要求进行培训并考核合格。

③ 维修人员，具备专业知识和职业技能，能够进行无人机维修等相关操作。

④ 在确保安全的前提下，以上人员可以由一名符合资质条件的人员兼任。

（4）起降控制场条件

起降控制场宜通过系统或平台建设，实现对快递无人机的自动操作和管控。包含但不限于以下条件：

① 宜依托快递网点进行建设；

② 应远离民航航线起飞，不能降落在限高区和禁飞区；

③ 宜具备无人机、配件的存放和设备维修保养的空间条件；

④ 应具备良好的净空条件，满足无人机安全起降的隔离要求。

快递无人机运营组织应购买无人机运营第三者责任保险，降低无人机在运营过程中因事故可能对社会第三方造成的影响及损失。

2. 快递无人机快件投递服务规范

无人机快递投递服务流程主要包括服务前、服务中、服务后、例外情况、信息交互和服务评价。服务前工作包括快件选择和收件人沟通。服务中工作包括飞行前检查、快件装载、飞行准备、投递飞行、快件投递和备降。服务后工作包括返航飞行和设备回收。具体如图 5-9 所示。各个环节应紧密配合，信息记录完整，确保服务流程的安全性。

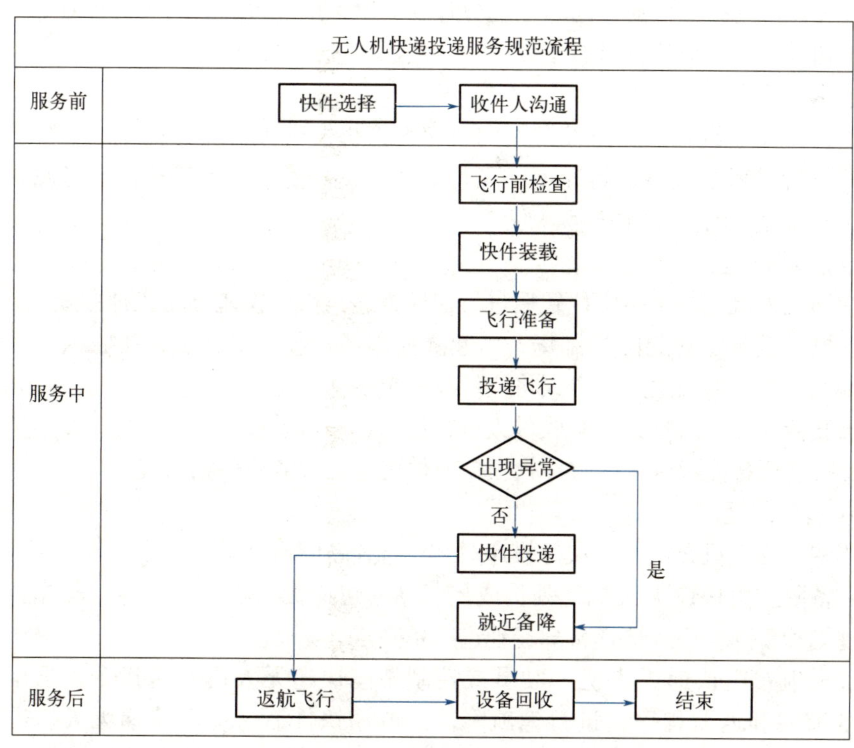

图 5-9　快递无人机投递服务规范流程图

笔记

（1）服务前

① 快件选择：挑选出可以使用无人机进行投递服务的快件，快件选择应严格遵守无人机安全运行要求，不应超负荷运行。

② 与收件人沟通：提供无人机快递投递服务，宜事先与收件人沟通，并与收件人就具体采用的投递方式达成一致，同时告知例外情况的处理方法。

（2）服务中

① 飞行前检查

a. 航前检查：检查结构系统、动力系统、航电系统、载荷系统等，确保状态良好。

b. 气象检查：检查起飞、降落点及航线天气状况是否满足无人机运行标准，确保天气条件适合实施飞行任务。

c. 配载检查：检查负载是否满足无人机重量和平衡限制。

② 快件装载

a. 对快件进行检查，确认快件外包装是否完整、是否需要采取必要的防护措施。

b. 在快件原有包装的基础上，按照快递无人机的装载要求完成减震防摔包装，并牢固固定在快件装载设备内，确保快件在整个飞行中的安全。

c. 确认天气条件和设备状态满足飞行要求后，将快件稳定紧固地装载到快递无人机上。

③ 飞行准备

a. 飞行计划：飞行前要向当地空域管制单位申报飞行当天的飞行计划。

b. 快件核对：对快件进行细致核对，确保快件信息准确。

④ 投递飞行

由快递无人机驾驶员或控制站向快递无人机发送飞行任务指令，飞行至指定位置。飞行过程中应对飞行速度、飞行高度、飞行姿态、天气条件、能源状态等进行实时监控，确保飞行安全。

⑤ 快件投递

快递无人机飞行至指定位置后进行快件投递，快件投递分为三种方式：

a. 投递至指定的起降控制场，由起降控制场接收人员接收，接收人员采用通知收件人自提、上门送达等方式将快件投递至收件人。

b. 直接投递至收件人，与收件人进行沟通，确认妥投。

c. 投递至智能快件箱，收件人根据取件信息在智能快件箱自提。

⑥ 备降或返航

当快递无人机无法完成快件投递时，可选择备降或返航。

a. 备降：由快递无人机驾驶员或控制站向快递无人机发送指令，根据预先设定的规则和备降程序，选择备降场地进行备降。

b. 返航：由快递无人机驾驶员或控制站向快递无人机发送指令，根据预先设定的航线和返航程序，进行返航降落。取回快件后，应对快递无人机进行检查，在确保其安全性的前提下，重新开展无人机快递投递服务或采用其他方式进行投递。

（3）服务后

快件接收后如发现问题，应及时做好记录并妥善处理。

① 返航飞行

快递无人机完成投递服务，根据预先设定的规则和航线进行返航飞行。

② 设备回收

快递无人机返回起降控制场后，应完成但不限于以下操作：

a. 状态检查：对无人机外观、机构部件、能源状态、发动机及发电机，载荷系统等进行检查，并对无人机进行清洁保养。

b. 信息记录：对无人机飞行过程中的天气状况、飞行姿态、飞行距离、飞行时长、能源损耗等信息进行记录，记录信息应保存 12 个月以上。

c. 入库储存：以人工或自动回收等方式将设备回收。

3. 快递无人机邮件快件投递服务安全

快递无人机运营组织应遵守国家相应的法律法规，不应在未经批准的禁飞区、限飞区以及保密地区开展无人机快递投递服务。

（1）人员安全

快递无人机运营组织宜采用包含但不限于在起降控制场树立标识牌和防护栏、定期安全培训、购买第三者责任险等方式降低人员安全隐患和风险。对于直接在起降控制场接收快件的收件人，应提前告知安全注意事项。

（2）快件安全

快递无人机运营组织应遵守国家相关规定，对快件安全负责，采取包含但不限于使用专用快件装载设备、制定快件安全运输制度、强化人员培训管理等措施确保快件安全。

（3）用户个人信息安全

快递无人机运营组织应遵守国家相关规定，对快件寄递用户及快件信息安全负责，不应泄露用户信息，或利用用户信息牟利。

（4）突发应急处置预案

快递无人机运营组织应制定无人机快递投递服务突发应急处置预案，针对可能发生的通信链路断开、导航信号丢失、电磁干扰等潜在风险制定相应的应急保障措施，定期组织人员按照预案进行演练，并记录演练情况上报邮政和民航管理部门。如出现重大事故，快递无人机运营组织应及时报送民航和邮政等管理部门。

（五）投递至智能收投服务终端的要求

按照约定采用箱递方式进行投递的，快递服务主体应将快件投递至约定的智能收投服务终端。没有约定具体智能收投服务终端的，按照就近原则将快件投递至智能收投服务终端。

① 未约定采用箱递方式进行投递的，快递服务主体应满足以下要求：

a. 上门投递变更为箱递的，应事先征得用户同意；

b. 没有约定且未经用户同意的，不应投递至智能收投服务终端；

c. 对经用户同意投递到智能收投服务终端的快件，快递服务主体应当进行标

笔记

记；智能收投服务终端不应接收未经标记的快件。

② 采用箱递方式进行投递的，快递服务主体还应满足以下要求：

a. 快件出现外包装明显破损、重量与快递电子运单记载明显不符等情况的，不应采用箱递，应选择其他方式投递；

b. 快递电子运单注明快件内件物品为生鲜产品、贵重物品的，不宜采用箱递；

c. 应及时通知收件人取出快件，告知收件人智能收投服务终端的名称、所在位置，以及快件编号、取件码、快递员联系方式、快件保管期限等信息；

d. 快件延误、损毁、内件短少的，收件人可以当场拒绝验收，并按照智能收投服务终端运营企业的提示将快件退回智能收投服务终端。

二、站递作业

站递是指将快件投递至快递服务站。快递服务站是为快递服务主体提供快件收寄、投递及其他相关服务的场所。

（一）快递服务站的类型和应满足的要求

1. 快递服务站的类型

快递服务站包括快递驿站、乡村服务站、快递超市、农村寄递物流综合服务站等。

① 快递驿站：快递包裹代收代寄的站点。主要的业务是提供快递寄取、代收业务，目前的快递驿站主要有社区快递驿站、学校快递驿站、乡村快递驿站几种。

② 乡村服务站：为乡村和村民提供服务的站点。如涉农企业、农民专业合作社、农业社会化服务组织、供销合作社、邮政物流企业、银行保险机构等，开展生产托管服务、技术服务、农民培训、金融服务，以及农产品保鲜、加工、包装、仓储、流通等服务。

③ 快递超市：随着经济的发展，有些快递驿站通过发展后的市场来转化流量，接入新零售、广告、本地生活服务等业务，转型成为社区一站式综合服务中心，也就是快递超市。

④ 农村寄递物流综合服务站：快递服务主体利用农村邮政、快递、供销、电商等资源或农村公共设施，提供快件收寄、投递服务的场所。

2. 快递服务站应满足的要求

① 至少设置接待区、快件存放区；

② 应在显著位置公示服务站名称、备案信息、服务时间、服务范围等内容；

③ 应配备必要的电子设备，与快递服务主体进行必要的信息交换；

④ 应配备消防、监控、报警等安全设备；

⑤ 宜配备快递包装回收装置。

（二）快件投递至快递服务站的要求

按照约定采用站递方式进行投递的，快递服务主体应将快件投递至约定的快递服务站。没有约定具体快递服务站的，按照就近原则将快件投递至快递服务站。

① 未约定采用站递方式进行投递的，快递服务主体满足以下要求：

a. 上门投递变更为站递的，应当事先征得用户同意；

b. 没有约定且未经用户同意的，不应投递至快递服务站；

c. 对经用户同意投递到快递服务站的快件，快递服务主体应当进行标记；服务站不得接收未经标记的快件。

② 采用站递方式进行投递的，快递服务主体还应满足以下要求：

a. 快递服务主体应与快递服务站开办企业签订协议，明确双方权利、义务和责任，不应利用服务协议、交易规则以及技术等手段进行不合理限制或者附加不合理条件；

b. 应及时通知收件人收取快件，告知收件人快递服务站的名称、所在位置、联系方式，以及快件编号等信息；

c. 收件人取件前，快递服务站应妥善保管快件，防止损坏或丢失；

d. 快递服务主体应为快递服务站提供快件编号、收件人姓名、地址、联系方式等必要的投递信息。

❖ 知识链接　快递驿站高拍仪出库操作

在快递投递场景中，除了快递自助取件柜和自助寄存柜，还有快递网点使用的快递出库一体机和快递取件终端，亦称之为“自助取件高拍仪”，如图 5-10 所示。不同于店员需要手动使用扫码器或手机对快递电子面单进行扫描，顾客只需要将要取的快件放置在自助取件高拍仪的秤盘上，自助取件高拍仪的摄像头能通过拍照和条形码扫描，自动识别电子面单信息，并完成出库登记和信息上传。

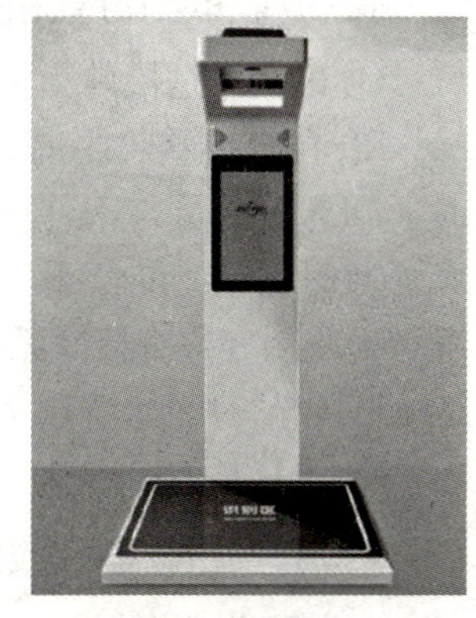

图 5-10　快递驿站高拍仪示例图

这种快递出库一体机和快递取件终端能加快取件速度，同时减轻快递驿站工作人员的工作量。以往需要两个人来完成扫码出库和找快件的工作，现在有了快递出库一体机和快递取件终端，可能只需一个人就能完成这两项工作，降低了驿站运营成本。无论是自助取件柜还是快递取件终端，都能为城市一刻钟便民生活圈提供便利。

快递物流专用高拍仪不仅可以通过扫描快件的一维条形码、二维码进行识别，还用上了射频识别技术对快件进行识别处理。

对于物流配送终端的快递站点和快递柜来讲，快递物流专用高拍仪则可以实现快速扫描和仓库进出功能。此外，它还具有人脸识别和自动拍摄等功能。这不仅能更高效地识别收件人身份和确认快递签收情况，还可实时将快递相关的取件、进出库等信息加载到系统中。彻底解决需要动手撕掉面单以及手机签收等繁琐工作，能实现快速取件并且还支持人脸识别取件和寄快递等。

目前，快递物流专用高拍仪已经广泛应用于国内多个城市的快递站点，相信今后它会在国内更为普及，提升快递物流行业的整体效率。

学习单元三　快件结算与投递异常情况处理

一、快件结算业务

快件结算业务是指到付款和代收款的收取。

（一）到付款和代收款的内容

1. 到付款

到付，是指寄件人与收件人达成共识，由收件人支付快递费用的方式。到付款指收件人所支付的快递费用，包括到付现金、到付记账、到付转第三方付款三种形式。

2. 代收款

代收款，是指快递公司与寄件人签订协议，寄件人通过快递公司发件时由快递公司代寄件人收取的款项，通常包括货款、税款、海关签贴费和商检费等。

（二）收取到付款和代收款的业务范围

① 确认派送快件为到付 / 代收款快件。

② 在客户签收之前，仔细核对快件货款大小写是否相符。如发现问题，应及时通知客服人员与寄件方联系确认，同时礼貌地给客人作出相关解释并致歉。如无法及时确认，应征得客户同意，表示在客户确认后第一时间送到。如有特殊情况可请收件客户直接联系寄件方协助处理。

③ 收款时当面清点金额、辨别真假。

④ 将货款及时上交公司财务。

（三）到付款与代收款交接

1. 整理收款资料

揽投员整理当班所投递快件的收款资料，备好当班收取的款项，包括现金和支票。

2. 出具交款清单

由财务人员向揽投员出具其本人当班负责派送区域内，应收取的到付款和代收款快件交款清单。交款清单内容包括快件详情单号、快件应收取的到付款和代收款、款汇总等。交款清单是财务人员向揽投员收款的依据。

3. 核对交款清单

将揽投员出具的交款清单应收款项逐一与快件收款资料的应收资费进行核对，如有差异，及时查清差异原因，进一步跟进处理。

4. 交款签字

按交款清单的款项总额移交现金和支票。移交支票时，需在交款清单中登记支票号码。款项移交完毕，核验无差错，交接双方在交款清单上签字。财务人员向揽投员开具收款票据，证明已接收款项。

笔记

（四）款项差异处理方法

到付款和代收款清单核对差异的处理方法：

① 由于揽投员造成营业款差异的，直接按照收款员交款清单移交营业款。

② 由于收款员汇总或录入人员录入差错造成营业款差异的，揽投员可申请延迟交款，待更正交款清单后再移交营业款。延迟交款需经部门负责人签字同意。

二、代收货款业务操作

（一）代收货款的操作流程

一般由发货方（卖方）指定快递企业，由其运送货物，将其交付给收货方（买方），快递企业替卖方向买方收取货款，并在一定的期限内将货款划转给卖方。

代收货款业务为商户解决电视、直播和网络购物交易中商品配送与资金结算不方便、不及时的难题，为买卖双方规避非面对面交易带来的信用风险。同时快递企业通过所收取的代收货款的间隔期，间接地实现了融资。代收货款是一种初级的物流金融服务。现代的代收货款业务将物流、资金流、信息流集于一体，让更多商户通过全国物流服务网络体系，享受以最快的速度回笼资金所带来的资金效率收益。随着目前我国电视、直播和网络购物的普及和快速发展，对代收货款服务的需求也越来越多，目前开设代收货款服务的快递企业非常多，事实上代收货款服务已经成为快递企业的一项常规性服务，其基本作业流程如图 5-11 所示：

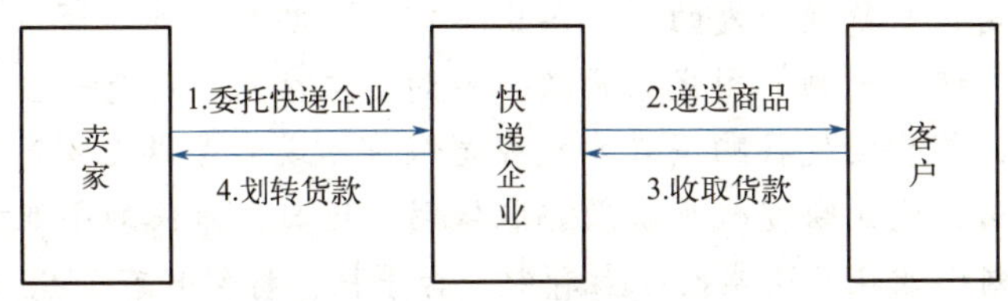

图 5-11　代收货款业务流程图

（二）代收货款操作注意事项

① 代收货款服务是指快递企业向发货方提供现有物流服务的基础上，同时提供代发货方向收货方收取货款的服务，该服务属于物流服务中的附加业务。

② 快递企业在提供代收货款服务的同时，向发货方收取一定的服务费。代收货款服务费的计算公式为：代收货款服务费 = 代收货款金额 × 服务费率。

M5-4 扫一扫看某快递企业《代收货款服务协议书（模板）》

③ 为了规避风险，发货方应与有合作基础的快递企业签订《代收货款服务协议》。发货方委托物流企业的代收货款的产品，需保证在其正规、合法的经营范围内。

④ 发货方委托物流企业代收货款的情况下，快递企业将货物交付给收货方并由其签收，收取后，应按照收款凭证或运单所载金额收回货款。

⑤ 操作要点：

a. 收货方在付款前，有权拆开包装检验，但仅限于货物外观及数量的检验并

笔记

视检，不提供任何形式的体验验货，包括手机不可插卡试用，服装、鞋类不可试穿，食品不可试尝等，收货方有权根据检验结果决定是否接受货物；

b. 如收货方在验货后决定拒绝接受货物或者拒绝付款，快递企业将货物运返发货方时，发货方不得以收货方曾拆开包装或检验为由拒绝收回货物，亦不得以此为由主张货物派送延误、毁损、丢失或交易失败而追究物流企业的任何责任。

⑥ 快递企业将收取的货款划转给发货方的时间间隔有以下几种形式。

a. 次周返款：第一周周一到周五所产生的代收款，于第二周周三结算；第一周周六到第二周周五产生的代收款，于第三周周三结算，依此类推。

b. 隔周返款：第一周周一到周五所产生的代收款，于第三周周三结算；第一周周六到第二周周五产生的代收款，于第四周周三结算，依此类推。

c. T+N 返款：每天产生的代收款，于签收后第 N 个工作日结算，依此类推。

快递企业根据返款周期提前将代收货款、代收货款服务费的账务明细发给发货方核对，发货方收到后两个工作日内没有提出书面异议的，视为确认，物流企业将剩余代收货款返还给发货方。如对费用存有争议，双方可先行结算其中没有争议的部分金额，其他金额待双方确认后再行结算。返还代收货款不存在利息的支付。

❖ 案例分析　快递企业代收货款骗局

随着物流行业的发展，由快递代收货款的现象已经成为行业内的潜规则。虽然快递代收货款方便了交易的进行，但是其中存在的一些弊端也成为不法分子眼中赚钱的工具。

由快递公司代收货款引发的乱象层出不穷。一些快递加盟商在经营困境时携货款玩失踪，快递公司则挪用代收货款，不向货主交款；还有一些快递公司先向商家支付货款，将货物发往购买者才发现是假货，或者是迟迟收不到货；还有一些假冒快递公司，利用快递代收货款骗取钱财。近日，市民刘小姐就遇到这样一件窝心的事。刘小姐在某同城网站上看中一台手机，标价只有 2680 元，还支持分期付款。于是刘小姐便与卖家联系交易事宜，定好首付 780 元，每月还款 152 元。卖家告诉刘小姐，公司在深圳，无法与刘小姐当面进行交易，需委托第三方快递公司作担保人，通过代收货款的方式进行交易。刘小姐虽然也听说过快递代收，不过之前都是下单时直接选择货到付款，在收到货后才当面交钱，而卖家让她先把首付款打给快递公司的情况她还是第一次碰到。卖家解释，分期付款的商品都是这种担保交易模式，签约的快递公司在各地区工商局都有备案可查，首付款是交给快递公司作为担保金的。于是刘小姐就向卖家的卡号汇去 800 元后联系对方发货，对方却称因付款金额与订单金额不符，导致财务无法登记进账，要求她重新正确支付订单上的 780 元后才能发货，并会将之前的 800 元退还给她。于是刘小姐又汇去了 780 元，卖家又让她先付 1100 元押金。一心想拿货的刘小姐再次掉入对方的圈套，前后三次付款 2680 元的她，此时连个手机的影子都没见到，再次跟快递公司交涉发货时，对方又找了借口让她继续汇款，这时刘小姐才惊觉自己被骗。

正规快递代收货款的流程是：消费者货到付款，快递业务员收取货款后汇集到营业网点汇总，之后向总公司交付，接着总公司将代收的货款转给商家；若为分期付款情况，则到货记账，月末结账，再缴清上期的货款。

因此，消费者需要有安全防护意识，切勿轻信网络上的信息，要仔细辨别信息的真伪。在该案例中李女士可以通过进一步查询“卖家”所提供快递公司的官网，了解其代收货款流程或直接联系快递企业客服以知真假。

三、快件投递异常情况及处理方式

在快件投递过程中会遇到各种各样的情况，致使投递服务无法完成，表 5-6 中列出了快件投递过程中几种常遇到的异常情况及其处理方式。

表5-6 快件派送常见异常情况及处理方式

序号	常见异常情况	处理方式
1	快件正常，客户不在或电话无法联系	通知公司客服人员联系寄件方确认收件人或联系方式，安排再次派送
2	快件正常，客户拒付或无钱	通知公司客服人员联系寄件方确认，或等通知安排再次派送
3	快件耗损，客户拒收、拒付	快件退回公司，等候协商处理
4	快件遗失	第一时间将遗失信息反馈给公司客服部，情节严重时可报警立案
5	客户索要收据或发票	如当时不能开给客户，应立即向客户道歉并承诺时间另行开出送达，请求客户谅解
6	客户需要验货、点数	尽量征得客户同意，验货及点数不能超出派件人员的时限，以保证货物的安全
7	运单填写内容有缺失，大小写金额不符或无货款金额	第一时间通知公司客服人员联系寄件方确认
8	客户拒收、拒付	退回公司妥善保管，等候处理
9	客户无理取闹或抢货	第一时间通知公司负责人并及时报警，等候处理，千万不能与客户发生争执和冲突

1. 客户搬迁、客户离职

揽投员将快件送达详情单指定的收件人地点，发现客户已经搬迁或客户离职时，处理办法如下。

如果客户在原址贴有搬迁通告或由他人告知具体详细的新址，且详情单上有收件人联系电话，应拨打收件人电话确认新址，填写改退贴纸或在详情单上进行批注，在改退贴纸的相应位置或详情单的批注处签署快递业务员的姓名或工号。如果新址在本人派送服务区内，应按正常派送流程及时完成该快件的派送，不能故意延误。如果新址不在本人派送的服务区内，需将快件带回营业网点并移交处理人员，办理交接手续。

如果原址有搬迁通告或由他人告知具体详细的新址，但无法与收件人联系进行确认，应填写改退贴纸或在详情单上进行批注，签署姓名后进行试派。试派时注意认真核查收件人的身份证等有效证件，并将证件类型及号码批注在详情单上。既无搬迁通告也无法与收件人取得联系的快件，在改退贴纸或详情单上批注快件无法派送的原因并签署姓名、工号，将快件带回营业网点并移交处理人员，办理交接手续。

若月结客户搬迁，业务员除完成上述操作外，还需将客户搬迁的相关信息告知营业网点负责人。

2. 客户外出

（1）个人快件

快递业务员派送快件到达客户处，发现客户因外出不能本人签收快件时，首先要根据详情单上收件人电话与客户进行联系，确定由他人代收还是再次派送。

（2）他人代收

如果客户指定他人代收，派件时需要认真检查核实代收人员的有效证件以确认代收人员的身份。不能让无关的人代收。代收人必须是有完全民事行为能力的自然人，即 18 周岁及以上并具有判断自己行为后果的能力及独立地处理个人事务的人。年满 16 周岁、不满 18 周岁的自然人，如果已经从事一定的职业，具有相对固定的经济收入，则法律认为他们已经具备有判断自己行为后果的能力及独立处理个人事务的能力。如由不具有完全民事行为能力的人（如儿童）代签收，可能会因为其不能及时妥善处理快件，造成快件丢失、损毁。

（3）再次派送

客户外出不能签收快件，经业务员与客户电话联系，客户没有指定由他人代收时，应与客户约定再次派送的时间。约定时间在本班次时间内，按约定时间派送。约定时间超出本班次工作时间范围，在详情单备注栏或改退贴纸上批注“客户外出，约定再派”及约好的下次派送时间，签署快递业务员姓名或工号，将快件带回营业网点交与处理人员跟进处理。

（4）单位快件

对于收件人为单位或单位内某一分支部门的快件，当派送时遇到放假，如果单位设置收发室且有收发值班人员值班，可以由收发员代签收。如果没有设置收发室或收发室无人值班，单位通知了收发快件的时间，按单位通告的时间再次免费派送快件。收发室无人值班且没有通告收发时间时，留下派送通知单，下一班次免费派送快件。

3. 客户拒收、拒付

（1）外包装破损

① 客户检查快件，发现外包装破损但没影响寄递物品的实际使用价值，客户愿意签收并不追究责任时，按正常快件派送。

② 因外包装破损导致内件损坏，客户拒绝签收时，首先向客户道歉，礼貌地向客户征求解决问题的意见。

a. 客户拒绝签收、拒绝支付运费和代收货款时，在详情单等有效单据上批注拒收、拒付的原因，如“外包装破损，客户拒收”“外包装破损，客户拒付运费和货款”；填写派件日期和时间；签署快递业务员姓名和工号。

笔记

b. 在派送记录单上填写外包装破损情况，请客户签字确认。

c. 进行问题件派件扫描或电话通知客户服务部门，将快件带回营业网点交与处理人员拍照登记，拍照内容包括外包装、填充物、损坏物，并按规定办理交接手续。

（2）内件不符

① 派送电子商务快件时，如果寄件人与快递企业签订协议，允许收件人先验货，再签收，快递业务员按协议要求提示客户验视快件。收件人验视无异议后，签收快件。如果客户验视，发现内件不符，拒绝签收快件，拒付代收货款，快递业务员在详情单等有效单据上批注拒收、拒付的原因，如“内件不符，客户拒收”“内件不符，客户拒付运费和货款”；填写派件日期和时间；签署快递业务员姓名或工号。

② 进行问题件派件扫描或电话通知客户服务部门。

③ 将快件带回营业网点交与处理人员处理。

（3）客户拒绝支付运费或代收货款并抢夺快件时的处理方法

① 业务员必须保持冷静，避免与客户发生冲突，不与客户争执，保证自身安全。

② 如经协商无法收回快件，须及时向派送处理点负责人通报情况，并尽快向客户服务部门备案说明。

③ 如客户暴力抢件，拨打 110 求助。

4. 快件丢失

① 立即上报营业网点负责人及客户服务部。如不知道丢失件单号，请营业网点负责人或客户服务人员查找丢失件单号。

② 在不影响其他快件安全和派送时效的情况下，应第一时间寻找丢失快件。

③ 当班次内如无法找回丢失的快件时，按时派送其他快件。

5. 突遇交通堵塞、交通事故

① 及时与营业网点主管人员和客户服务部门取得联系，报告突发事故的具体情况及所在位置的详细地址。

② 交通堵塞时，预计短时间内能通行，按原计划路线正常派送；如长时间不能通行，改走其他路线，需要向营业网点主管人员汇报。

③ 遇有交通事故不能继续完成派送任务时，第一时间报案并及时向营业网点主管人员及客户服务部门报告，保护好现场及快件；如有人员伤亡，拨打 120 急救电话求援；耐心等待交警及企业增援人员。

四、无着快件处理规定

快递服务主体应按《无法投递又无法退回快件管理规定》等相关规定对无着快件进行处理。

（1）快件无法投递的情形

① 收件人通信地址和联系方式不详或错误；

② 收件人死亡，且无合法权利继承人或代收人；

笔记

③ 收件人拒收快件或者拒付应付的费用；

④ 快件保管期届满收件人仍未领取；

⑤ 其他原因导致快件无法投递。

（2）快件无法投递又无法退回的情形

① 寄件人通信地址和联系方式不详或错误；

② 寄件人声明放弃；

③ 快件退回后寄件人拒收或者拒付应付的费用；

④ 快件保管期届满寄件人仍未领取。

快递企业应当安排专门场地对无法投递又无法退回快件进行保管，保管期限自无法投递又无法退回快件登记之日起不少于 1 年。

快递企业对无法投递又无法退回快件实施开拆处理时，应当由 2 名以上工作人员共同进行，并采用技术手段对开拆全过程实行监控，监控资料保存时间不少于 90 日。

实施开拆处理的工作人员，应当对快件的外包装和快件内的物品进行拍照，并对快件内的物品名称、性质、重量、特征等进行详细登记。快递企业能从拆出的物品中寻找到收件人或寄件人信息的，应继续尝试投递或退回。快递企业应当建立无法投递又无法退回快件的认领信息平台，将开拆快件所登记的相关信息进行公示，公示时间不少于 30 日。

快递企业在处理无法投递又无法退回快件时，发现货币和相关物品，按下列规定处理：

a. 人民币现金、金银饰品和外币兑换的人民币现金，国内现行有效邮票销售所得价款，以及其他各类可变卖物品交当地相关部门收购（变卖）所得价款，扣除无法投递又无法退回快件的处理费用和应付快递服务费用后，按照政府非税收入管理和国库集中收缴管理有关规定，上缴中央国库。

b. 存款单、存折、银行票据凭证应送交签发该单证的银行业金融机构的法人机构或外资银行的境内主报告行处理。

c. 户口迁移证、护照、居民身份证和其他证书、证件应送交证件制作机构或证件签发机构处理。

d. 其他不能变卖的物品，以及 a、b 项中因签发该单证或证书的机构撤销、调整而无法送交的单证或者证书，根据具体情况依法处理。

e. 对其中依法需要没收或者销毁的物品，应当立即向有关部门报告，并配合有关部门进行处理。

五、彻底延误时限

彻底延误时限分以下两种情况：同城快递服务为 3 个日历天，省内异地和省际快件为 7 个日历天。

六、签收回单

签收回单是指根据寄件人需求，在派送货物的同时，快递运单由收件人签字

笔记

或盖章后，将快递运单（回单）原件或照片返回寄件人的服务。有以下三种形式返回：

① 签收单原件，即提供回单原件及回单照片。

② 签收单照片，即提供回单照片。

③ 电子回单，上传回单文档或图片，可要求收件人实名签收，没有丢失风险且时效快。

签收回单属于增值服务，快递企业会在运费基础上加收一定的服务费，如每票 1 ～ 2 元。

七、投递状态分类

快递信息系统中快件的投递状态一般分为三类，分别是妥投、自助设备待取、投递未成功，其含义如表 5-7 所示：

表5-7　投递状态类型及含义

序号	投递状态类型	具体含义
1	妥投	邮政企业、代理邮政服务的企业或快递服务组织进行给据邮件或快件的投递，收件人或其指定的代收人签收后，邮件或快件所处的投递状态
2	自助设备待取	邮政企业、代理邮政服务的企业或快递服务组织将邮件或快件投递到自助服务设备，收件人尚未提取时邮件或快件所处的投递状态。（注：后续一旦收件人提取成功，邮件或快件的投递状态即视为妥投；若发生提取失败等情况，则视为投递未成功。）
3	投递未成功	除自助设备待取状态外，邮政企业、代理邮政服务的企业或快递服务组织进行邮件或快件投递时，收件人或其指定的代收人因某种原因未能进行签收，邮件或快件所处的投递状态

（一）妥投

快件妥投表示已经被签收，可以是本人签收，也可以是他人代收，所以需对妥投进行备注说明，如表 5-8。

表5-8　妥投状态备注说明

序号	分类名称	备注说明
1	本人收	
1.1	收件人收	收件人本人已经签收
1.2	其他	其他
2	代收	
2.1	他人代收	收件人指定的他人，已经代收件人签收
2.2	单位收发章收	单位收发室已经代收件人签收
2.3	物业管理处收	物业管理处已经代收件人签收
2.4	其他	其他

笔记

（二）投递未成功原因

快件投递未成功原因分为收件人原因、快件原因、派送方原因、不可抗力原因等大类，具体如表5-9所示：

表5-9　投递未成功原因及说明

序号	分类名称	备注说明
1	收件人原因	
1.1	地址不详或错误	收件人地址书写不够详细或者书写错误
1.2	无此收件人	地址书写正确但无此收件人
1.3	无人接收	快件送达时无人接收
1.4	收件人要求延迟派送	收件人要求延迟时间进行投递
1.5	收件人要求改址派送	收件人要求更改投递地址
1.6	收件人退货	收件人放弃购买
1.7	收件人拒收	收件人拒收快件
1.8	收件人要求自取	收件人要求自行提取
1.9	到付未达成	收件人拒绝付款，或付款未成功
1.1	代收未达成	代收货款金额不相符，或者收件人拒绝支付
1.11	其他	其他
2	快件原因	
2.1	包装破损	快件外包装破损，内件完好
2.2	内件破损	快件内件破损，无法投出
2.3	快件丢失	快件在运输或者投递过程中丢失
2.4	内件短少	快件内件数量少于发出数量
2.5	内件不符	快件内件与标注不符
2.6	快件污染	快件被污染，无法投出
2.7	质量不符	快件内件质量与宣传不符
2.8	禁限物品	国家法律法规禁止和限制寄递的物品
2.9	快件超区	收件人地址超出派送范围
2.1	其他	其他
3	派送方原因	
3.1	单货问题	有单无货或有货无单
3.2	内部错误	分拣、投递错误
3.3	其他	其他
4	不可抗力原因	

续表

笔记

序号	分类名称	备注说明
4.1	自然灾害	如台风、洪水、冰雹
4.2	政府行为	如证据保全措施
4.3	社会异常事件	如公共卫生事件、公共安全事件
4.4	其他	其他

（三）投递未成功下一步动作

如果快件投递未成功应采取积极的措施，具体如表 5-10 所示：

表5-10 投递未成功下一步动作

序号	分类名称	说明
1	再投	再次安排投递
2	与收件人联系	与收件人保持联系
3	与寄件人联系	已与寄件人联系，正在等待答复
4	退回寄件人	应寄件人要求或相关规定，退回寄件人
5	改寄	应寄件人要求，修改收件人地址，重新进行寄递
6	留存候取	等待收件人提取
7	转无着处理	转为无着快件进行处理
8	转第三方投递	转邮政企业或者其他快递服务组织进行投递
9	等待重新发货	等待重新发货，然后安排投递
10	其他	其他

学习单元四　投递路线设计

一、投递路线设计的意义

合理设计派送路线，一方面有利于满足快件的时效要求，实现派送承诺；另一方面节省业务员行驶和派送时间，可以减轻业务员的劳动强度，提高业务员劳动效率；同时，减少空白里程，减少车辆损耗，节省派送运输成本。因此，在派送前进行派送路线的合理设计具有重要的意义。

派送路线设计主要是整合影响派送运输的各种因素，根据现有的运输工具及道路状况，对派送路线做出选择，及时、安全、方便、经济地将快件准确送达客户手中。

收派员应当根据自己的服务区域，按照最佳投递路线将快件按序整理装车，投递前，收派员应当电话联系收件人，确认客户地址并且预约投递时间。

二、投递路线设计的原则

1. 优先投递优先快件

优先投递的快件主要包括以下三种类型。

（1）时限要求高的快件

如有限时送达要求，需要优先投递。限时快递是快递企业承诺在约定时间点之前，将快件送达客户的快递服务，如限时送达生日礼物、结婚贺礼等。

（2）客户明确要求在规定时间内投递的快件

如等通知投递的快件，需要在客户要求的时间完成投递。等通知派送的快件是根据寄件客户的要求，快件到达目的地后暂不派送，待寄件客户通知后才安排派送的快件。对于等通知派送的快件，客户通知派送时，一般情况下，派送时限要求较高，必须在客户要求的时间完成派送。

（3）二次投递的快件

首次投递不成功的快件，因为快递揽投员在给客户留写派送通知单或与客户电话联系时，约定了第二次投递的具体时间，所以成为时限要求较高的快件，应安排优先投递。

2. 优先投递保价快件

对于客户来说，保价快件一般具有价值高、重要性比较强等特点。保价快件一旦丢失，会给快递企业和客户带来巨大的损失。快递业务员携带保价快件路上行走时间越长，快件丢失或损毁可能性越大。为了降低风险，在不影响其他快件派送时，优先派送保价快件。

3. 先重后轻，先大后小

由于重件或体积大的快件的装卸搬运劳动强度大，优先派送既可减轻全程派件的作业难度，也可减少车辆磨损和能耗。

4. 减少空包里程

空包里程是指完成当班次所有快件的派送行走路线的实际距离减去能够完成所有快件派送的有效距离。空包里程的产生不仅增加了运输服务成本和业务员的劳动时间、劳动强度，还影响快件的派送时限。为了减少空包里程，需要做好以下几个方面的工作：

① 业务员应熟悉掌握派送段内每路段、街道所包含的门牌号。如派送段内包括商城、学校、超市等场所，需要了解其布局，确保能以最短距离到达客户处。

② 快件排序时，注意将同一客户的多票快件排在一起，一次派送。

③ 对于同一派送段，应掌握多条派送路线，选择最短的路径进行派送。

④ 及时掌握派送段内的交通和路况信息，避免因交通管制或道路维修而绕路，增加空白里程。

三、投递路线结构

投递路线主要结构形式有三种：辐射型、环形和混合型。

1. 辐射型路线

辐射型路线是指从营业网点出发，走直线或者曲折线的路线（图 5-12）。这种路线的优点为运行简单，适于客户分散、派送路程远的情况。缺点为往返程多为空车行驶，里程利用率低。

2. 环形路线

环形路线是指揽投员从营业网点出发单向行驶，绕行一周，途中经过各派件客户所处的地点，回到出发的营业网点的路线（图 5-13）。环形路线适合于商业集中区、专业批发市场等客户较为集中的派送段投递路线的设计。环形路线的优点为不走重复路线，缺点为快件送到最后几个投递点的时间较长。

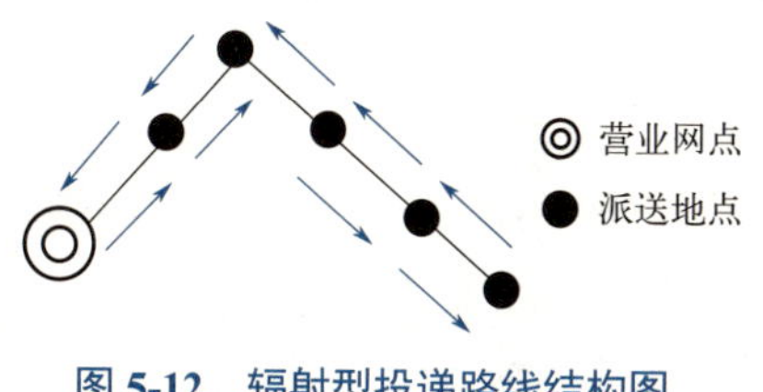

图 5-12　辐射型投递路线结构图

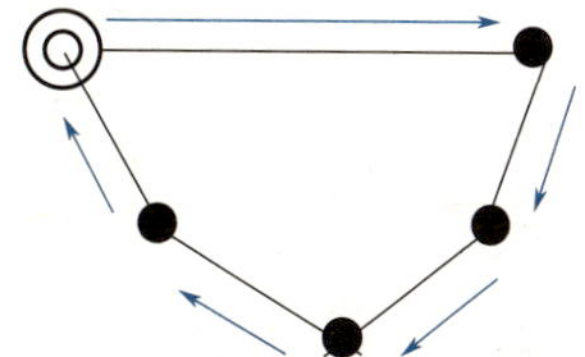

图 5-13　环形投递路线结构图

3. 混合型路线

混合型路线是指包含辐射型和环型两种结构形式的路线，混合型路线适合于商住混杂区，设计时要综合考虑里程利用率和派送时效。

四、设计投递路线时要考虑的影响因素

在快件投递路线设计的过程中，影响投递效果的因素很多，主要包括以下三个方面。

① 时限因素。时限要求较高的快件优先设计，优先派送。

笔记

② 动态因素。如天气、车流量变化、道路施工、客户更址、车辆变动等。

③ 静态因素。如客户的分布区域、道路交通网络、建筑楼群布局等。

各种因素互相影响，很容易造成派送不及时、派送路径选择不当、延误客户收件时间等问题。因此，设计派送路线时要综合考虑影响派送运输的动、静态各种因素，以满足快件时效要求，实现服务承诺，同时要满足安全派送、降低成本、提高效益的派送要求。

五、投递路线设计的方法

1. 传统经验组织法

（1）单侧行走

单侧行走是指投递快件时靠路的一侧行走。适用情况：街道较宽，房屋集中，派送数量多而行人、车辆稠密的街道。

（2）“之”字型行走

“之”字型行走是指投递快件时沿路的两侧穿梭行走。适用情况：街道狭窄，派件数量少，行人、车辆也稀少的街道。

（3）单侧行走与“之”字型行走相结合

这种走法适用于有明显不同派送段的街道。

2. 运筹选择法

运筹选择法是运用运筹学的相关原理，在设计派送路线时，选择合理的派送路线，以加快快件派送速度，并合理节约人力。常用的方法是最短路径设计法。

3. 导航系统规划法

采用 PC 机导航软件和移动终端中的导航 APP，按照要求设置好途经点地址、车辆起点和终点、车辆途经点数量以及途经点的投递的优先级，点击开始规划线路，系统会自动计算出时间最短的路线、距离最短的路线等，揽投员可依据需求进行选择，精准预估时间与路程，实时标记到达状态。

实训项目五

1. 训练目标

掌握快件派送的基本业务流程。

2. 训练内容

根据快件派送的业务流程进行分角色模拟操作（表 5-11）。

表5-11　快件派送的业务流程

序号	流程活动	流程活动说明
1	派前准备	准备好需要使用的操作设备、单证等
2	快件交接	领取属于自身派送范围的快件，当面确认件数
3	检查快件	逐个检查快件，如有异常将异常件交回处理人员
4	快件登单	通过手工或系统，对交接的快件完成派件清单的制作
5	快件排序	根据快件派送段地理位置、交通状况、时效要求等合理安排派送顺序
6	送件上门	将快件安全送达客户要求的地点
7	核实身份	查看客户或客户委托的签收人的有效身份证件
8	提示客户检查快件	将快件交给客户进行检查
9	确认付款方式	确认到付快件的具体付款方式
10	收取资费及代收款	向客户收取到付资费及代收款业务
11	指导客户签收	指导客户在客户签字栏签全名
12	信息上传	客户签收后，立即使用扫描设备做派件扫描
13	返回快件处理点	妥善放置无法派送的快件
14	运单及未投递快件的交接	清点已派送快件的运单、无法派送的快件数量，核对与派送时领取的快件数量是否一致
15	信息录入	将已派送快件的相应信息准确、完整、及时地录入系统
16	交款	将当天收取的款项交给派送处理点的相应处理人员

3. 实施步骤

（1）3 到 4 人一组，分别扮演点部收款员、揽投员、客户 A 和客户 B 的角色；

（2）两票货物分别派送给客户 A 和客户 B，客户 A 需要代收货款，客户 B 发现货物外包装破损，拒收货物，针对以上两种情况，分组进行模拟练习；

（3）组织展开讨论，在模拟过程中的处理方式是否得当；

4. 检查评估

完成表 5-12。

表5-12　能力评估表

能力	自评（10%）	小组互评（30%）	教师评价（60%）	合计
业务流程操作的准确性（30 分）				
信息处理能力（10 分）				
表达能力（20 分）				
创新能力（10 分）				
应变能力（30 分）				
综合评分				

技能训练

派送员驾驶快递专用电动三轮车派送快件，要求必须遵守交通规则，各道路行驶方向如图所示，不允许逆行。请你挑选出非派送区域快件，放置于“退件区”内，同时合理规划派送路线，在图 5-14 中绘出派送路线图。

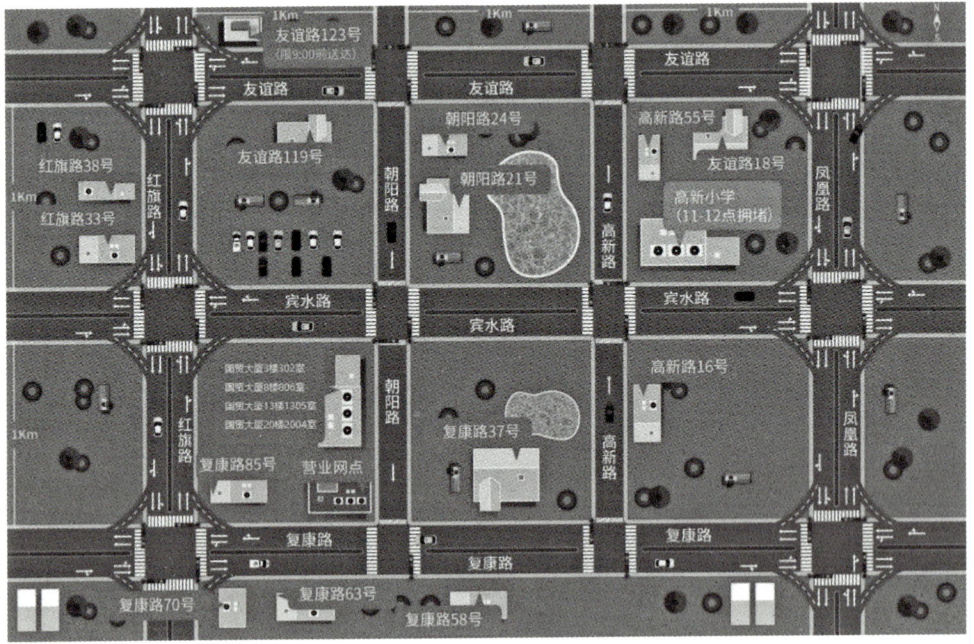

图 5-14　派送区域图

说明：

1. 营业网点在复康路，标志为营业网点，面向复康路与朝阳路交叉口。

2. 派送员与营业网点处理人员交接所有快件，于 8：30 离开营业网点开始派

笔记

件（途中不再返回网点取件），当班次结束后返回营业网点。

3. 计算机上给出的区域为派送区域，也可见桌面上摆放打印的派送区域图。

4. 根据以往数据统计，每派送一票快件的时间为 5 ～ 6 分钟，快递专用电动三轮车时速不超过 15km，等待红绿灯时间忽略不计，街区距离见派送区域图标注。

5. 收件人地址信息可通过快递详情单了解，也可见计算机上的派送区域图中标注。

6. 省去寄件人信息、寄递物品信息、收件人姓名及联系电话，只保留快递运单号、快件重量和收件人地址信息。

7. 备注：①友谊路 119 号为商场，9：00 以后开门；②国贸大厦 3 楼 302 室为到付件，经联系客户需要，要求 10：28 之前送达。

8. 其他未说明的情况，按照正常情况处理。

思考与练习

1. 快件投递前的准备工作包括哪些？
2. 快件投递的主要方式有哪些？
3. 快件上门投递的基本作业流程是什么？
4. 常见的快件投递异常情况及其处理方式有哪些？

学习情境六

快递服务合同与赔偿

学习目标

知识目标

① 了解快递服务合同的含义及形式；

② 掌握快递赔偿的主要条件；

③ 熟悉快递服务合同的主要条款及内容；

④ 熟悉快递纠纷的处理方式；

⑤ 熟悉快递保价的含义及范围。

能力目标

① 会依据快递服务合同履行自身的权利和义务；

② 能根据快件纠纷的类型完成对客户的赔偿；

③ 能判断快件是否在保价范围内并计算保价费。

素质目标

① 具备严谨、细致的服务意识；

② 树立契约精神和风险意识。

案例导入

邮寄快递未保价，物品丢失引纠纷，损失该由谁来赔？

随着电子商务的高速发展，快递运输俨然成为普通百姓和各类市场主体日常生活、生产经营的一个必选项。在每日数以亿计的快件中，由于快递公司及其工作人员的工作程序不规范，快递损毁、丢失等现象时有发生，那么由此导致的损失该由谁来承担呢？王某就遇到了这方面的困扰。

1. 案例背景

王某经营一家母婴店，日常经营一些母婴用品、化妆品等。化妆品厂家曾承诺王某如果经营的化妆品出现滞销的情况，厂家可以回收。2023 年 8 月 30 日，王某通过手机 APP 向某快递企业下单将滞销的 10 盒化妆品打包邮寄回厂家，并为该笔运单支付运费 55 元，但未对邮寄物品进行保价。2023 年 9 月 1 日，被告快递公司的业务员上门揽收快递，让她没有想到的是，快递寄出后化妆品厂家迟迟没有收到物品，经王某查询运单详情后发现快递丢失。王某第一时间与快递公司协商，要求赔偿其经济损失 15598 元，但快递公司声称因王某并未对邮寄的快递进行保价，按照《邮政法》的规定，遗失的快递应按照实际损失赔偿，最高赔偿金额不超过所收取资费的 3 倍。后双方就赔偿金额多次协商未果，故王某将快递公司诉至平安区人民法院。

2. 寄递要点提醒

随着我国快递行业的快速发展，通过快递的方式加强货物之间的快速流通成为我们日常生活的必备选择。邮寄物品时应选择正规的快递公司，如实填写快递单据并明确寄递物品的性质，表明物品价值；在交寄贵重物品或易损坏物品时，务必事先作出明确声明，并且在邮递时尽量进行保价；注意保管好包括快递公司签发的票据以及保价单等相关货运凭证来维护自身权益。

问题与思考：

1. 发生快递业务纠纷时，作为消费者可采取的措施有哪些？

2. 什么是快递保价？什么情况下应办理快递保价？

学习单元一　快递服务合同订立与履行

一、快递服务合同的概述

（一）快递服务合同的概念

快递服务合同是寄件人（投递人）与快递服务组织之间订立的关于快递服务活动中双方权利义务关系的协议。

寄件前，快递服务主体应与寄件人订立服务合同，服务合同可以“快递运单＋服务协议”的形式呈现。快递电子运单应采取虚拟安全号码、隐私面单等技术措施保护用户个人信息。

（二）快递服务合同的主要内容

快递服务合同应包括快件编号、快递服务主体信息、目的地信息、收件人/寄件人信息、内件信息、业务信息、快递服务费用和服务协议。服务协议应满足以下要求：

① 条款应符合法律规定，体现公平、公正的原则，文字表述应真实、简洁、易懂。

② 内容应包括：用户和快递服务组织双方权利与责任；用户个人信息处理方式；快递服务承诺事项、履行方式和完成标准；包装产品和方式选择，包装义务、履行方式和完成标准；查询方式与期限；用户和快递服务组织产生争议后的解决途径；赔偿的有关规定；其他约定信息。

③ 对免除或减轻快递服务主体责任及涉及快件损失赔偿等与对方有重大利害关系的条款，应予以特别说明并以醒目的方式提醒寄件人阅知。

④ 应置于快递服务主体网站及软件、小程序等系统中的醒目位置；或以营业场所实物张贴、当面提供等醒目方式，显著提示寄件人阅知、保存，供查询、追溯等使用。

M6-1 扫一扫看某快递企业大客户快递服务协议

⑤ 服务协议修改应征得用户明示同意，用户未明示同意的应按原服务协议履行权利义务；快递服务主体应当保留服务协议历史版本，保证用户便利、完整查阅和下载。

（三）快递服务合同的法律特征

快递服务合同在性质上属于货运合同的一种。所谓货运合同是指托运人与承运人之间缔结的，以承运人将约定货物从起运地点运输到约定地点并交付给收货人的合同。快递服务合同和货运合同在性质上有相同之处，但由于快递服务的特殊性质，快递服务合同具有以下法律特征。

笔记

1. 快递服务组织必须是已获得快递服务经营许可的企业法人

《中华人民共和国民法典》（简称《民法典》）第一百四十三条："当事人订立合同，应当具有相应的民事权利能力和民事行为能力。当事人依法可以委托代理人订立合同。"作为快递服务组织必须具备从事快递服务的资格，必须取得从事快递服务的营业许可，这是国家对快递服务组织的行政管理要求。《中华人民共和国邮政法》第五十二条规定，申请快递业务经营许可，应当具备的条件之一是符合企业法人条件。《快递市场管理办法》第九条规定："国家对快递业务实行经营许可制度。经营快递业务，应当依照《中华人民共和国邮政法》的规定，向邮政管理部门提出申请，取得快递业务经营许可；未经许可，任何单位和个人不得经营快递业务。"因此，在我国，快递服务组织应当是在工商行政管理机关登记，已取得快递服务经营许可的企业法人，个人不得独立对外经营快递业务。

◆ 知识链接　经营快递业务应具备的条件

根据《中华人民共和国邮政法》第五十二条和《快递业务经营许可管理办法》第六条的有关规定，申请经营快递业务应具备下列条件：

① 符合企业法人条件；

② 在省、自治区、直辖市范围内经营的，注册资本不低于人民币五十万元，跨省、自治区、直辖市经营的，注册资本不低于人民币一百万元，经营国际快递业务的，注册资本不低于人民币二百万元；

③ 与申请经营的地域范围相适应的服务能力；

④ 有严格的服务质量管理制度，包括服务承诺、服务项目、服务价格、服务地域、赔偿办法、投诉受理办法等，有完备的业务操作规范，包括收寄验视、分拣运输、派送投递、业务查询等制度；

⑤ 有健全的安全保障制度和措施，包括保障寄递安全、快递服务人员和用户人身安全、用户信息安全的制度，符合国家标准的各项安全措施，开办代收货款业务的，应当以自营方式提供代收货款服务，具备完善的风险控制措施和资金结算系统，并明确与委托方和收件人之间的权利、义务；

⑥ 法律、行政法规规定的其他条件。

2. 快递服务合同的标的是快递服务组织的快递服务

快递服务要求提供的是一种门到门或手到手的便捷式服务，快递服务对象不必亲自到快递服务组织经营场所寄送或领取物品，只需要电话与快递服务组织联系，其工作人员就能够及时提供上门服务。而且，快递服务还可以通过特别约定灵活地满足不同服务对象的特殊要求。快递服务注重的是个性化、便利化，与货物运输合同相比，快递服务合同具有更大的便捷性和时效性。

3. 快递服务合同是双务、有偿合同

快递服务合同是双务、有偿合同体现在快递服务合同中往往约定由快递服务组织提供快递服务、收取服务费用，寄件人或收件人享有权利、支付费用。

4. 合同内容格式化

快递服务组织从效率和利益角度考虑，一般采取格式条款（快递单）形式订立

快递服务合同。格式条款又称为标准条款，是指当事人为了重复使用而预先拟定、并在订立合同时未与对方协商的条款，如保险合同、拍卖成交确认书等，都是格式合同。

快递服务合同的约定不得违背法律、法规的规定，不得设定不公平、不合理的合同交易条件。经营快递业务的企业对免除或者限制其责任的条款，应当在快递服务合同上以醒目的方式列出，并予以特别说明；免除或者限制其责任条款可能影响用户重大利益的，应当采取合理的方式向用户进行提示。

（四）快递服务合同的分类

1. 国际快递服务合同和国内快递服务合同

在我国，国际快递服务合同是取得邮政管理部门颁发的国际快递业务经营许可证、具有国际货物运输代理资格的企业作为承运人与寄件人签订的快递服务协议。国内快递服务合同是取得邮政管理部门颁发的快递业务经营许可证、具有国内快递业务经营资格的企业与寄件人签订的快递服务协议。国际快递服务合同承运人的经营资格与国内快递服务合同承运人相比，在注册资金、企业规模等方面受到更加严格的限制。国际快递服务合同相关单据主要以英文或法文来填写，并且主要依据国际公约，寄件人、快递服务组织或收件人的国内法律来设定合同条款，同时还有可能涉及快件中转国的法律。国内快递服务合同一般使用本国语言文字，而且不涉及国外法律，主要适用国内法律。

2. 普通快递服务合同和增值快递服务合同

这是按照快递服务组织是否为快递服务对象提供额外增值服务对快递服务合同所作的划分。增值快递服务合同是指在普通快递服务合同的基础上，快递服务组织将寄件人针对快递服务提出的额外需求作为合同的补充条款记录在案，并作为向寄件人提供增值服务凭据的一类快递服务合同。因额外增值快递服务实际增加了快递服务组织的运营成本，快递服务组织往往会额外收取相应费用。

3. 寄付快递服务合同和到付快递服务合同

根据支付快递服务费用主体不同，可将快递服务合同分为寄付快递服务合同和到付快递服务合同。由寄件人支付费用的合同为寄付快递服务合同，由收件人支付费用的合同为到付快递服务合同。两类合同的区别在于，前者是由寄件人在交寄快件时或者约定的时间内支付快递服务费用，而后者是由收件人在签收快件时或者约定的时间内支付快递服务费用。

4. 有第三人的快递服务合同和无第三人的快递服务合同

根据快递服务涉及主体的不同，可将快递服务合同分为有第三人的快递服务合同和无第三人的快递服务合同。通常情况下，寄件人与收件人并非同一人。寄件人与快递服务组织签订合同，约定快递服务组织按时将货物递送给收件人并获得签收，此时收件人为快递服务合同的第三人，有其自身的权利和义务。

（五）快递服务合同的主要形式和主要条款

1. 快递服务合同的主要形式

快递运单是快递服务合同的主要形式。快递运单由快递服务组织在收取快件时向寄件人签发，正面反映的是快递服务的基本信息（主要为寄件人、收件人的联系地址和方式)，背面列明的是快递服务条款（通常为快递服务组织事先拟定的格式条款)，这些内容构成了快递服务合同的核心。

2. 快递服务合同的主要条款

快递运单为快递服务格式合同。快递运单的格式条款应符合法律规定，体现公平、公正的原则，文字表述应真实、简洁、易懂。快递运单的内容应包括：

① 寄件人信息，主要包括寄件人的名称、单位、地址、联系电话。

② 收件人信息，主要包括收件人的名称、单位、地址、联系电话。

③ 快递服务组织信息，主要包括快递服务组织的名称、标识、联系电话。联系电话应稳定、有效，在发生变更时应及时通知有关消费者。

④ 快件信息，主要包括货物的品名、数量和重量、价值、封装形式。

⑤ 费用信息，主要包括快递服务的计费项目及金额、付款方式、是否保价（保险）及保价（保险）金额。

⑥ 时限信息，主要包括收寄时间、投递时间。

⑦ 约定信息，主要包括双方约定事项，包括产生争议后的处理途径、寄件人对快递运单信息的确认。

⑧ 背书信息，主要包括快递查询方式与期限、寄件人和快递服务组织双方权利与责任、寄件人和快递服务组织产生争议后的解决途径（包括寄件人与快递服务组织协商、向消费者权益保护组织投诉、向行政部门申诉、向仲裁机构申请仲裁、向人民法院起诉等方式)、赔偿的有关规定。

⑨ 其他条款。

二、快递服务合同的订立和履行

（一）快递服务合同的订立

合同的订立必须经过要约和承诺两个阶段，快递服务合同也不例外。要约是一方向对方发出的、希望与对方订立合同的意思表示。要约可以通过电话、传递、邮件、口头等多种形式表示。发出要约的一方为要约人，接收要约的一方为受要约人。承诺是受要约人在合理期限内安全同意要约内容的意思表示。

快递服务合同自寄件人与快递服务公司工作人员双方在合同上签字时生效。如快递公司在其面单契约中规定快递服务合同自寄件人、揽件公司收寄员在快递运单上签字或盖章后成立。

（二）快递服务合同的履行

合同的履行是指当事人按照合同的规定行使权利和履行义务，从而实现当事人订立合同的目的的行为。从快递服务组织的角度出发，快递服务合同的履行包括收寄快件、运输快件和投递快件三个环节。

（三）采用格式条款订立快递服务合同的注意事项

格式条款是当事人为了重复使用而预先所拟定，并在订立合同时未与对方协商的条款。为维护公平、保护弱者，法律法规对格式条款进行了限制，快递服务组织采用格式条款订立合同时应注意以下事项：

笔记

笔记

① 快递服务组织应当遵循公平原则确定当事人之间的权利和义务，合理设置合同内容。

② 快递服务组织应采取合理的方式提醒寄件人注意免除或者限制其责任的条款，按照寄件人的要求对该条款予以说明。“采取合理的方式”是指快递服务组织对格式条款中免除或者限制其责任的内容，在合同订立时采用足以引起寄件人注意的文字、符号、字体等特别标识，并按照寄件人的要求对该格式条款予以说明。

③ 格式条款中免除快递服务组织责任、加重寄件人和收件人责任、排除寄件人和收件人主要权利的，该条款无效。

④ 对格式条款的理解发生争议的，应当按照通常理解予以解释。对格式条款有两种以上解释的，应当作出不利于提供格式条款方快递服务组织的解释。格式条款和非格式条款不一致的，应当采用非格式条款。

⑤ 采用格式条款就以下事项进行免责的，该条款无效：造成对方人身伤害的，因故意或者重大过失造成对方财产损失的。

三、快递服务合同主体的权利和义务

快递服务合同的主体就是快递服务合同权利的享有者及义务的承担者，即快递服务合同的当事人。快递服务合同的一方当事人是快递服务组织，类似于货运合同中的承运人，另一方当事人是快件的寄件人。快递服务组织和寄件人自有相应的权利和义务，但是当收件人与寄件人非同一人时，收件人作为第三人又与快递服务合同有着密切的联系。

（一）寄件人的权利与义务

1. 寄件人的权利

（1）对快递服务组织的给付请求权

给付请求权是指请求债务人按照合同的约定或法律的规定履行义务的权利，是债权人实现权利、取得利益的基本方式。在快递服务合同中，寄件人与快递服务组织签订快递服务合同的目的主要就是通过快递服务组织将快件快速完好递送至收件人处，从而清偿自己在基础合同中对收件人承担的交付义务，因此快递服务组织及时向收件人为给付具有很大的利益。快递服务合同生效后，寄件人有权请求快递服务组织及时将货物送到收件人手上。

（2）对快递服务组织的损害赔偿请求权

“第三人利益合同的解除不影响损害赔偿请求权，允诺人或受诺人在因对方过错造成合同解除而遭受损害之时，可请求对方损害赔偿。”既然寄件人有向快递服务组织请求向收件人为给付的权利，如果快递服务组织不履行义务，寄件人便能够寻求司法救济。寄件人参与诉讼的方式有两种：①以原告身份独立提起对快递服务组织的诉讼；②在收件人对快递服务组织提起的诉讼中作为有独立请求权的第三人参与诉讼。但是寄件人与收件人在损害赔偿请求权的内容上又存在一些差异。在快递服务合同中，快递服务组织违约行为并未对寄件人造成直接损害，直接受损者是收件人。举例说明，收件人急需一批货物用于生产，寄件人通过快递服务组织将该批原材料运送给收件人，但是由于快递服务组织延迟交付，使得收件人耽误了生产受到了很大损失。所以寄件人的损害赔偿请求权只能针对快递服务组织违约行为给自己造成的损失进行，而无权要求赔偿收件人的损害。

（3）合同解除权

在由于快递服务组织违约引起法定或约定的合同解除条件出现时，寄件人可以行使合同解除权，但是由于收件人是利益第三人，此时寄件人行使合同解除权不能随意而为，应该获得收件人的同意。举例而言，由于大雪封路，原定在 3 日内到达的快件可能要 15 日才能送达，此时寄件人需征得收件人同意后才能够取消运输，解除快递服务合同。因为不排除收件人并不着急收取快件、愿意等待 15 日的情况，所以不应随意解除该合同。

（4）查询权

《邮政法》规定，用户交寄给据邮件后，对国内邮件可以自交寄之日起一年内持收据向邮政企业查询，对国际邮件可以自交寄之日起 180 日内持收据向邮政企业查询。

2. 寄件人的义务

① 告知义务。寄件人应向快递服务组织准确、如实告知收件人和所需寄送物品的基本情况（如收件人的姓名、地址、联系方式，快件内物的名称、数量等内容），否则所产生的法律后果由寄件人自行承担。

② 合理包装义务。寄件人应按照国家相关规定对所需寄送的物品进行合理包装。

③ 向快递服务组织交付快件并接受验视。寄件人不得寄递快递行业主管部门及其他行政管理部门规定的禁、限寄物品，否则快递服务组织有权拒绝收寄。违法交递的法律后果由寄件人承担。寄件人不得寄递或者在邮件、快件中夹带下列物品：法律禁止流通或寄递的物品；反动报刊、宣传品或者淫秽物品；具爆炸性、易燃性、腐蚀性、放射性、毒性等危险性质的物品；妨害公共卫生的物品；容易腐烂的物品；各种活的动物；各种货币；不适合寄递的物品；包装不妥，可能危害人身安全，污染或者损毁其他邮件、快件、设备的物品等。

④ 在寄付快递服务合同中，寄件人还负有支付快递服务费用的义务。

⑤ 在将快件交寄后应及时通知收件人，并将快递服务组织名称和运单编号告知收件人，以便收件人行使权利。

⑥ 在快递服务组织履行完毕递送交付义务之前，有协助收件人查询、督促的义务。该义务其实也是一种权利。相对于快递服务组织而言，寄件人有权对快件运输情况进行查询和督促，但是收件人也有此权利，且在收件人行使该权利不便时，寄件人有协助其查询、督促快递服务组织按约履行合同的义务。

（二）快递服务组织的权利与义务

1. 快递服务组织的权利

① 收取快递服务费的权利。快递服务组织提供了快递服务，有权按照规定收取合理的快递服务费，这也是快递服务组织订立快递服务合同、提供快递服务的最终目的之所在。

② 拒绝返还快递服务费的权利。当收件人无故拒绝受领快件、快递服务组织提供快递服务没有任何过错时，快递服务组织有权拒绝返还快递服务费。

③ 留置权。快递服务组织当未收到快递服务费，或快递服务合同无效或被撤销时，对快件享有留置权。

2. 快递服务组织的义务

根据合同法的相关规定，快递服务组织应当全面履行其合同义务。在快递服务合同中，快递服务组织提供快递服务主要有收寄快件、运输快件和投递快件三个环节，在不同环节中具有不同的给付义务。

第一，在收寄环节中的义务。根据《邮政法》和《快递业务操作指导规范》的相关规定，快递服务组织在收寄快件时有对快件进行验视的义务。实际上，对快递服务组织而言，验视寄件人交寄的快件既是一种义务，又是一种权利。根据有关部门对快递服务组织业务操作的监管要求，快递服务组织在收寄快件时必须进行验视，此时验视快件是一种义务；而快递服务组织在寄件人交寄快件时，有权要求验视快件并在寄件人拒绝验视时拒绝收寄，此时又可将验视快件看待成为快递服务组织的一种权利。当寄件人拒绝验视，或快件内物经验视不属于国家规定的可以邮寄的物品范围时，快递服务组织有权拒绝收寄。当快件经验视合格可以予以收寄时，快递服务组织又有受领寄件人交付的快件及相关必要文件的义务。

第二，在运输环节中的义务。在此环节中，快件会被分拣、封发、装载和运输，不管处于何种处理进度中，快递服务组织均有对快件谨慎规范处理、妥善恰当保管的义务。如果在运输环节中发生了快件毁损、灭失等情形，快递服务组织应承担相应的赔偿责任。同时，在快件未经收件人签收、快递服务合同未履行完毕前，快递服务组织还有遵从寄件人指示的义务。因为根据法律的相关规定，此时快件的所有权依然归寄件人所有，寄件人可以随时改变指示，但应承担快递服务组织由于该指示受到的损失。

第三，在投递环节中的义务。此环节中，快递服务组织的义务主要有：

① 按照约定安全、快捷、及时地将快件递送给收件人并获得签收。

② 及时通知收件人收取快件，并允许收件人当面验收快件内物。快件的递送与交付是快递服务组织履行快递服务合同的主要环节，《快递业务操作指导规范》以及新出台的快递服务国家标准都明确规定了快递服务组织有告知收件人当面验收快件、查看内物的义务。

③ 收件人未能及时收取快件的，免费为其再次递送。根据我国快递服务行业标准和国家标准的相关规定，收件人第一次因故未能及时收取快件的，快递服务组织应该免费至少为其再递送一次。收件人两次仍未收取的，快递服务组织可以代为保管或要求其到业务网点自行领取。收件人仍需要快递服务组织上门投递的，快递服务组织可以向其收取额外的费用，但应事先将符合国家规定的收费标准予以告知。

当快递服务组织不履行合同义务或履行有瑕疵时，寄件人和收件人都对其享有损害赔偿请求权，从而导致其可能要承担双重责任，这显然对于快递服务组织又是不公平的。英美合同法中的做法是，根据起诉时请求赔偿主体的不同来判决快递服务组织赔偿不同的款项。当寄件人起诉时，可能判决快递服务组织赔偿寄件人因其违约而支付给收件人的费用；当收件人起诉时，法院应在寄件人已经补偿给收件人的范围内予以扣减，而只支付给其不足的部分，并且还要使快递服务组织向寄件人补偿其已支付给收件人的部分，从而平衡三方的利益。

笔记

（三）收件人的权利与义务

1. 收件人的权利

① 请求及时投递快件的权利。收件人有权直接请求快递服务组织按照合同约定快速及时、完好无损地将快件交付给自己。例如，收件人通过寄件人提供的运单编号对快件运输情况进行查询时，发现快递服务组织收下快件后停留在某仓库并未及时发出，收件人可通过网络或电话联系请求快递服务组织赶快派送，此即为一种给付请求权。

② 签收快件的权利。收件人作为利益第三人有权签收快递服务组织运送的快件。收件人在签收快件时，一般快递服务组织工作人员会提前通过短信或电话等方式与收件人取得联系，在此过程中，收件人根据自己的实际情况可以对权利内容进行相应的变更，如可以变更运送地址、更改收货时间等，以更好地受领快件。收件人在签收快件时，还享有对快递服务组织交付的快件予以验收的权利。收件人经查看检验，认为快件的包装及内物均完好无损时，再予以签收。当发现快件包装有破损、内物有损坏或缺少等异常情况时，可以拒绝签收，不予受领。收件人本人无法签收时，经收件人（寄件人）委托，可由其委托的代收人签收。实际上，签收快件对于收件人来说，是权利与义务的结合体。收件人在表示接受权利后，应该承担接收快件应履行的义务。比如说，快递服务组织工作人员将送件时间通知收件人后，收件人应该按时至约定地点取货，否则将会使快递服务组织产生人工及时间上的额外耗费，给快递服务组织造成不便和损失。

③ 索赔的权利。收件人收取快件时，应按照规定对快件进行检验，发现货物有损毁、灭失的，有权向快递服务组织索赔。

2. 收件人的义务

在快递服务合同中，收件人有在快递服务组织与其联系时给予配合、及时受领给付、告知寄件人快递服务组织履约情况、验收快件后签字确认等附随义务。在到付快递服务合同中，收件人应在签收快件时或者约定的时间内支付快递服务费用。

学习单元二　快递保价与赔偿

一、快递保价的含义与效力

（一）快递保价的含义

快递是一个高风险行业，运输途中，各种自然灾害的发生难以预料。快递服务组织者收取低廉的服务费，却要承担巨大的风险，是不公平的。因此，在快递行业实践中，众多快递公司借鉴保价运输的限额赔偿制度，在快递服务合同中加入保价条款来限制自己的责任和降低风险。从责任风险平衡这一点看，保价条款有其存在的合理性。

所谓保价，是指由寄件人声明货物价值，并支付相应比例的保价费用。保价条款是指约定快递服务合同中寄件人在缴纳运费之外，根据声明价值按照一定比例缴纳一定的保价费，从而在货物出现毁损、灭失时，在所保价值范围内获得足额赔偿的有关条款。“保价条款”一般约定为：保价货物发生损失的，快递服务组织按照损失与保价金额的比例承担赔偿责任。

（二）快递保价条款的性质和效力

通常而言，寄件人在交寄邮件的同时，填写已经印制的快递详情单中有关内容，并在交寄人处签字，详情单作为寄件人与快递服务组织之间的快递服务合同，一般背书双方的权利义务。《民法典》第四百九十六条规定，格式条款是当事人为了重复使用而预先拟定，并在订立合同时未与对方协商的条款。由此，快递服务公司的快递详情单载明的保价条款属于一种典型的格式条款。因为格式条款系单方拟定，限制了当事人的意思自治，格式条款的拟定方可以利用其优越的经济地位、信息资源、法律知识等资讯方面的优势，制定有利于自己、不利于消费者的合同条款。所以法律同时对格式条款的效力认定、解释及适用做了限制性的规定。如《民法典》第四百九十七条规定，如有提供格式条款一方不合理地免除或者减轻其责任、加重对方责任、限制对方主要权利的情形，该条款无效。因此，只要快递服务组织对保价条款尽到了合理告知义务，且寄件人自愿签字确认，该保价条款就合法有效。

❖ **案例分析**　保价金额未实写，快递钻戒丢失只赔两千

2023年3月22日，原告颜先生通过被告某快递公司向云南瑞丽发了一份快件，快件详情单里主要载明了“寄件人颜某，内件品名为饰品，数量为一件，重量为146克，保价金额为2000元，邮资费用为41元”。该邮件背面业务使用须知中第6条规定：快递公司提供保价服务，快件是否保价由寄件人自愿选择，保价最高限额为10万元人民币；如需保价，寄件人应据实申报保价金额并按规定交纳保价费，未按规定交纳保价费的快件，不属于保价快件。第7条规定：保价邮件如发生丢

笔记

失、损毁或短少，按实际损失价值赔偿，但最高不超过相关快件的保价金额，等等。后原告多次查询，得知所寄物品并未到达目的地，证明该邮件在运输途中已丢失。被告并不认可所寄物品是翡翠钻戒，而是原告所说的“饰品”，愿意赔偿原告2000元。原告以该快递内含有一枚价值48000元的翡翠钻石戒指及鉴定证书为由，要求被告返还原告的邮寄物品或赔偿因所邮物品丢失给原告造成的损失48000元。

法院经审理认为，原告将邮寄物品交由被告寄递，并支付资费、保价费等费用，该寄递服务合同即成立。依法成立的合同，自成立时生效。本案中，被告作为快递企业应提供迅速、准确、安全、方便的服务，但由于被告过失，使原告所寄物品全部丢失，故被告应承担相应的赔偿责任。原告在寄递物品时，被告已履行了提示、告知义务，明确规定原告寄递物品应按保价金额进行如实填写，保价邮件如发生丢失、损毁，最高不超过相关快件的保价金额进行赔偿，原告没有按照邮寄要求，如实填写所保物品真实价值，因此应承担由此所产生的风险。原告的诉讼请求不能成立。故被告应按保价额2000元赔付原告，并应将邮资费用41元退给原告。根据《中华人民共和国民法典》有关规定，判令被告付给原告2000元并返还原告41元邮资。

二、快递保价计费标准与范围

（一）快递保价计费标准

快递保价费的计算分为两种情况，在一定保价金额标准下按照票数进行计费，高于这个标准则按照“保价费＝保价金额 × 标准服务费率”计费公式进行计费，如表6-1和表6-2为甲快递有限公司和乙快递有限公司保价计费标准：

表6-1　甲快递有限公司保价计费标准

保价金额	标准服务费率
500元(含)以下	1元/票
501～1000元(含)以下	2元/票
1000元以上	5‰

表6-2　乙快递有限公司保价计费标准

保价金额	单票指导价
1000元(含)以下	1元
1000～2000元(含)	2元
2000～10000元(含)	3‰
10000～30000元(含)	5‰

（二）不承保范围

针对保价的货物也有一定的要求，不是任何快递物品都可以办理保价，一般

笔记

以下情况是无法办理保价的。

① 价值难以衡量的托寄物，如古玩字画、纪念币、翡翠原石、观赏石、玉雕、木雕、紫砂壶等。

② 价值在 2 万元以上的生鲜果蔬类（时令水果类、冷冻食物类、生鲜类、大闸蟹类、动植物类）托寄物。

③ 易碎品如玻璃类、陶瓷类、石膏类、石材类、大型雕刻类以及不易妥善包装的物品，3C 类中含易碎屏幕（超过 15.6 寸）的产品。此类物品有的快递公司不承保，有的快递承保，但保价费标准更高，如 8‰。

三、快件赔偿

快件赔付的对象应为寄件人；经寄件人同意，收件人或代收人可作为赔付对象。

（一）赔偿条件

在寄递过程中，发生延误、丢失、损毁、内件不符时，快递服务主体应予以赔偿。

属于下列情况的，快递服务主体可不负赔偿责任：

① 所寄物品本身的自然性质或者合理损耗造成快件损失的；

② 由于不可抗力的原因造成损失的；

③ 寄件人、收件人的过错造成损失的；

④ 双方约定的其他免责情形。

（二）赔偿原则

快递服务主体与用户之间有约定的应从约定，没有约定的可按以下原则执行。

1. 快件延误

快件延误指快件首次投递时间超出快递服务主体承诺的快递服务时限，但尚未超出彻底延误时限。延误的赔偿应为免除本次服务费用（不含保价等附加费用）。由于延误导致内件直接价值丧失，应按照快件丢失或损毁进行赔偿。

2. 快件丢失

快件丢失指快递服务主体寄递快件过程中发生的单一快件全部丢失或快件内件部分丢失。快件发生丢失时，应免除本次服务费用（不含保价等附加费用），此外，对于购买保价的快件，快递服务主体按照被保价金额进行赔偿；对于没有购买保价的快件，按照相关民事法律法规赔偿。

❖ 知识链接　《中华人民共和国邮政法》邮件的损失赔偿规定

一、《邮政法》对快递赔偿的法律规定

第四十五条　邮政普遍服务业务范围内的邮件和汇款的损失赔偿，适用本章规定。

邮政普遍服务业务范围以外的邮件的损失赔偿，适用有关民事法律的规定。

笔记

邮件的损失，是指邮件丢失、损毁或者内件短少。

第四十六条　邮政企业对平常邮件的损失不承担赔偿责任。但是，邮政企业因故意或者重大过失造成平常邮件损失的除外。

第四十七条　邮政企业对给据邮件的损失依照下列规定赔偿：

（一）保价的给据邮件丢失或者全部损毁的，按照保价额赔偿；部分损毁或者内件短少的，按照保价额与邮件全部价值的比例对邮件的实际损失予以赔偿。

（二）未保价的给据邮件丢失、损毁或者内件短少的，按照实际损失赔偿，但最高赔偿额不超过所收取资费的三倍；挂号信件丢失、损毁的，按照所收取资费的三倍予以赔偿。邮政企业应当在营业场所的告示中和提供给用户的给据邮件单据上，以足以引起用户注意的方式载明前款规定。

邮政企业因故意或者重大过失造成给据邮件损失，或者未履行前款规定义务的，无权援用本条第一款的规定限制赔偿责任。

第四十八条　因下列原因之一造成的给据邮件损失，邮政企业不承担赔偿责任：

（一）不可抗力，但因不可抗力造成的保价的给据邮件的损失除外；

（二）所寄物品本身的自然性质或者合理损耗；

（三）寄件人、收件人的过错。

第四十九条　用户交寄给据邮件后，对国内邮件可以自交寄之日起一年内持收据向邮政企业查询，对国际邮件可以自交寄之日起一百八十日内持收据向邮政企业查询。

查询国际邮件或者查询国务院邮政管理部门规定的边远地区的邮件的，邮政企业应当自用户查询之日起六十日内将查询结果告知用户；查询其他邮件的，邮政企业应当自用户查询之日起三十日内将查询结果告知用户。查复期满未查到邮件的，邮政企业应当依照本法第四十七条的规定予以赔偿。

用户在本条第一款规定的查询期限内未向邮政企业查询又未提出赔偿要求的，邮政企业不再承担赔偿责任。

第五十条　邮政汇款的汇款人自汇款之日起一年内，可以持收据向邮政企业查询。邮政企业应当自用户查询之日起二十日内将查询结果告知汇款人。查复期满未查到汇款的，邮政企业应当向汇款人退还汇款和汇款费用。

二、快递赔偿多少

按《邮政法》的说法，最多只能赔运费的3倍。有的快递(物流)公司在运单上(背面)有承运条款，上面一般会提及，按运费2～10倍赔偿的说法都有，也有的是按所托运包裹的重量给出赔偿，如20元/kg等，各家快递公司有所不同。很多快递公司也提供额外保险服务，分为保价和保险两种。保价就是保多少赔多少，费率一般为货物价值的百分之几(如1%～5%)，较贵；保险则是采用商业保险公司的传统货运保险条款，费率为千分之几(如1‰～8‰)，存在一定比例的免赔额，也就是说不是全额赔付损失的。在快递业务中，对确实要保的货物，多数人是采用保价的。

3. 快件损毁

快件损毁指快递服务主体寄递快件过程中，快件破损或毁坏致使快件失去部

笔记

分价值或全部价值。快件损毁赔偿应主要包括：

① 完全损毁，指快件价值完全丧失，参照快件丢失赔偿的规定执行；

② 部分损毁，指快件价值部分丧失，依据快件丧失价值占总价值的比例，按照快件丢失赔偿额度的相同比例进行赔偿。

4. 内件不符

内件不符指内件的品名、数量或重量等与快递运单信息不符。内件不符赔偿应主要包括：

① 内件品名与寄件人填写品名不符，按照完全损毁赔偿；

② 内件品名相同，数量和重量不符，按照部分损毁赔偿。

（三）索赔程序

1. 索赔申告

寄件人在快件发生延误、丢失、损毁、内件不符时，可以依据赔偿规定向快递服务主体提出索赔申告。快递服务主体应提供索赔申告单给寄件人，寄件人填写后递交给快递服务主体。

2. 索赔受理

快递服务主体应在收到寄件人的索赔申告单 24 小时内答复寄件人，并告知寄件人索赔处理时限。

3. 索赔处理时限

索赔处理时限指快递服务主体自受理用户索赔之时起，到完成索赔处理的时间间隔。快递服务主体除了与寄件人有特殊约定外，索赔处理时限应不超过：

① 同城、省内异地及省际快件为 30 个日历天；

② 港澳台快件为 30 个日历天；

③ 国际快件为 60 个日历天。

4. 索赔争议的解决

寄件人与快递服务主体就是否赔偿、赔偿金额或赔金支付等问题可先行协商，协商不一致的，可依相关规定选择投诉、申诉、仲裁、诉讼等方式。

四、快递纠纷的处理方式

（一）投诉

1. 投诉含义及渠道

用户对快递服务主体提供的服务不满意时，可向快递服务主体、中国快递协会或中国消费者协会提出请求调解处理。经营快递业务的企业应当建立用户投诉处理制度，依法处理用户提出的快递服务质量异议。

快递服务主体应提供用户投诉的渠道，主要包括电话、网站、APP、信函等形式。国内快件的投诉有效期（自快件收寄之日起，到快递服务主体可受理用户投诉的最长时间间隔）为 1 年。

受理投诉时，快递服务主体应记录并核对以下信息：

① 投诉人的姓名、地址和联系方式；

笔记

② 投诉的理由、目的、要求；

③ 其他投诉细节。

2. 投诉处理时限

国内快递服务投诉处理时限应不超过 7 个日历天，涉及赔偿的，以及与投诉人有特殊约定的除外。

3. 投诉处理

快递服务主体应对投诉信息进行分析，提出处理方案，制定补救措施，按服务承诺及时处理。投诉处理完毕，快递服务主体应在处理时限内及时将处理结果告知投诉人。若投诉人对处理结果不满意，应告知其他可用的处理方式。快递服务主体应根据投诉信息统计分析结果，采取措施改进服务质量。

（二）申诉

1. 申诉含义

用户对投诉处理结果不满意或者投诉没有得到及时处理的，可以依照法律、行政法规以及国家有关规定，提出快递服务质量申诉，但不得牟取不正当利益。邮政管理部门应当对用户提出的快递服务质量申诉实施调解。经营快递业务的企业应当处理邮政管理部门转告的申诉事项。

2. 申诉方式

用户可以拨打邮政管理部门的申诉专用电话或者登录邮政管理部门网站提出申诉，也可以采用书信等方式提出申诉。邮政管理部门应当向社会公开申诉专用电话号码、网站申诉路径、本单位申诉处理工作时间、通信地址等信息，方便用户、企业查询。申诉专用电话号码是“12305”，前缀省会、首府、直辖市的区号。邮政管理部门在申诉处理工作时间内应当有人值守申诉专用电话。申诉专用电话因故暂停的，邮政管理部门应当公示暂停原因、暂停时间和其他申诉方式，维持申诉渠道畅通。

（三）仲裁

仲裁也是一个快速解决赔偿纠纷的法定途径。 双方在签订快递服务合同时，是否约定了仲裁机构和仲裁地点，如是应当遵照执行。我国《仲裁法》 第四条规定：当事人采用仲裁方式解决纠纷，应当双方自愿，达成仲裁协议，没有仲裁协议，一方申请仲裁的，仲裁委员会不予受理。因此，订立仲裁协议是申请仲裁的前提条件。此外，《仲裁法》第九条规定：仲裁实行一裁终局的制度，裁决作出后，当事人就同一纠纷再申请仲裁或者向人民法院起诉的，仲裁委员会或者人民法院不予受理。裁决被人民法院依法裁定撤销或者不予执行的，当事人就该纠纷可以根据双方重新达成的仲裁协议申请仲裁，也可以向人民法院起诉。

（四）诉讼

如果没有仲裁协议或仲裁协议无效，寄件人或相关权利人可以向约定管辖的法院起诉，请求法院作出裁决。根据我国《民事诉讼法》的规定，如果没有约定管辖法院，应当向被告住所地或合同履行地的人民法院提起诉讼，诉讼时效为两年，从发生赔偿纠纷时起计算，但是权利人向快递服务组织者主张权利时或向有关部门投诉时，诉讼时效中断，重新计算。

五、快递服务质量管理

快递服务主体应建立自己的服务质量管理体系，制定清晰的工作流程和完备的作业规范，确保自身服务质量在合理范围之内，避免纠纷的发生。

1. 服务承诺

快递服务主体应向社会公布其服务承诺，服务承诺应至少包括：服务产品种类、服务时限、投递方式、投递要求、服务价格、服务范围、赔偿、投诉处理等。

服务时限和服务价格应以服务价格表、服务时限表或信息化展示等方式向用户公布或提供，供用户选择。快递服务主体与用户另有约定的从其约定。

2. 快递服务时限

快递服务时限指快递服务主体从收寄快件到首次投递的时间间隔。

（1）快递服务时限标准

快递服务主体应与寄件人约定快递服务时限，并按约定的时限提供服务。标准时效快件的服务时限应按以下要求执行（偏远地区以及出现不可抗力等因素除外）：

① 寄件地和收件地在同一城市城区的同城快递服务时限不超过24h，其他同城快递服务时限不超过48h；

② 省内异地及省际快递，服务时限不超过72h；

③ 上述②条款中，收寄地或寄达地为乡镇（非城区）及以下层级地区的快递服务时限可适当延长；

④ 港澳台快递服务时限不超过6个工作日；

⑤ 快递服务主体应根据国际快递产品的特性确定服务时限，对于可承诺时限的快件应向寄件人明确服务时限，并按约定的时限提供服务；对于不能承诺时限的快件，应向寄件人提供参考服务时限。除出现海关清关障碍以及不可抗力等因素外，寄达下列地区各国主要城市的国际快递服务时限宜满足以下要求：

a. 亚洲和北美洲地区的发达城市快递服务时限不超过8个工作日；

b. 欧洲地区的发达城市快递服务时限不超过10个工作日；

c. 大洋洲地区的发达城市快递服务时限不超过11个工作日；

d. 其他偏远地区城市的国际快递服务时限可视实际情况而定。

（2）彻底延误时限

彻底延误时限指快递服务主体承诺的快递服务时限到达之时起，到用户可以将快件视为丢失的时间间隔。应符合以下要求：

① 同城快递服务为3个日历天；

② 省内异地和省际快件为7个日历天。

3. 服务费用

快递服务主体确定服务费用应符合以下要求：

① 根据产品种类、服务距离、运输方式、服务时限、投递方式、增值服务等

笔记

因素，科学测算成本，综合考虑供需关系，遵循公平、合法、诚实、信用的原则，兼顾城乡区域差距，国内快递服务以快件收寄地所在县到寄达地所在县为基本单元（寄达地为县以下区域的，应兼顾投递成本），国际快递服务以国内主要城市到国外主要城市为基本单元，合理确定服务费用，形成与服务质量相适应的、差别化的价格体系；

② 各类快递服务产品的服务时限和服务价格应按①规定的基本单元，以服务价格表、服务时限表或信息化展示等多种方式向用户公布或提供；

③ 不应无正当理由以低于成本的价格提供快递服务；

④ 不应相互串通，操纵市场价格，损害用户或者其他经营者的合法权益。

4. 服务质量评价

快递服务主体应建立快递服务质量评价体系并定期开展服务质量评价，评价指标应至少包括用户满意度、时限准时率、用户投诉率、快件丢失率、快件损毁率。

① 时限准时率：在一段时期内，快递服务主体准时投递快件的件数与收寄快件总件数的比率。

② 用户投诉率：在一段时期内，快递服务主体受理用户投诉的快件件数与收寄快件总件数的比率。

③ 快件丢失率：在一段时期内，快递服务主体丢失件的件数与收寄快件总件数的比率。

④ 快件损毁率：在一段时期内，快递服务主体损毁件的件数与收寄快件总件数的比率。

❖ 案例分析 2022年第三季度快递服务满意度调查和时限准时率测试结果

为加强快递服务质量监测，客观反映企业服务水平，促进快递业发展质效提升，国家邮政局组织第三方机构对 2022 年第三季度快递服务满意度进行了调查，对全国重点地区快递服务时限准时率进行了测试。

一、基本情况

调查对象为 2021 年国内快递业务量排名居前且体现主要市场份额的 9 家全网型快递服务品牌。调查范围覆盖全部 31 个省（区、市），共 50 个重点城市。

快递服务满意度调查采用在线调查方式，共获得有效样本 8659 个。快递服务时限准时率测试采用系统抽样测试方式，共获得有效样本 208 万个。

二、调查结果

（一）快递服务公众满意度

调查显示，2022 年第三季度用户快递服务公众满意度得分为 82.2 分，同比上升 2.4 分，较第二季度上升 3.7 分。

在快递企业公众满意度方面，得分在 80 分以上（含 80 分）的企业为京东快递、顺丰速运、邮政 EMS、中通快递、圆通速递，得分在 77 ～ 80 分之间（含 77 分）的企业为韵达速递、申通快递、德邦快递、极兔速递。

在区域公众满意度得分方面，天津、河南、吉林、重庆、福建、河北得分在

84分以上（含84分），表现较好；新疆、宁夏、江西、云南、青海得分在80分以下，有进一步提升空间。

调查显示，2022年第三季度，在受理服务方面，网络受理用户满意度得分为84.1分，同比下降0.1分。在揽收服务方面，上门时限、揽收员服务、费用公开透明用户满意度得分为83.5分、84.4分、84.5分，同比分别上升2.3分、0.5分、2.0分；封装质量用户满意度得分为82.6分，同比下降1.8分。在投递服务方面，派件员服务、投递知情用户满意度得分为84.6分、78.2分，同比分别上升2.1分、3.1分；快件安全、送达范围感知、住宅投递用户满意度得分为81.8分、83.6分、79.6分，同比分别下降0.2分、0.2分、0.6分。在售后服务方面，问题件处理、损失赔偿用户满意度得分为73.6分、74.7分，同比分别上升4.2分、4.2分；投诉处理用户满意度得分为70.8分，同比下降4.8分。

（二）全国重点地区快递服务时限准时率

测试发现，2022年第三季度快递服务全程时限为56.74小时，同比缩短1.47小时，较第二季度缩短6.23小时。72小时准时率为80.39%，同比上升2.10个百分点，较第二季度上升6.82个百分点。

从分环节来看，寄出地处理环节平均时限为7.93小时，同比延长0.13小时；运输环节平均时限为34.62小时，同比缩短1.21小时；寄达地处理环节平均时限为10.52小时，同比缩短0.79小时；投递环节平均时限为3.66小时，同比延长0.39小时。

在快递企业全程时限方面，时限在48～60小时（含60小时）之间的企业为顺丰速运、中通快递、韵达速递、极兔速递、圆通速递、申通快递、京东快递；时限在60小时以上的企业为邮政EMS、德邦快递。

在快递企业72小时准时率方面，准时率在80%～90%（含80%）之间的企业为顺丰速运、中通快递、韵达速递、极兔速递、圆通速递；准时率在70%～80%（含70%）之间的企业为京东快递、申通快递、邮政EMS、德邦快递。

实训项目六

1. 训练目标

通过对案例的分析，掌握快递保价与快递纠纷处理方式。

2. 案例背景

小陈是一家手机网店的店主。一天，有客户向他下单两部某品牌手机，他将两部手机及其配件放在一个包裹里，通过甲快递公司寄送。甲快递公司揽件时让小陈填写保价金额，因为担心据实填写会显得包裹太过于贵重被别有用心的人盯上，于是小陈将12340元的订单填写保价6000元。包裹称重1.3kg，小陈支付邮费29元、保价费用30元。几天后，物流信息显示客户收到了包裹。而后客户通知小陈，包裹外观完好无损，但是他和快递人员经共同开箱验收后确认包裹中缺少两部手机。无奈之下，小陈只能一边向客户赔偿订单款12340元，一边和快递公司沟通赔偿事宜。

快递公司态度很好，但只按照保价金额赔偿了6000元。小陈不理解，难道剩下的6340元损失只能自己承担吗？对此，快递公司解释，小陈在通过手机下单时，下单页面已经对保价条款进行了充分提示说明，而小陈选择的保价金额是6000元，所以多余的损失只能由小陈自己承担。小陈想知道包裹中的手机为什么会丢失，快递公司也无法说明具体原因。小陈不服，向法院提起诉讼，要求快递公司赔偿损失6340元。

问题：

① 针对案例中快件内件丢失的纠纷，小陈可采取哪些措施要求甲公司进行赔偿？

② 查阅《中华人民共和国民法典》第四百九十六条和《中华人民共和国邮政法》第四十七条等内容，请说明甲快递公司需要赔偿给小陈多少金额，为什么？

3. 实施步骤

① 以4～6人小组为单位进行操作，并确定组长为主要负责人；

② 搜集资料，完成表6-3；

表6-3 工作计划表

序号	工作名称	工作内容	工作要点	责任人	完成日期

笔记

③ 整理资料，撰写总结报告并制作 PPT 进行汇报。

4. 检查评估

完成表 6-4。

表6-4　能力评估表

能力		自评（10%）	小组互评（30%）	教师评价（60%）	合计
专业能力（60 分）	快件纠纷处理方式准确（20 分）				
	赔偿金额准确，原因合理（20 分）				
	PPT 的制作（20 分）				
方法能力（40 分）	信息处理能力（10 分）				
	表达能力（10 分）				
	创新能力（10 分）				
	团体协作能力（10 分）				
综合评分					

思考与练习

1. 快递服务合同的概念和法律特征是什么?
2. 快递服务合同当事人的权利和义务有哪些?
3. 快递保价条款的性质和效力是什么?
4. 快递赔偿范围应如何确定?

学习情境七

快递服务推介与客户管理

【学习目标】

知识目标

① 了解快递客户分析的含义与客户分层管理；

② 熟悉快递客户开发流程与技巧；

③ 掌握快递客户推介的方法；

④ 掌握快递客户维护的途径与方法；

⑤ 掌握快递客户投诉处理流程及技巧。

能力目标

① 能根据客户需求进行新客户开发；

② 会向客户推介快递业务；

③ 能采取合适的措施维护老客户；

④ 会处理客户投诉，解决客户诉求。

素质目标

① 树立热情、细致、周到的服务意识；

② 具备同理心、责任感等职业素养及敬业、明礼、诚信、守法的工作作风。

❖ 案例导入　某快递物流企业客户开发

一、二线城市及部分三线城市的市区中心黄金地段，商务楼林立，中央商务区（CBD）商圈快递需求极为旺盛，是各大快递公司必争之地。某快递物流公司以商务楼为切入点，延伸经营触角，积极探索楼宇快递服务的发展模式，提升企业的楼宇市场占有率，制定了以下措施：

1. 挖掘客户需求

与客户初步接触，对重点商厦、临街底店以及工贸城、产业园区、物流园区进行逐户一对一的拜访，了解客户的寄递服务需求特点及竞争对手在商圈市场的实际运作模式。

2. 主动营销

在与商务楼客户进行初步接触的基础上，主动营销。对外资公司集中的楼宇要尽量选派有一定外语基础的人员进驻商务楼，主动上门拜访，介绍企业服务能力、服务方式、服务优势及业务种类、服务标准、资费标准等。

3. 开展精准营销

① 实行厂家直销和区域代理。对有现实需求的客户和可以直接选择快递运营商的客户，逐一宣传，发放限时揽收的服务电话；对没有决策权的商户，通过与专柜导购或店长了解公司联系人等情况，从上游着手集中攻关，利用优质服务，赢得一个品牌商户的认可，从而形成各商场同一品牌的联动开发。

② 商贸市场客户关注价格，要积极引导客户试发，并为试件客户赠送小礼品。同时，开展积分换礼等活动，鼓励客户选择本企业的寄递服务，逐步培养其使用习惯和忠诚度。

4. 实施贴身服务

针对客户选择快递公司“先到者优先使用”的特点，对商圈市场实施区域服务、驻点服务、循环服务相结合的方式，区域揽收 30 分钟内到达，派驻制揽收 10 分钟内完成，循环式揽收随叫随到。

① 对需求较大、寄递量大的商场进行派驻，2 ～ 3 层楼派驻一名揽收人员，做好快件投递，提高揽收的响应速度，建立良好的客情关系。

② 在有条件的商厦租赁专柜、专台服务，提高响应速度。

③ 推行循环服务。即改变逐楼层一次全部投递的做法，在一层先投递部分快件，边投递边与各专柜沟通发件情况，随后再次对该楼层进行投递，再与专柜沟通发件情况，保证揽投人员与店员的多次见面交流。

问题与思考：

1. 客户开发的关键是什么？

2. 如何向客户推介快递业务？

学习单元一 快递客户开发与业务推介

一、快递客户分析

快递客户是快递企业提供产品和服务的对象，是快递企业赖以生存和发展的基础。快递客户根据客户性质分为企业客户和个人客户。根据客户给企业带来的收益和价值分为高端客户、中端客户和大众客户。按客户所在市场类型又可以分为专业市场客户和中央商务区客户群。下面分别分析这几类快递客户的购买行为，从而更有效地指导快递企业开展客户开发工作。

（一）企业及个人客户购买行为分析

企业或个人购买快递服务，是在一定消费心理支配下的快递客户的消费行为。

1. 企业购买行为分析

企业客户在选择快递服务时，考虑的因素相对比较多，如快递品牌、快递企业的网络覆盖范围、增值服务、决策者的喜好等。

① 快递品牌。企业客户在选择快递服务时，往往会考虑所选快递企业与客户自身的形象是否相称。如果客户是国际大公司，往往会选择一家大型且具有一定品牌影响力的快递企业作为合作伙伴。其对快递服务的安全性、快件传递速度的要求会相对较高，而对快递服务价格的考虑会相对较少。

② 快递企业的网络覆盖范围。产品经销范围覆盖全球的企业客户，往往会选择具有全球服务能力的快递企业作为合作伙伴；产品经销范围覆盖全国的企业客户，往往会选择具有全国服务能力的快递企业作为合作伙伴；产品经销范围覆盖局部地域的企业客户，一般会选择具有局部地域服务能力的快递企业作为合作伙伴。

③ 增值服务。随着购买力的增加，企业客户对快递服务的需求也会"水涨船高"，可供企业客户选择的快递服务品种也越来越多。企业客户不仅仅关注快递传递的安全和快速，还关注快递企业的售后增值服务，如回单服务、保价运输、代收货款、短信服务、融资、移动终端网络随时查询等。为企业客户提供增值服务，已成为快递企业吸引企业客户的重要举措。

④ 决策者的喜好。决策者个人的喜好会影响该企业客户的购买行为。当企业客户决定选择一家快递服务企业作为合作伙伴时，决策者往往优先考虑的是自己熟知或认同的快递企业，然后再从这些快递企业中挑选出最合适的。

2. 个人购买行为分析

影响个人购买快递服务行为的主要因素有：

① 个人客户对快递服务的整体印象。个人客户对快递服务的整体印象非常重要，这决定着个人客户是否愿意接受快递消费。

② 快递服务的价格与寄递速度。个人客户在选择快递服务时，主要考虑的是价格要经济实惠，寄递速度要能达到客户的要求，而对快递品牌的选择相对不敏感。个人客户交寄的物品一般价值不会太高，虽然个人客户也会考虑运输安全因素，但与寄递高价值物品相比，要求相对会弱一些。

③ 快递服务的便利性。快递服务是一种门对门、桌对桌的服务。只要客户给快递企业打一个电话，就会有快递业务员上门服务；或者在快递企业网站点击一下鼠标，就可以下单寄递物品。个体客户使用快递服务时，往往看重快递服务的便利性。

④ 客户的兴趣和爱好。随着网上购物、电视购物的兴起，人们已经享受这些新的购物方式，对使用快递寄递所购物品的需求明显增加。

3. 企业与个人购买行为的差异化分析

企业与个人购买行为的不同主要表现在：

① 企业客户主要看重交寄物品的安全与否，而个人客户主要看重快递服务价格的高低。

② 企业客户在选择快递服务时会综合考虑许多因素，而个人客户选择快递服务时考虑因素较少，对快递企业的资质了解也较少。

③ 企业客户交寄快件在时间和间隔上相对固定，而个人客户交寄快件在时间和间隔上往往是不固定的。

（二）中高端客户和大众客户购买行为分析

1. 中高端客户购买行为分析

中高端客户在选择快递服务时，考虑的因素相对比较多，如快递品牌、快递企业的网络覆盖范围，增值服务、批量交寄快件的价格、快递运输的安全程度、保管程度等。影响中高端客户购买快递服务行为的主要因素有：

① 中高端客户所选的快递企业往往有较高的品牌影响力、资质和服务水平，有能满足客户需要的网络覆盖范围，要求服务人员有较高的素质和良好的形象，能体现客户自身价值。

② 中高端客户所寄快件一般属于商务来往，其考虑的是用最少投入获取最大的回报，所选择的快递企业要能满足在运递时限和运输安全方面的要求，一旦发生意外有理赔保障。

③ 中高端客户购买快递服务比较理性，所选的快递企业相对较固定，与快递企业合作周期较长。

④ 中高端客户注重从快递企业管理能力来看其可持续发展潜力，而不仅看其静态的实力和体制的安全性，还看重快递服务的使用价值。

⑤ 中高端客户更容易接受、尝试新的快递服务产品与新的增值服务。

⑥ 中高端客户对快递服务信息的搜寻掌控能力要求高。

2. 大众客户购买行为分析

大众客户也称为普通客户、低端客户。这类客户的数量较多。影响大众客户购买快递服务行为的主要因素有：

① 大众客户一般不考虑快递企业品牌的影响力和资质，对快递企业的服务方

式、服务态度和服务水平的要求一般。

笔记

② 大众客户购买快递服务比较感性，往往选择价格低廉和传递速度能满足要求的快递企业，一般没有相对固定的寄件时间，与快递企业合作时间较短。

③ 大众客户一般不注重从快递企业的管理能力来看可持续发展潜力，而关注快递企业的静态实力和体制的安全性。

④ 大众客户不容易接受和尝试新的快递服务产品和新的增值服务。

⑤ 大众客户一般不会特意收集快递企业的信息，而是凭直觉来选择快递企业。

（三）专业市场客户和中央商务区客户群购买行为分析

1. 专业市场客户购买行为分析

快递客户按照所寄递的物品不同，可分为皮革市场客户、易碎品市场客户、电子产品市场客户、工业产品市场客户等不同类型的专业市场客户。不同类型的专业市场客户，主要考虑的因素也不同。如皮革市场客户群体比较看重皮革制品的安全与否，所选择的快递企业要能满足在运递时限和运输安全方面的要求，对于部分价值较高的皮革制品做保价处理，一旦发生意外有理赔保障。易碎品市场客户在寄递玻璃制品、陶瓷制品、电器等易碎品时，则首先要求的是快递企业在寄递过程中必须确保寄递物品的完整。电子产品市场客户在寄递电子产品时，除了对包装盒运输安全的要求外，由于电子产品更新换代快且价格波动较大，其对寄递时限的要求也很高。工业产品市场客户通常具有生产集中度高、规模经济大的特征，具有发货量持续稳定的特点，对快递企业看重的是具备批量处理快件的能力。

2. 中央商务区客户群购买行为分析

对中心商务区客服群的购买行为分析，可以从以下几种“疑虑心态”入手。

① 服务质量疑虑：快递企业的服务质量是否符合其要求，快递服务人员的综合素质是否符合客户所在高档写字楼的环境要求等。

② 服务价格疑虑：快递企业所设定的快递服务价格体系是否合理，收取服务费用的方式是否合适。

③ 服务产品细节疑虑：快递服务细节对客户的影响较大，客户往往需要了解快递时限、运递环节、报价、理赔等细节后，才会购买快递服务。

④ 服务承诺疑虑：在选择快递企业时，客户看重快递企业的服务承诺，如按时取件和投递环节、保险和理赔、快件跟踪查询等，对快递服务的时效性要求尤为严格。

⑤ 服务费用疑虑：客户购买快递服务看重的是“物有所值”，如果费用高于客户心理预期值而又没有得到合理的解释，客户就会转向购买其他企业的快递服务。

⑥ 增值服务疑虑：快递企业通常会在促销或者争取客户的阶段，推出相应的增值服务，这是否有实际意义，能否如实兑现，都是客户购买快递服务时所考虑的因素。

二、快递客户开发

在快递企业开发客户的过程中，首先应识别潜在的快递客户，然后再针对客户的特点和潜在需求进行具体开发。

（一）识别潜在快递客户

1. 选择潜在客户

判断潜在客户有三个条件：一是暂时还未使用过本企业的快递服务；二是有使用快递服务的需求；三是有良好的快递使用信誉。有的快递客户，确有使用快递服务的需求，但他在使用别的企业的快递服务时，有拖欠服务款项等不良记录，那么就应慎重选择这类客户。

2. 寻找潜在客户的方法

寻找潜在客户的方法非常多。最常见的有逐户寻访法、客户引荐法、光辉效应法、直接邮寄法、电话营销法、滚雪球法、资料查阅法、市场咨询法等。不过，没有任何一种方法是普遍适用的，没有任何一种方法可以确保一定成功。作为销售人员，需要不断进行总结，只有不断地总结，才能找到一套适合自己的方法。

3. 引导潜在客户的购买行为

无论是哪一种类型的客户，其在选择快递服务之前都有一个决策过程，作为快递服务销售人员，应掌握潜在快递客户在购买决策过程中的影响因素，以便激发潜在客户的兴趣和购买欲望。首先应把握影响决策者的内、外部影响力。内部影响力一般包括需要、欲望、个性、理解力、自我观念、态度和动机等，而外部影响力比较分散，随时间、地点的变化而不同。其构成要素主要有参照群体、竞争关系、供需状况、宏观经济、政策导向等。其次，应在与潜在客户接触的有限时间内，迅速地识别出那些对推进销售进程有影响力的关键人物，并努力与之建立良好的业务与个人关系。最后在销售快递服务的过程中，除了与采购中心不同角色的人员打交道外，还需要与更广范围的不同人员打交道，以寻找更多的支持者，并最终促成销售。

（二）开发潜在快递客户

1. 挖掘潜在客户的需求

了解客户的需求至少要区分两个层面：一是直接层面的需求，如年轻客户需要寄递老年用品；二是深层次的需求，也就是客户需求背后的需求，如年轻客户寄递老年用品的真正目的是孝敬在外地的父母。

2. 促成快递服务的成交

（1）直接成交法

这一方法是指由销售人员直接邀请成交。例如，销售人员直接询问客户“我能否为您提供快递服务”，这一方式简单明了，在某些场合十分有效。当销售人员对客户的疑问做出了令客户满意的解说时，直接邀请就是很恰当的方法。使用直接成交法的时机要把握好，若客户对产品有好感，也流露出购买意向，发出购买信号，可又一时拿不定主意或不愿主动提出成交的要求时，销售人员可用直接成交法促成客户购买。

（2）假定促成交易法

这一方法是指快递服务销售人员在假定快递客户已经接受了快递服务，同意使用快递服务的基础上，通过提出一些具体的成交问题，直接要求客户购买的一种方法。例如，销售人员对客户说：“您看，假设使用我们公司的快递服务，成本会有所下降，效率也会提高，更重要的是能帮助您在最短的时间内达成您赋予我们的使命，不是很好吗？”

笔记

（三）快递客户开发技巧

1. 充足的客户拜访准备

在给客户打第一个电话前或登门拜访前，尽可能多地了解客户的各种信息，尤其是他们的需求信息，还要想好对方可能提出的问题、可能发生争议的焦点、让步的底线等，想好如何应对。准备得越充分，成功的概率越高。

2. 成为快递服务产品销售的专家

业务人员对所推销的快递服务是否有足够的了解，直接影响客户对快递服务的信心。所以，做一个快递服务产品销售的专家，熟悉快递服务业务，对促成业务非常有帮助。

3. 为客户创造价值

想与客户建立长久的业务关系，唯一的方式就是为客户不断地创造价值。如果企业所提供的快递服务对于客户来说是有价值的，甚至是不可取代的，那么即使不去维护关键的负责人，也可以长期拥有该客户。为客户提供大的价值需要靠整个快递企业的有效运作来完成。

4. 关注竞争对手

有的客户不选择本企业的快递服务，不是他们没有快递服务需求，而是企业的竞争对手能更好地满足他们的需求。因此，在了解客户需求的同时，快递销售人员也要全面了解竞争对手的情况，包括竞争对手的实力、增值服务、优势、劣势等，了解得越清楚，越有利于针对竞争对手制定有效的营销策略，争取客户的把握就越大。

5. 组织系统支持

只有组织有计划地介入支持，业务员才能借力使力，完成销售任务。为此，快递企业应设立一个客户开发支持中心，由企业领导牵头，由客户开发人员、策划人员等专职人员组成。支持中心应设数据库，包括成功案例、成功技巧、经验教训总结、客户数据信息、企业可提供的支援情况等，既可为销售人员提供一些具有针对性的思考与行动依据，也为快递企业的客户开发积累宝贵的经验和数据。

6. 流程分解

为了提高开发客户的效率，可以把开发流程按照寻找大客户、意向性接触、进一步沟通、跟进、交易、维护等主要环节拆解开，对照相应环节设置专门岗位、配置专门人员，专门负责一至两个环节，使整个工作专业化。

7. 交互式大客户开发

买东西的趾高气扬，卖东西的低三下四，这样的情况在大客户交易中比较多见，主要是主动权与利益关系不对等造成的。改变一下思路：如果我们此时成为大客户的大客户，结果会怎样呢？关系对等了，客户自然就好谈多了。

8. 客户推荐

在很多行业中，同业之间的关系都很密切，如果能让现有大客户去向其他客

笔记

户推荐一下产品或服务，效果将远胜过业务人员的穷追猛打。介绍一位“下家”将对此客户产生一定的好处，这种好处根据行业的不同，内容也不同。鼓励客户推荐新客户的方法有两个：①让利益作为杠杆，比如推荐客户可以共享被推荐客户的一些资源、购买产品或服务有更大优惠等；②最直接有效的方法是与负责人搞好客情关系，这样请其推荐就容易多了。

如果同时具备以上两个条件，让客户推荐应该不是难事。但是，客户的推荐只是帮我们打开了下一个客户的大门，进去之后还要我们自己努力。

9. 重视决策者身边的人

大客户企业内的助理、秘书等一些决策者身边亲近的人虽然没有决策权，但却有很强的决策影响力，甚至业务成败的关键都是由这些人决定的。这些人是决策者的亲信，决策者会参考这些人的意见。如果用心对待这些人，他们将成为业务的开门人、引路者，我们可以从他们身上了解到各种信息，得到各种小的帮助，反之则可能带来很多小的麻烦。这些或正面或负面的影响虽小，但却关乎成败。这些人就像钟表里的齿轮——一个齿轮不能推动钟表的行走，但是可以让钟表停止行走。

10. 公关手段创新

M7-1 扫一扫看微视频“快递客户开发”

市场营销每天都在进行着创新，而大客户开发则一直停留在相对低级老旧的方式上，大客户的公关和维护手段基本都是请吃饭、请喝茶、请打牌。我们花钱不少，花费的时间也不少，可客户却不领情，因为大家都是这么做的。此时如果变换思路，进行大客户开发方式的创新，就可以在大家挤破大客户家的大门时，找到没人走的侧门，达到目的。当然，必要的沟通媒介还是要有的，如与客户一起喝茶、吃饭等，但这不是重要的开发环节，重点是我们通过喝茶、吃饭时融洽的气氛来了解客户的偏好和需求。客户个人或其组织当下最急切的需求是突破的最好途径，这种需求可能是各方面的，有时客户本身也没觉得我们能帮上他，所以也不会去说，这时就要我们善于和客户聊天，让客户打开话匣子，当然，这也需要我们来引导，重要的信息就在与客户的聊天过程中。

三、快递业务推介

快递业务推介是指业务人员在收派快件过程中主动向客户介绍快递产品的行为。随着社会经济的不断发展，客户对快递企业的需求日益呈现出多样化、差异化和个性化的特点，并且随着客户与企业间合作关系的深层次化发展，更多的增值服务要求使得他们希望企业能够区别对待不同的客户，以体现不同价值客户的“待遇”。对于快递行业来说，如何把企业多样化的产品体系推介给客户，满足客户的需求，实现企业与客户的双赢，具有非常重要的意义。

1. 业务推介活动的特点

（1）主动性

推介的主动性体现在推介业务员的推介行为之中，贯穿推介过程的每个阶段和每个环节。首先推介业务员在业务推销初期应主动寻求各方客户，千方百计地与潜在客户建立联系。同时主动了解潜在客户的需求，制定推介策略和方法，使客户产生购买欲望。最后推介业务员主动把握成交时机，使潜在客户变为现实买主，并不断完善服务内容，提高服务质量和市场占有率。

（2）灵活性

推介的灵活性体现在业务员要根据各类客户的需要、欲望和动机，有针对性地采取灵活多样的推销方法和推销技巧。因此，快递业务员在业务推销过程中，要有针对性地向潜在客户传递业务信息并进行说服。

（3）互动性

互动性体现在业务推介是一个信息双向交流沟通的过程，它是推介活动最显著的特征。一方面，业务推介员以行为、语言等手段向潜在购买者传递有关快递企业业务产品信息；另一方面，推介对象也向业务推介人员反馈信息。通过持续不断的信息传递与反馈，达到相互影响、互相适应的效果。

业务员推介过程的互动性为业务推介员灵活运用和及时调整推介策略提供了可能，还为密切与客户的联系、建立良好的客户关系创造了条件。

2. 业务推介的基本原则

（1）满足客户需求原则

业务推介人员在运用推介策略时，首先要在满足客户的需求和解决客户问题的基础上达到推介的目的。客户每次购买行为的目的都是满足某些需求，对于杰出的推介人员来说，首先要懂得不遗余力地去了解客户的欲望和需求，主动开展市场调查，分析客户提出的问题，最大限度地满足客户。

（2）互利互惠原则

业务推介人员要保证交易能为双方带来利益或好处。双方共同的利益或好处是进行交易活动的支撑点和结合点。只有在双方都感受到这种利益的存在时，才有可能自觉地去推动和实现交易，并将双方的关系保持下去。互利互惠是双方达成交易的成果，它能增强业务推介人员的工作信心，有利于形成良好的交易气氛，促进快递推销业务的发展。

（3）尊重客户原则

尊重客户原则是指推介业务活动中要尊重客户的人格，重视客户的利益。当今社会，人们越来越重视自我价值的实现和赢得他人的认可。业务推介人员必须在人格、身份、地位等方面对客户予以尊重，以消除双方心理上存在的隔阂，建立融洽的交易气氛和良好的人际关系，才能得到客户礼尚往来的回报。

3. 业务推介的方法

（1）自我推介

“自我推介”就是在客户面前树立良好的形象，以赢得客户的承认、好感和信赖。业务推介的成功与否，是由业务员的努力程度来决定的。业务员只有通过自身良好的道德修养、幽默的语言艺术、得体大方的服饰和饱满的精神风貌，才能拨动客户的心弦。

（2）发放宣传资料

发放宣传资料如名片、宣传单、价格表等，是最广泛的业务推介方式，但成功率不高。主要原因是客户在选择快递服务时，会综合考虑到时效性、安全性、便利性、价格、品牌、快递企业的服务范围、双方合作方式及熟悉度、业务员的服务态度、服务的灵活性等诸多因素，一张名片或是宣传单几乎不可能为客户提供以上必要的决策参考信息。因此，快递企业要根据情况进行选择。

（3）发现潜在客户

发现潜在客户是整个推介过程的前奏。业务人员必须培养起主动发现潜在客户的意识，学会综合运用各种发现潜在客户的方法和途径。在此过程中，业务人员可以采用观察、打电话、发送信件乃至见面接触等方式。在这个阶段，业务人员应搜集尽可能多的与客户有关的信息，并建立客户档案，在所有潜在客户中寻找最有可能的客户。

（4）推介洽谈

推介洽谈是推介过程的一个重要环节。洽谈也称面谈，是业务人员运用各种方式、方法、手段与策略去说服客户购买的过程，也是业务人员向客户传递信息并进行双向沟通的过程。在此阶段，业务人员要通过熟练的提问技巧帮助客户确认他们的要求和问题，并运用充满魅力的演讲技巧，将快递产品体系(包括增值服务、特色服务)或服务的利益呈现给客户。

4. 业务推介失败的主要原因

在业务推介过程中，推介失败的原因主要有以下几个方面：

（1）业务不熟

快递业务员在推介过程中，对企业的产品不熟悉，向客户介绍不清楚，都可能导致客户的流失。

（2）对客户的需求了解不够

有些经验不足的业务员，认为客户最关心的仅仅是产品的价格与相关的优惠条件，与客户面谈时，他们往往单刀直入，试图用低价去说服客户购买本企业产品，忽略了客户的真实需要。

（3）对企业产品优势认识不足

每个企业都有自己的产品优势，如何把产品的优势介绍给客户，关系到业务推介的成败。如果业务推介人员对企业产品优势认识不足，使客户无法全面了解企业的产品优势，将会导致推介的失败。

（4）忽略售后工作

有的业务员一拿到订单，就把前面对客户的承诺与保证都抛到九霄云外，没有与客户建立持久的关系。

针对上述情况，快递业务员在推介业务过程中，要保持积极的心态善待客户，珍惜客户，处处为客户着想。要保持工作中的良好行为，注意礼节，赢得客户好感。要展现专业的服务水平，自信、专业、不夸大业务功能，不诋毁竞争对手。要诚实守信，公平竞争，避免不正当竞争。

学习单元二　快递客户维护

一、快递客户维护的途径与方法

（一）客户维护的含义

客户维护是指企业通过不断满足客户的需求，及时妥善地解决双方合作过程中出现的各类问题，从而与客户建立稳定的伙伴关系。

（二）客户维护的途径

进行客户维护、提高客户满意度、赢得客户忠诚是一项复杂的系统工程，维护的途径很多，主要做好以下几个方面的工作。

1. 从思想上认识到客户的重要性

快递业务员要真正做到“尊重客户，以客户为中心”，必须从思想上认识到满足客户的重要性。要认识到客户是企业利润的源泉，满足客户的需求是企业的荣誉，真正将“以客户为中心”落实到行动中去，而不应流于形式，只注重口号的宣传。

2. 培养忠诚的客户

培养忠诚的客户首先要有忠诚的员工，员工忠诚是客户忠诚的基础。要赢得客户，企业必须首先赢得员工。一方面要赢得员工在工作中的忠诚；另一方面又要避免员工的频繁跳槽现象，如果一个企业的员工总是频繁跳槽，这个企业就很难保证向客户提供一贯的服务，几乎不可能与客户建立长久而稳定的合作关系。客户在购买产品和服务的同时，无形中也购买了一种关系，这正是客户更愿意向了解他们的喜好和偏向的企业购买产品和服务的原因。所以企业首先要培养忠诚的员工，然后忠诚的员工才能提高客户满意度，创造忠诚的客户。

3. 预先考虑客户需求

提供差异化产品和服务，首先要考虑客户的需求，其次要根据不同需求提供差异化的产品和服务。在快递业务高速发展的今天，快递行业内的运营和产品成本已经接近社会平均成本，期望通过价格战来赢得客户已经变得越来越不可能，在这种情况下，为客户提供差异化产品和个性化服务就显得尤为重要。

4. 赢得老客户的满意和信赖

一般而言，企业的市场份额主要依靠两个来源：一是发掘新客户，二是维持老客户。在快递市场迅速发展的情况下，企业往往采用进攻型的市场策略，同时迅速发掘新客户来抢占市场份额。随着市场的不断成熟和竞争的加剧，获得新客户的难度越来越大，成本也越来越高，快递企业的客户服务目标也逐渐发生了变化。以前企业的主要目标是增加新的客户，而今天企业更关注提高客户的满意度和赢得客户忠诚。企业的目的不仅仅是得到客户，更重要的是留住客户，并在不断提高客户满意度的基础上建立起客户忠诚，这才是企业营销的根本性的战略任务。

5. 妥善处理客户异议

面对客户抱怨、客户投诉时不能逃避。客户对服务不满意，并不一定投诉。投诉的客户恰恰是对企业有一定期望和忠诚度的，他们的抱怨和投诉为企业提供了很有价值的信息，并帮助企业发现不足，找到企业的症结。做好此项工作，首先要加强企业管理：一是要有一个平台，这个平台要建立客户服务中心，它是企业与客户对话的基础；二是要保证渠道的顺畅，如柜台面诉、反馈信息卡、投诉电话、电子邮件、客户回访等都可以用来收集客户投诉的信息；三是要有规范处理流程，使受理、分析、处理、反馈都流程化；四是及时解决问题、挽回客户、恢复客户关系；五是惩处责任人、总结教训、内部整改。因此，客户投诉管理，核心工作就是处理好客户投诉，提高客户满意度，降低客户流失率。

6. 建立有效的反馈机制

一次交易的结束正是下一次合作的开始。事实上，客户非常喜欢把自己的感受告诉企业，客户服务人员友善而耐心的倾听能够极大地拉近企业与客户之间的距离。反馈机制就像建立在企业和客户之间的一个桥梁。通过它，双方能够更好地沟通感情，建立起相互信任的关系。而成功的企业正是善于倾听客户的意见，善于发现这些意见中有用的市场信息和客户需求，并将其转化成新的商机。反馈机制还包括对客户满意度的调查。通过调查会知道企业中存在的问题有哪些，客户的评价怎样，如何进行改进，企业下一步应该如何发展进步等。

（三）客户维护的方法

1. 客户拜访法

拜访的主要目的是让客户感觉到企业的关心和对产品的负责，企业应当制订详细计划，并多和客户主动接触，加强交流，了解客户的需求并对客户提供持续更有针对性的解决方案，以此来满足客户的特定需求。通过相互的交流建立起一种伙伴的“双赢”关系。客户在不经意间说出的一些建议和需求，往往会给企业带来新的商机。客户拜访常用的方式有：

① 主动给客户发函，询问客户的意见和需求。

② 定期派专人访问客户。

③ 定期召开客户见面会和联谊会等。

④ 将企业开发的新产品和发展目标及时告知客户。

⑤ 把握每一次与客户接触的机会，在一点一滴上赢得客户信任。

2. 电话、贺卡联络法

电话、贺卡是在现实生活中和工作中常用的联络感情的工具。如重要节日邮寄各种贺卡，会让客户感到意外和高兴。一个电话、几句简单的问候会使客户感到高兴，但是要注意语言得体、适当。

二、预防客户流失的措施

客户维护主要是做好与客户的感情联络，要加强沟通，培养与现有客户的关系，与他们建立起长期可盈利的关系。

笔记

1. 建立良好的客户关系

建立良好的客户关系，企业首先要致力于提高客户忠诚度，建立完善的客户管理体系，增强企业与客户的沟通和联系。感情是维护客户关系的重要方式。快递企业可通过日常拜访、节日问候、有针对性的专访等方式加强与客户的沟通，多了解客户的意见和需求，及时发现问题并立即采取措施处理，及时调整企业的经营策略，保证渠道的有序运作，有效降低经营风险，减少客户的流失，留住客户。

2. 加强服务质量管理

树立"客户至上"服务意识，为客户提供优质服务。提高服务质量是维护快递客户忠诚的最佳保证，是保持增长和盈利的有效途径，也是市场竞争的有效手段。在快递服务质量上下大功夫，保证快递产品的安全性、便捷性、准确性，才能真正吸引客户、留住客户。在处理客户的投诉问题上，要正面应对，不要推诿，要积极解决问题，并勇于承担自身责任。在服务过程中，要摆正态度，正确处理与客户的冲突，耐心、诚信、专业地化解矛盾，这样才能最大限度地留住客户，保持客户满意度。

3. 塑造良好的企业形象

良好的企业形象可以增加客户对快递企业提供的产品和服务的信赖度，有助于增强客户对快递企业的忠诚度，能让快递企业在行业中处于领先地位。快递企业形象的塑造主要包括内部形象和外部形象。这是根据接受者的范围划分的。

外部形象是员工以外的社会公众形成的对企业的认知，一般所说的企业形象主要就是指这种外部形象。企业要在社会公众中树立良好的形象，首先要靠自己的内功——为社会提供优良的产品和服务；其次，还要靠企业的真实传播——通过各种宣传手段向公众介绍、宣传自己，让公众了解熟知、加深印象。

内部形象则指该企业的全体员工对企业的整体感觉和认识。员工置身企业之中，不但能感受到企业外在属性，而且能够充分感受到企业精神、风气等内在属性，有利于形成更丰满深入的企业形象；但是如果缺乏内部沟通，员工往往只重局部，看不到企业的全部形象，颇有"不识庐山真面目"的感觉。我们认为，内部形象的接受者范围更小，但作用却很大，与外部形象有着同等重要的地位，绝不可忽视。

三、客户投诉的处理

（一）快递公司客户投诉原因解析

1. 快递公司的服务不到位

近年快递公司被投诉的主要问题包括：快递公司工作人员服务态度差、快递上门服务存在缺陷、快递延误、快件丢失或损坏、投递人员要求客户先签字后验货、投诉电话形同虚设，等等。快递公司不能为客户提供优质服务，工作人员服务不专业，工作人员的态度冷漠甚至粗鲁，客户的期望没有得到满足，自然引起客户不满，遭到客户投诉。

笔记

2. 有关快递的法律、法规相对滞后

快递业务存在一些不可控因素。比如，一些客户在邮寄贵重物品时想节省快递费或者考虑不周没有购买保险。一旦物品丢失客户又向快递公司索要全额赔偿，而快递公司只同意赔偿几倍的运费。快递公司的赔偿标准同客户的赔偿要求差距过大，因而引起客户投诉。

3. 客户和快递公司之间存在误解

有时候客户跟快递公司之间沟通不到位，没有进行有效交流，彼此之间就会产生误解。如果误解不能及时消除，就会使矛盾升级，引发客户投诉。

4. 个别客户的不合理要求没有被满足

千人千面，不同客户的性格以及文化素养存在很大差异。个别客户自身的修养不是很高，某种情况下可能会提出一些不合理的要求。一旦遭拒，就有可能引起投诉。

5. 收费标准不一

有时客户寄运同样一件快件，却收到不同报价。收件员在收件环节给出的报价与公司基准定价有较大差异。中国快递物流咨询网首席咨询师徐勇认为，“价格管理混乱是整个快递行业普遍存在的问题，快递属于竞争性业务，其价格遵循市场定价原则，国家在这方面没有定价权，尤其是在大量民营企业采用加盟制之后，快递员的自主定价权就变得更为明显，并逐渐变成行业内的潜规则。”

（二）快递公司正确应对客户投诉的意义

1. 可以提高客户的忠诚度

客户提出投诉，说明客户对快递公司的服务和品质仍然有所期待。市场营销的基本原理告诉我们：维持一个老客户和吸引一个新客户相比，前者的成本只有后者的1/5。一个投诉不满的客户背后有25个不满的客户。口碑的力量是巨大的。正确处理客户投诉并使客户满意，客户就会长时间地对该公司保持忠诚，就可能会免费为该公司进行正面宣传。如果不能正确处理客户投诉，客户就会对该公司失望，公司就会彻底失去这个客户。如果客户把负面信息进行传播，公司就会失去更多的客户。著名的蝴蝶效应理论说，南美洲亚马逊热带雨林中的一只蝴蝶扇动几下翅膀，几周后会在美国得克萨斯州引起一场龙卷风。不要轻视客户投诉，它引发的蝴蝶效应会给公司带来更大的损失。

2. 可以维护企业良好的形象

肯向企业提出中肯意见的客户，仍然对企业抱有较高的期望。这样的客户是企业的诤友。企业能够耐心倾听、弄清事实真相、并站在客户立场上将心比心地做出恰当的处理，就会赢回客户的好感，同时企业的服务水准会进一步提升。这样企业势必能够赢得更多客户的青睐，继续维持良好的形象。

3. 可以促进公司的发展

面对客户尖锐的投诉，受理人员会觉得委屈和难堪。但是如果受理人员能够心平气和地接受客户投诉，就会发现客户在投诉时无偿地提供了很多信息。如果企业能对反映的信息进行有效整合，就会发现自己的差距与缺失，使自己的服务得到改进；就会得到更多有用的市场信息，使公司的业务更好地开展。

笔记

（三）快递客户投诉处理流程

快递客户投诉处理流程如图 7-1 所示：

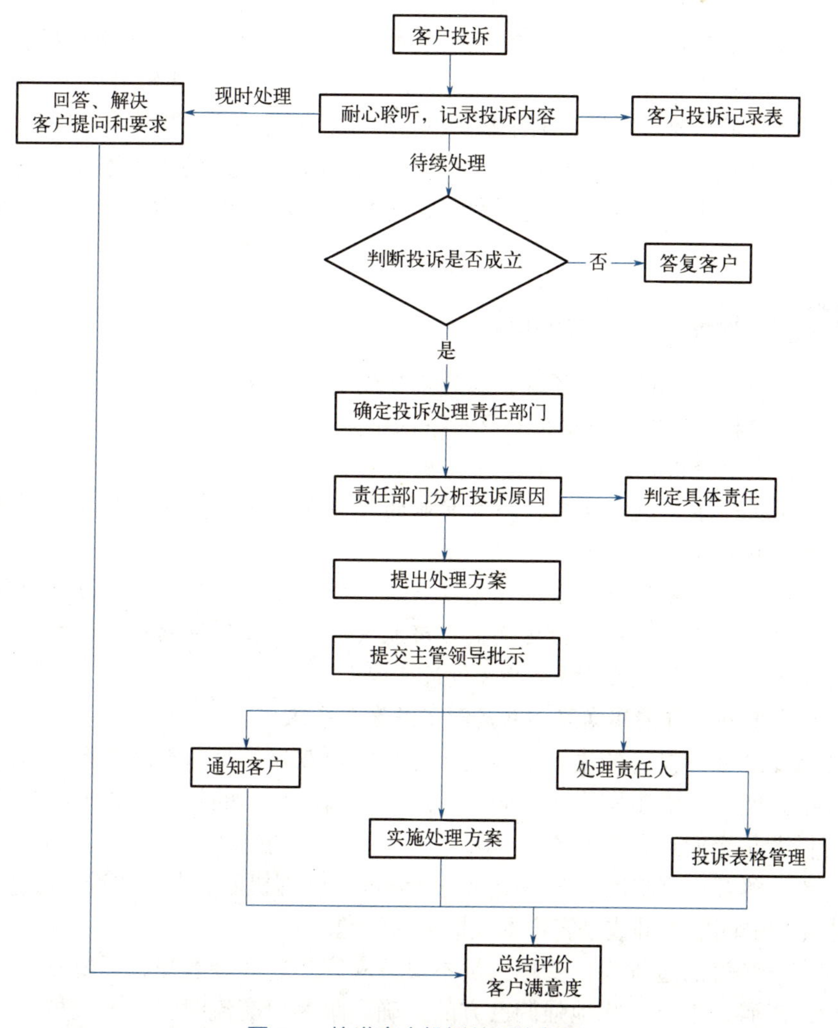

图 7-1　快递客户投诉处理流程图

要成功做好客户投诉管理，应注意以下几点：

① 整个企业及客户服务部门要树立为客户解决问题的指导思想来面对客户的投诉；

② 制定“一点投诉、全员互动、流程跟踪、快速响应”的服务模式；

③ 要建立专门的客户投诉部门，全面负责客户投诉，并要求由企业的重要领导牵头，保证面对投诉时能迅速有效地调动资源和协调各部门之间的关系。

客户投诉管理最大的价值在于提高服务质量，加强与客户的沟通及面向客户的请求响应机制，提升客户服务人员的专业技能和综合素质。

（四）快递公司客户投诉的应对技巧

1. 先处理情感，后处理事件

客户如果得到不公正的对待，或者没有得到热情而专业的服务，在投诉时一

笔记

般会情绪激动。聪明的做法就是先处理情感，后处理事件。要先让客户充分地倾诉。不管客户多么火冒三丈，受理人员都要以平静的心情倾听客户的投诉。不要把注意力集中在客户的情绪上，要明白自己仅仅是客户倾诉的对象，客户并不是冲着自己来的。要有同理心，站在客户的角度为客户考虑。不要急于解释和辩解，以免引起客户心理上更大的反感。在未弄清事实真相前，不要轻易做出判断，不要轻易做出承诺。要适时地对前来投诉的客户说“对不起”，告诉客户自己为他的不愉快经历感到遗憾。道歉可以缓解客户愤怒的情绪。即使道歉不能化解纠纷，但至少可以控制事态以免事态朝不利的方向发展。要让客户在离开时，激动的心绪已然恢复平静。

❖ 案例分析　某客户的投诉

某客户投诉，他的一份装着护照的快件没有及时派送到相关人员手中，给他们带来了一定损失，下面是这位客户与一位业务员的对话。

客户：我要投诉，你们丢了我一本护照，给我带来了巨大损失……

业务员：您不用这么生气，一本护照的损失没有您想象得那么严重，您可以通过补办来解决这个问题……

分析：可以想象客户接下来的态度和这个投诉处理的难度了。由于护照的丢失会造成很多麻烦甚至是其他方面的经济损失，如果我们仅站在“局外人”的角度去思考和对待这个问题，将会导致投诉处理失败。

2. 认真询问，弄清事实真相并及时了解客户需求

圆满处理客户投诉的关键是寻找企业与客户双赢的平衡点。获得双赢的前提就是仔细询问，弄清事实真相，同时了解客户内心真实的想法。要了解被投诉事件的责任者是企业还是客户本人；要了解客户投诉的是哪一个部门、哪一个工作人员；要了解客户反映的问题是企业规章制度、管理机制、业务水准、服务态度、承诺未兑现的问题，抑或是客户本人情绪的问题。

在客户倾诉的过程中，受理人员不要打断客户、怀疑客户，不要故意给客户设置投诉障碍，不要一味地强调己方的正确。跟客户交流时，受理人员要态度诚恳、和蔼可亲；要面带笑容、语速适中；要认真倾听、使用礼貌用语，让客户感受到诚意。这样才能减少客户的心理障碍，增加客户的信任感，让客户放松下来、畅所欲言。同时受理人员要及时记录客户反映的信息，不要遗漏。通过与客户交流，要明确客户投诉的本意是希望解决问题、获得补偿、兑现承诺、得到尊重，抑或只是情绪的发泄。投诉处理最好是由第一个受理人员为客户提供信息收集、协调解决及投诉跟进的全过程跟踪服务。

3. 在抱怨扩大之前解决问题，不要让投诉升级

投诉如果不能及时处理，很有可能会升级。处理投诉一定要注意时效性。处理投诉的关键在于沟通，要重视和客户的交流。处理客户投诉的重点不是分清责任，而是解决问题。处理客户投诉的积极态度是尽最大努力让客户满意。

事实真相明确之后，受理人员要迅速采取行动。如果客户对企业的投诉是客观事实，确实是企业的责任，企业就要接受客户的批评、向客户致歉并积极处理；

笔记

如果客户投诉的事情不该由企业负责，企业也要向消费者表示感谢。受理人员在对客户进行解释时，要掌握说话的分寸，要严守公司机密。如果受理人员的服务态度或解决方案不能让客户满意，就要及时地更换职位更高的客服人员继续处理。

4. 对客户投诉要及时跟进并适时回访

客户投诉的事情如果不能马上解决，受理人员就要对事件的处理及时跟进，并适时地把事件的进展反馈给客户。如果不能及时跟进和适时反馈，客户自然就会认为企业是在敷衍了事，企业并没有解决问题的诚意。那么客户在焦急等待的过程中，负面情绪就会不断积累，不利于问题的妥善解决。

客户投诉处理完成以后，受理人员要适时地对客户进行回访。要对给客户带来的不愉快再次致歉，同时要对客户提出的意见或建议真诚地表示感谢。在回访时要营造和谐友好的谈话氛围，争取重新修补已经断裂的客户关系，争取再次赢得客户的青睐。

（五）快递公司客户投诉应对技巧的提升

1. 树立以客户为中心的客户服务理念

快递公司的产品是快递服务。没有全心全意的服务，就没有客户的支持，那么企业就成了无源之水、无本之木，企业的生存就会岌岌可危。快递公司只有真正树立“客户第一”的服务理念，全方位地关注客户的每一个服务需求，为客户提供快捷、专业的服务体验，才能拥有旺盛的生命力。快递公司在其业务运转的每一个环节都要完全贯彻以客户为中心的现代客户服务理念，培养和增进与客户的感情，提高客户满意度，进而增强客户忠诚度。

2. 完善投诉处理机制

有时投诉的客户和不投诉的客户相比，更有意愿与公司继续保持业务关系。快递企业要建立畅通的客户投诉渠道，完善投诉处理机制，制定合理的赔偿标准并加强受理人员的执行力，才能够挽救投诉客户对企业的信心，才能够重新赢得客户的信任。

3. 建立受理人员的培训机制

为了提升客户投诉的应对能力，快递公司要建立客户投诉受理人员的培训机制以提升受理人员的职业素养和服务意识。通过培训，受理人员面对客户投诉时可以做到冷静而不失热情、公平而不失宽容；通过培训，受理人员能够跟客户进行耐心交流和有效沟通。

4. 完善受理人员的奖惩机制

快递公司要树立“以人为本”的现代企业理念。有了忠诚的员工，才能有忠诚的客户。投诉受理人员时常面对怒火冲天的客户，会承受较大的心理压力，适当的激励措施是必要的。合理的奖惩机制可以使优秀员工的付出得到企业的肯定，可以让他们快乐地工作，进而把快乐传递给客户，为企业增加正能量；同时可以使不努力工作的员工得到警示，促使他们向优秀员工学习，端正自己的工作态度。

优质客户服务是快递公司赢得客户忠诚度的关键。让我们借鉴沃尔玛的经营理念：第一条，客户永远是对的；第二条，如有疑问，请参照第一条。

学习单元三 快递客户分层管理

一、客户分层管理的概念

市场竞争的日趋激烈，让越来越多的企业把“以客户为中心”作为自己的口号，在研发、设计、市场、销售、服务等各个环节，越来越强调了解客户需求、满足客户需要。但是，客户这么多，需求也各不一样，到底应该以哪个客户为中心？“以客户为中心”并不代表以所有的客户为中心。企业的人力、物力资源总是有限的，若要有限的资源投入有最大的产出，就必须把资源投入最能够产生价值的客户身上。所以客户应该是分层次的，中心也应该是多层级的：具有最大价值的客户在最核心的位置，对他们需求的了解和满足也是最重要的；具有次要价值的客户则处于次核心的位置，对他们需求的了解和满足也处于次重要的位置。这就是客户分层管理。

一般来说，快递企业可以按照客户付款金额均值、信誉度以及客户的综合实力将客户分为重点大客户、本地大客户、中型月结客户、普通月结客户、现金客户和高端散客。重点大客户和本地大客户统称为大客户。付款金额均值指客户等级划分的前6个月平均值。具体划分如表7-1所示。

表7-1 快递客户划分标准表

客户等级	付款金额均值 X/（元/月）	参考内容
重点大客户	/	世界500强、中国企业500强、中国民企500强、行业标杆企业等高端客户群体
本地大客户	$X \geqslant 10000$	可能需要提供非标准的服务流程与产品解决方案
中型月结客户	$5000 \leqslant X < 10000$	/
普通月结客户	$X < 5000$	付款金额、票均金额、信用等级
现金客户	$X < 300$	现金付款的非月结客户群体
高端散客	$X \geqslant 3000$	专业市场内的重点潜力大客户，在全国或当地具较大影响力的，与快递企业有合作记录和较大发展潜力的集团重点大客户/项目客户

二、快递客户分层的基本原则

1. 对等原则

客户服务标准的设置遵循客户等级（价值）越高、所匹配的服务菜单越超值的原则。

2. 调整原则

客户服务标准所列出的内容不是固定的，将根据客户需求变化以及公司发展状况和服务能力进行调整。

笔记

三、快递客户分层管理的内容

快递客户分层管理即根据客户的等级，制定相应的服务策略和服务标准，各级服务策略如表 7-2 所示。

表7-2 快递客户分层管理各级服务策略表

客户等级	客户需求	服务策略	服务标准
重点大客户	在专享服务的基础上，能够与客户的业务流程实现无缝对接	为客户提供整体的物流（快递）与服务方案	定制服务、专享服务、增值服务、基础服务
本地大客户	在增值服务的基础上能够提供专享服务	改善客户关系，收集报备客户个性需求；1 个销售人员负责 50 家客户的维护对接工作	专享服务、增值服务、基础服务
中型月结客户	在标准服务的基础上希望服务增值	服务增值，客服部电话营销人员负责该等级客户的维护工作	增值服务、基础服务
普通月结客户	在便捷服务基础上，能够提供质量稳定的服务	长期收集与定期调整服务与流程	增值服务、基础服务
现金客户	希望提供便捷的服务	完善服务与流程	基础服务
高端散客	在标准服务的基础上希望服务增值	服务增值，地区客服部负责该等级客户的维护工作	增值服务、基础服务

四、快递客户服务标准

1. 基础服务

基础服务指满足客户日常投递快件需求的服务，如表 7-3 所示。

表7-3 快递客户基础服务内容表

下单	为客户提供多渠道的下单方式（如人工下单、网上下单、速运通电脑下单、手机下单等），保障线路畅通，及时为客户提供专业、热情、周到的优质服务
快件追踪	为客户提供多渠道的查单方式（如人工查单、网上查单、速运通查单、手机查单、短信查单、邮件订阅等），记录客户提供的快件信息，通过查单系统查询，核实客户身份并将快件状态及时反馈给客户
投诉	为客户提供多渠道的投诉途径（如人工客服、在线客服、全国投诉热线等），受理客户投诉问题、安抚客户情绪，详细、准确、完整记录客户投诉事件及进行调查核实，并将处理结果及时反馈给客户
理赔	受理客户合理的理赔诉求，按公司赔付标准与客户协商赔偿金额，确定赔偿金额后，提供相关资料办理赔金支付手续、支付赔金
需求与建议	为客户提供多渠道的建议与需求通道（如人工客服、在线客服、收派员等），确保客户需求与建议及时得到满足与解决

续表

积分计划	寄快件、选服务均可获赠积分，积分分为基础积分和奖励积分两部分
便捷服务工具	电脑、手机，以及签收短信、寄件短信、短信查件、邮件订阅等查件工具

2. 增值服务

增值服务指在基础服务内容的基础上，利用公司资源额外提供给特定客户群体享受的配套服务内容，如表 7-4 所示。

表7-4　快递客户增值服务内容表

预约收派服务	客户与公司（或收派员）双方协商约定，在指定的地点、指定的时间进行上门收件，一般情况下无须下单操作
个性化包装物料	根据客户所寄快件外包装状况，对外包装不符合运输要求的快件提供免费加固包装服务，并可根据客户的特殊需求，开发新型个性化包装物料，以更好地保护快件安全
积分差异化专享	在月结客户通用积分兑换渠道外，支持各区域按一定程度分客户层级设置礼品专享兑换区，为限定级别的客户专享，体现差异化分级服务策略
电子专刊	通过建立电子专刊，加强与客户之间的交流，并通过电子邮件的方式主动发送给客户
免签回单	在成功派送快件后，免费将寄件方客户提供的需收件方客户签名的收条或收货单之类的单据返回寄件方客户
业务优先推荐	优先为客户宣导新产品、新服务信息，例如通过电话、邮件及派发宣传彩页等，适当情况下公司管理人员（主要指分点部负责人）、大客户销售等岗位应主动上门拜访
日常关注	建立公司与客户之间双向沟通渠道，对客户进行定期服务回访，在传统节假日主动发送祝福短信、邮件及赠送相关礼品（如中秋月饼、新年台历等），加强情感交流，同时遵循职位对等原则，如拜访客户高层时，邀请市场销售部 / 客服部高级经理或地区总经理参与

3. 专享服务

专享服务指公司根据某一家客户的企业、行业特点或性质，按该客户产品类型、服务流程或其他需求提供的特殊的服务方式，具体内容如表 7-5 所示。

表7-5　快递客户专享服务内容表

绿色服务通道	呼叫中心大客户专线：为大客户设置服务专线，实现大客户来电免排队 / 免选择语音并直接转大客户专线座席接听，优先接入以保障线路畅通。 大客户固话专线：在地区设置大客户固话专线，客户可直接拨打大客户专线由专人受理业务需求。 大客户工单受理：大客户工单实现系统自动识别流转至大客户代表专人受理，保障大客户问题处理效率
国内转第三方支付	客户使用公司提供的寄递服务所产生的运费及增值服务费用（如保价费等），可根据客户的需要，由寄件、收件双方客户所在地区之外的国内其他地区的第三方客户支付
一对一财务服务	为大客户提供优先对账及开发票服务，同时，可提供 EXCEL 或 PDF 格式电子账单供客户选择

续表

快速理赔	保价赔付标准：快件发生丢失或完全损毁（快件价值完全丧失）时，足额投保的，按照声明价值进行赔偿，不足额投保的，按照投保比例赔偿；快件发生部分损毁（快件价值部分丧失）时，按照丧失部分的价值占比进行赔偿。 非保价赔付标准：由地区根据赔偿标准，经核实确认属实后进行赔偿
物料主动配发	每月定期根据客户业务特点主动配送相应物料，提高客户的满意度
赠送快递辅助工具	为方便客户收寄快件时进行预包装、称重、填单等准备工作，公司可考虑赠送客户快递辅助工具套装，如手提秤、剪刀、介刀、签字笔等；对于使用电子运单较多（每天 10 票以上）的客户，由公司赠送打印机供客户使用，方便客户操作及节省收派员的填写时间
免收委托件服务费	大客户委托件享受免收服务费的优惠，系统将会自动减免该项费用

4. 定制服务

定制服务指公司为高端客户提供咨询服务及为客户提供整体的物流（快递）解决方案，此类服务方式不存在通用性，如表 7-6 所示。

表7-6 快递客户定制服务内容表

咨询服务	为客户提供快递、报关、报检、快递托寄物等相关的专业咨询服务，必要情况下可安排双方人员进行面对面交流或提供相关的培训支持
解决方案	根据客户的个性化需求、供应链流转、与上下游合作关系及紧急情况下的特殊服务模式等，为客户提供整体的物流（快递）解决方案
服务立项	根据客户的整体情况（如操作要求、快递规模等），设立服务项目小组和项目负责人，推进客户服务的整体工作，为客户提供项目型的新服务模式

笔记

实训项目七

1. 实训目标

通过对快递企业客服代表常见沟通问题的模拟训练，提高学生处理客户投诉的技能，掌握常见沟通问题的应对技巧。

2. 实训内容

模拟常见的客户投诉的情景，要求学生扮演客服代表，针对客户投诉的问题进行处理。

情景一：客户对航班延误的快件提出质疑，当回复客户航班因天气原因或香港件清关异常 / 查货导致快件延误时，客户提问："为什么其他公司没有受影响？"

情景二：服务承诺口径方面的问题，比如客户问："为什么客服回答到件时间口吻不一，前一分钟咨询与后一分钟咨询到件时间都不一样？为什么你们客服人员与收派员的说法不一？"

情景三：客户不停使用侮辱性语言时，多次提醒无效，客服人员应如何应答？客户提出无理要求时，客服人员应如何拒绝？譬如客户问："你们说我的地址超范围，要我自取或退回给寄方处理，你们公司这么大，难道就不会安排专人把快件派过来吗？"客户不接受更改付款方式加收 20 元，多次尝试说服未果，客户坚称不会增加费用并要求派件。

情景四：由于客服代表错误承诺，导致客户改寄其他公司产生问题后，致电到我司要求索赔。该如何回复？

情景五：已寄出的超范围快件，收方不愿意自取和改派，向客户解释，客户指责公司原因造成，就应由公司自行承担，不同意代转邮局等处理建议，坚持要求立即派送，且不能耽误派送时间，否则将要求赔偿其损失。客服该如何处理？

情景六：分拨错误导致延误派件（同城件）向客户致歉，客户不接受，并扬言向上投诉得越激烈，公司是否赔付越多，并表示不在乎赔多少，就是要在网上投诉。此类客户用意不在理赔，而在刻意制造负面影响，如何处理？

3. 实施步骤

① 两人一组，分饰客户和快递客服两个角色进行情景模拟。

② 组织展开讨论，确定各个情景下客服应如何应对。

4. 检查评估

完成表 7-7。

表7-7　能力评估表

能力		自评（10%）	小组互评（30%）	教师评价（60%）	合计
专业能力（70 分）	客服的基本礼仪与规范（20 分）				

笔记

续表

能力		自评（10%）	小组互评（30%）	教师评价（60%）	合计
专业能力（70分）	处理客户投诉的方法的正确性（20分）				
	处理客户投诉的应对技巧（20分）				
	总结报告的撰写（10分）				
方法能力（30分）	应变能力（10分）				
	表达能力（10分）				
	沟通能力（10分）				
综合评分					

思考与练习

1. 如何进行快递客户的开发和业务推介？
2. 快递客户流失的原因有哪些？如何有效减少客户流失？
3. 快递客户维护的技巧有哪些？
4. 客户分层管理对快递企业来说有何意义？

学习情境八

快递信息管理与服务创新

学习目标

知识目标

① 了解快递信息采集的环节及内容；

② 熟悉快递信息处理和分析的方法；

③ 掌握农产品寄递服务作业的要求、条件及主要环节；

④ 掌握快递企业融仓配一体化运作流程；

⑤ 掌握快递末端网点管理的主要内容。

能力目标

① 能结合快递信息统计分析结果进行管理决策；

② 能完成对农产品快件的收寄服务；

③ 能为客户设计融仓配一体化服务模式；

④ 能对快递末端网点进行管理。

素质目标

① 具备良好的信息素养和创新意识；

② 树立严谨、安全的服务意识和管理意识。

❖ 案例导入　助农兴农，德邦快递多措并举发力农产品快递物流与销售

笔记

快递业已经成为整个社会经济运转的重要枢纽。如今，快递业已经步入成熟，社会的要求也在不断提升，特别是农业发展，近期更是成为深受社会关注的一大话题。农业的发展离不开快递业的支持，为更好地助力农产品的物流和销售，德邦快递积极发挥自身的物流优势，深入布局“互联网＋农业＋运输”的模式，让农产品出村变得更简单。

随着农业发展和农村消费潜力的释放，实现城乡生产与消费的有效对接势在必行。多年来，德邦快递扎根乡村，多措并举发力农产品物流与销售，取得了令人瞩目的成绩。首先，德邦快递充分发挥直营、大件优势，根据实际情况为硒砂瓜、茶叶、大闸蟹等农产品定制运输解决方案，通过设置寄送直发专线、增加车辆车次、优先运发、优先投递等保障农产品运输，实现农民增收和自身业务的双增长。

其次，德邦快递继续面向全国布局“互联网＋农业＋运输”的模式，深耕水果生鲜市场，在最短的时间内将天水苹果、大连樱桃、巫山李子、周至黑布林、赣南脐橙、都江堰猕猴桃、凉山橄榄、象山蜜橘等特色产品送至千家万户。目前，德邦快递已实现浙江、上海、苏南、安徽部分区域和西北省内24小时送达，全国48小时到72小时送达。

不仅如此，德邦快递还主动为广大农户增收献计出力，一方面通过直播带货等科技手段帮助农户打开春茶等产品销路，另一方面自主搭建“邦安选”和“西北农鲜生”两个农业电商平台，以销带运，助力特色农产品销往全国。

这些举措拉近了德邦快递与农民群众的距离，提升了德邦快递在农民群众心目中的存在感，形成了企业经济效益和社会效益“双赢”局面，为推进乡村振兴贡献了行业力量。

德邦快递能够紧跟时势，抓住直播带货的风口助力农产品销售，并深入探索农产品特性，推出多个定制化运输方案，提升快递服务品质，多措并举让乡村快递更便捷，让农产品快递运输更安心，为当地经济和农民的生活水平提升做出了巨大贡献。在广获好评的同时，德邦快递也将继续深耕、完善乡村快递服务，让更多人体验到时代发展的便捷和高效。

问题与思考：

1. 德邦快递通过哪些措施发力农产品快递物流？
2. 农产品寄递相比普通货物寄递有哪些特殊的要求？

学习单元一　快递信息采集、查询与分析

一、快递信息采集

1. 快递信息采集的含义

信息采集，是通过应用一定的识别装置，自动地获取被识别物体的相关信息，并提供给后台的处理系统来完成相关后续处理的一种技术。

快递信息采集是快递服务组织记录快件在寄递主要环节的处理信息，包括处理时间、处理场所、处理状态和处理结果等，并据此向用户提供快件查询信息及形成用于数据处理和分析的数据库。

知识链接　物流信息采集的作用

物流信息采集技术，是物流过程中不可缺少的应用技术之一，被普遍认为是现代物流的基础，是物流自动化的底层技术，是最基本的一项工作。从某种意义上说，物流信息采集技术的应用，关系到物流智能化的成败。

物流系统的目的是完成物料的移动，对过程中产生的数据进行有效全面的收集就是采集。一切的采集都是为了数据，物流在运行的同时产生着各种动态和静态的数据，由下而上的采集传递就是数据被集中的过程。底层的所有数据都汇集起来，依附于强大的数据库技术，采用一定的方法，对过程中的关键要素以数据的形式提取出来，同时应用于控制、跟踪等功能。

采集与标识相辅相成，标识就是把在供应链中运转的物品进行标识，形成一条纽带，把产品的生命周期各阶段发生的信息连接在一起，为物流中的物品提供一套完整的代码标识体系，为供应链管理的各个环节提供了一种通用的语言符号。比如物品的编号、编码、体积、重量等经采集通用后，货物在不同公司之间交接就省去了各种繁重的重复性信息输入和录入，降低了社会劳动总成本。采集是物流智能化的核心基础，智能物流已经从最初的概念逐步走向实际应用，自动采集技术在仓储、运输、包装及配送等物流环节上都能大显身手，帮助物流企业实现信息化和智能化。

智能物流依赖于信息技术和网络技术的支持，而这两项技术都需要数据保证，采集技术就是数据加工处理最便捷、最可靠的基本手段之一。数据通过自动识别技术传输到计算机和网络，形成物流的信息流，以达到监控、跟踪、检索、查询、溯源的目的。

没有物流的高效采集，任何先进的技术设备都不可能应用于物流领域。条码技术、射频自动识别采集系统，是自动分拣系统、自动存取系统、自动导向车、货物自动跟踪系统等的基础与前提。

笔记

2. **快递信息采集的环节及内容**

首先在快件收寄环节，依据快件的信息和收、发货人的信息，填写纸质运单或在电脑及手机端填写电子运单。运单上会有一维条形码或二维条形码，其会对应一串数字，就是运单号，也可称为快件编号，信息录入完毕并确认后就会在企业的快递信息系统完成快件信息与运单号的绑定，同时也完成了收寄环节的信息采集。

此后所有快件流转的后续环节如图 8-1。可以通过扫描运单上的一维条形码或二维条形码来完成相应作业环节的信息采集，具体如表 8-1 所示。

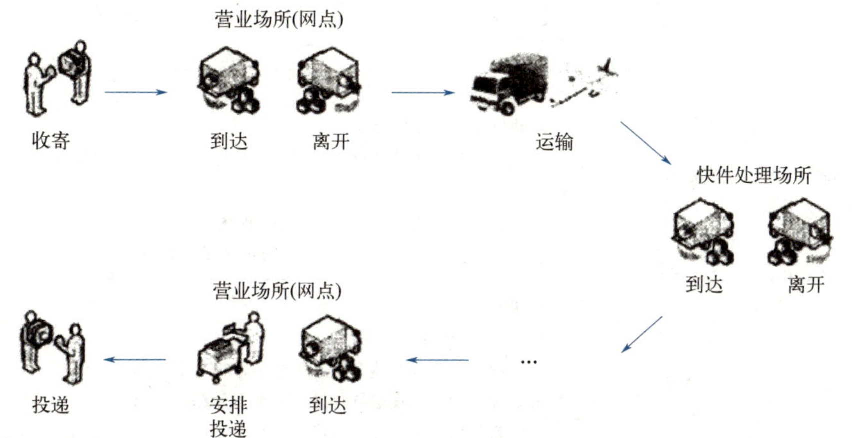

图 8-1 快件处理流程图

表8-1 快件各处理环节信息采集及内容

处理环节	采集信息	信息内容
收寄	应采集快件基本信息和收寄状态信息，其中收寄状态信息供用户查询使用	a. 快件编号。 b. 快件状态：收寄。 c. 处理时间：指快件收寄时的日期和时间，精确到分。 d. 处理场所：指收寄快件的快递营业场所的名称。 e. 收派员：指收寄快件的收派员姓名及联系电话。 f. 目的地：指快件寄达区域信息，国内快件的目的地多为省、自治区、直辖市信息，国际快件和港澳台快件的目的地为国家或地区信息
到达营业场所、快件处理场所	应采集到达快件处理场所的信息	a. 快件编号。 b. 快件状态：到达快件处理场所。 c. 处理时间：指快件到达营业场所、快件处理场所的日期和时间，精确到分。 d. 处理场所：指快件到达的营业场所、快件处理场所的名称。 e. 上一处理场所：指快件经过的上一个营业场所、快件处理场所的名称。 f. 备注：简要说明需要说明的问题，如快件破损等，本项为可选项
离开营业场所、快件处理场所	应采集离开快件处理场所的信息	a. 快件编号。 b. 快件状态：离开快件处理场所。 c. 处理时间：指快件离开快件处理场所的日期和时间，精确到分。 d. 处理场所：指快件将离开的快件处理场所的名称。 e. 下一处理场所：指快件将被送达的下一个快件处理场所的名称。 f. 备注：简要说明需要说明的问题，如快件撤回等，本项为可选项

续表

处理环节	采集信息	信息内容
运输	应采集运输信息	a. 快件编号。 b. 快件状态：运输。 c. 处理时间：指运输工具实际发运的日期和时间，精确到分。 d. 下一处理场所：指快件将被送达的下一个快件处理场所的名称。 e. 在途信息：指快件当前时间的运输状态及地理位置等信息，本项为可选项。 f. 预计到达时间：指运输工具预计到达下一处理场所的日期和时间，精确到分，本项为可选项。 g. 运输工具定位：指在地图上显示的运输工具的位置信息，本项为可选项
安排投递	应采集安排投递信息	a. 快件编号。 b. 快件状态：安排投递。 c. 处理时间：指按快件投递线路分派投递任务的日期和时间，精确到分。 d. 处理场所：指快件所在的快件处理场所的名称。 e. 收派员：指被安排进行快件投递的收派员的姓名及联系电话
投递	应采集签收信息或签收失败信息	a. 快件编号。 b. 快件状态：投递成功。 c. 处理时间：指用户签收快件的日期和时间，精确到分。 d. 处理场所：指收派员所属的快件处理场所的名称。 e. 签名信息：指收件人或代收人实际签署的名称和时间等内容，如收件人本人签收，可用“本人收”代替实际签署的名称。 f. 签收图像：指签名信息的扫描图像，本项为可选项

注：收派员上门收寄或投递时，可使用手持终端等无线设备在收寄或投递地点及时录入快件收寄或投递信息，也可事后在规定的时间内进行收寄或投递信息的补录。

❖ 知识链接　寄递服务用户个人信息安全管理规定

寄递服务用户个人信息，是指用户在使用寄递服务过程中记录的个人信息，包括寄（收）件人的姓名、身份证件号码、地址、电话号码、单位名称、个人生物识别信息以及寄递运单号、时间、物品明细等信息。为了保护寄递服务用户的个人信息，2023 年出台了《寄递服务用户个人信息安全管理规定》，规定主要内容：

① 寄递企业应当建立健全寄递服务用户个人信息安全保障制度和措施，明确企业部门、岗位的安全保护责任，合理确定寄递服务用户个人信息处理的操作权限，定期对从业人员进行安全教育和培训。

② 寄递企业收集寄递服务用户个人信息应仅限于实现完成寄递服务全流程操作目的的最小范围，不得过度收集用户个人信息。寄递企业应当与其从业人员签订寄递服务用户个人信息保密协议，明确保密义务。

③ 寄递企业为完成寄递服务全流程操作委托第三方或者其他寄递企业等开展代收代投、清关等业务，需要对寄递服务用户个人信息数据进行委托处理时，应当事前进行寄递服务用户个人信息保护影响评估，并依法约定委托处理的目的、期限、处理方式、个人信息种类、保护措施及双方权利义务，并对受托人的个人

笔记

信息处理活动进行监督。受托方发生寄递服务用户个人信息安全事件导致信息泄露、篡改、丢失的，寄递企业应当依法承担相应责任。

④ 寄递企业应当对快递电子运单单号资源实施全过程管理，并采用射频识别、虚拟安全号码、电子纸等有效技术手段对快递电子运单信息进行去标识化处理，防止运单信息在寄递过程中泄露。

其中，去标识化是指个人信息经过处理，使其在不借助额外信息的情况下无法识别特定自然人的过程。去标识化的目标是通过对直接标识符或间接标识符进行删除或变换，使得攻击者无法根据去标识化个人数据识别出特定主体。以身份证号去标识化为例，如具体身份证号“490301202701011768”可以使用“490301********1768”或者“GG44M6801”替代，或电话号码“12168686291”，可以使用“121****6291”替代，变换前后的编码标识是可逆的。

二、快递信息查询

1. 查询渠道

快递服务主体应提供电话、网站、APP 等免费查询渠道。

2. 查询受理时间及内容

快递服务主体应提供 7×24 小时查询服务，应提供全程跟踪的即时查询服务，包括快件服务环节、寄递轨迹等信息。用户通过相应查询渠道，录入运单号（快件编号）后，会显示快件历史及当前的处理状态、场所和时间等。

3. 查询信息有效期

查询信息有效期是指自快件收寄之日起，到快递服务主体可受理用户查询的最长时间间隔。国内快件查询信息有效期应为 1 年。

三、快递信息处理与分析

快递的主要服务对象是电商。在电子商务环境下，快递物流活动伴随着数据的管理，通过数据分析，可以帮助电商企业完成实时快递物流订单追踪、订单时效监控以及异常物流诊断等，避免因为快递物流原因造成用户投诉和用户流失等，而电商企业却只能被动接受这一结果。

快递物流水平直接影响着店铺卖家服务评级系统（Detail Seller Rating，DSR）中的物流服务分数，如图 8-2 所示。物流服务的优劣也是用户选择下单与否的重要参考依据。

评分详细		
用户评价：	8.82	低
物流履约：	9.45	高
售后服务：	8.99	中

(a) 京东某店铺DSR评分

店铺动态评分		与同行业相比		
描述相符：	4.9	↑	高于	32.36%
服务态度：	4.8	↑	高于	34.18%
物流服务：	4.9	↑	高于	48.45%

(b) 天猫某店铺DSR评分

图 8-2　不同电商平台某店铺的 DSR 评分

笔记

1. 订单时效分析

订单时效是指用户从完成订单支付开始，到用户完成商品签收的时间跨度，即支付到签收时长。随着电商的发展，用户对于物流时效的感知和要求越来越高，在追求用户体验极致的今天，订单时效是提升用户体验、增强用户满意度的基本要素之一。

订单时效分析的主要目的是通过数据分析找出影响订单时效的因素及不同快递公司之间的差距，从而有针对性地进行流程优化，以达到更优的效率。订单时效分析指标及具体内容如表 8-2 所示。

表8-2　订单时效分析指标

序号	指标	具体内容
1	响应时间 = 平均发货时长 – 揽收时长	商品发货到物流揽收的平均时间，衡量快递企业对订单响应速度
2	运作时间 = 平均揽收时长 – 签收时长	物流揽收到用户签收的平均时间，衡量快递企业订单的处理与运作速度
3	揽收包裹数	物流公司回传了揽收信息的物流包裹数
4	签收成功率 = 签收成功包裹数 /(签收成功包裹数 + 拒签包裹数）	签收成功的包裹数占总派送包裹数的比例

将企业实际订单中不同快递物流公司的相关指标对比，如表 8-3 和表 8-4 所示，以找出最优方案。

表8-3　韵达快递的订单时效分析指标

收货地	揽收包裹数	占比	（平均发货时长 – 揽收时长）/h	（平均揽收时长 – 签收时长）/h	签收成功率
中国全部	806	9.04%	4.93	48.65	100%
广东省	120	1.40%	8.05	50.57	100%
浙江省	115	1.34%	5.80	50.40	100%
江苏省	114	1.33%	4.02	43.60	100%
上海市	88	1.03%	3.11	45.73	100%
湖北省	67	0.78%	4.89	42.86	100%
山东省	56	0.65%	3.08	41.92	100%
安徽省	55	0.64%	2.13	43.86	100%
江西省	45	0.53%	0.46	41.65	100%
湖南省	37	0.43%	9.56	52.67	100%

表8-4 中通快递的订单时效分析指标

收货地	揽收包裹数	占比	（平均发货时长 - 揽收时长）/h	（平均揽收时长 - 签收时长）/h	签收成功率
中国全部	8450	98.59%	1.14	45.47	99.98%
广东省	1195	13.94%	1.26	47.95	99.91%
江苏省	920	10.73%	1.10	45.55	100%
浙江省	745	8.69%	1.09	46.06	100%
河南省	524	6.11%	1.18	37.34	100%
山东省	520	6.07%	1.16	46.51	100%
上海市	475	5.54%	1.12	47.32	100%
北京市	448	5.23%	1.00	43.80	100%
陕西省	431	5.03%	0.93	24.19	100%
湖北省	367	4.28%	1.08	39.07	100%

快件在流转过程中，各环节信息的采集都包含时间要素，所以这里的平均发货时长 - 揽收时长和平均揽收时长 - 签收时长可以调用存储在系统里的时间数据直接计算出来。观察以上数据，揽收包裹数足够支持数据分析，可以代表该快递公司在不同区域的运送效果。很明显，中通快递在各地区的平均发货时长 - 揽收时长均小于韵达快递。

然后，以平均揽收时长 - 签收时长指标为重点分析对象，对以上数据进行整理，结果如表 8-5 所示。

表8-5 两个快递公司在不同省份的运作时间对比 （单位：h）

省份	韵达快递	中通快递
广东省	50.57	47.95
浙江省	50.40	46.06
江苏省	43.60	45.55
上海市	45.73	47.32
湖北省	42.86	39.07
山东省	41.92	46.51
安徽省	43.86	48.01
江西省	41.65	49.31
湖南省	52.67	48.02
四川省	56.93	40.03
河南省	46.43	37.34

续表

省份	韵达快递	中通快递
吉林省	53.29	65.58
福建省	48.01	52.63
辽宁省	70.46	60.54
北京市	51.91	43.80
青海省	68.83	56.97
云南省	50.99	55.68
贵州省	69.64	48.04
重庆市	45.58	40.38
广西壮族自治区	99.56	56.60
山西省	43.83	40.26

统计结果可视化：为了更直观地展示数据分析结果，可以插入簇状柱形图，如图 8-3 所示，两大快递在不同地区的运作时间一目了然，在不考虑运费的情况下，商家可根据分析图对不同地区的订单选择更高效的快递。此外，商家还可根据以上方法，加入其他快递公司共同进行比较分析。

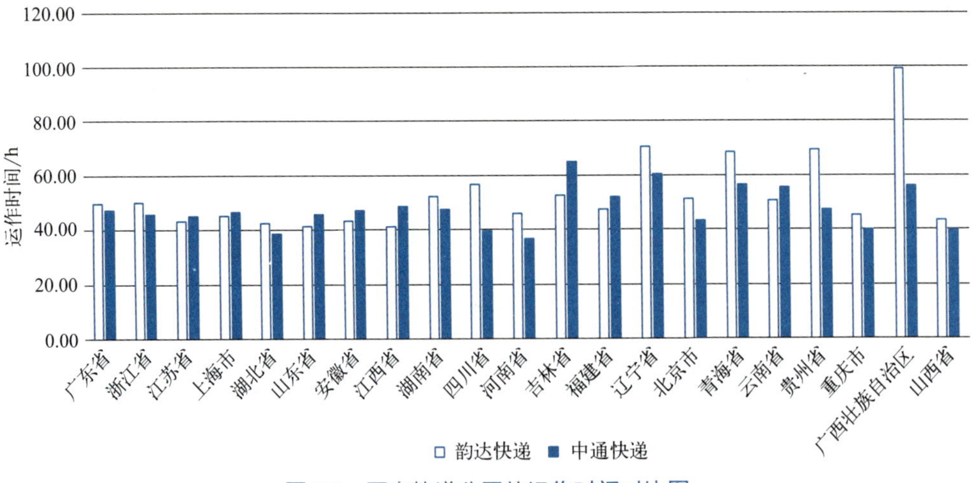

图 8-3　两家快递公司的运作时间对比图

2. 异常快递物流分析

异常快递物流主要类型、表现及原因如表 8-6 所示：

表8-6　异常快递物流分类表

异常物流分类	具体表现	主要原因
发货异常	用户下单完成支付后超过 24 小时仍未发货的包裹	缺货出货量大，不能及时发货，订单被遗漏等

续表

异常物流分类	具体表现	主要原因
揽收异常	商品发货后超过 24 小时仍未揽收的包裹	物流公司原因，物流信息未及时上传
派送异常	物流揽收后停滞超 24 小时仍未派送的包裹	物流运输原因，物流信息未及时上传
签收异常	当日派件，但在次日还没有签收的包裹	快递原因导致未妥投，如货物破损等；客户原因导致未妥投，如客户拒签、改签等；节假日、恶劣天气等导致未妥投

图 8-4 为某电商企业 2022 年 11 月 5 日的异常快递物流统计数据，接下来我们对该企业当日的异常快递物流数据进行分析。

	A	B	C	D	E	F	G	H
1	统计时间	订单编号	买家会员名称	订单创建时间	物流公司	运单号	物流异常原因	异常物流分类
2	2022-11-5	[illegible]	[illegible]	2022-11-3 12:45	-	-	超48小时未发货	发货异常
3	2022-11-5	[illegible]	[illegible]	2022-11-1 18:32	中通	[illegible]	超72小时未揽收	揽收异常
4	2022-11-5	[illegible]	[illegible]	2022-10-22 16:12	中通	[illegible]	物流停滞超48小时	派送异常
5	2022-11-5	[illegible]	[illegible]	2022-10-23 19:35	顺丰	[illegible]	物流停滞超48小时	派送异常
6	2022-11-5	[illegible]	[illegible]	2022-10-24 19:35	中通	[illegible]	物流停滞超48小时	派送异常
7	2022-11-5	[illegible]	[illegible]	2022-10-24 21:05	中通	[illegible]	超24小时未揽收	揽收异常
8	2022-11-5	[illegible]	[illegible]	2022-11-2 21:39	-	-	超48小时未发货	发货异常
9	2022-11-5	[illegible]	[illegible]	2022-11-2 22:12	-	-	超48小时未发货	发货异常
10	2022-11-5	[illegible]	[illegible]	2022-11-3 9:32	-	-	超48小时未发货	发货异常
11	2022-11-5	[illegible]	[illegible]	2022-10-28 11:52	中通	[illegible]	超48小时未签收	签收异常

图 8-4　异常快递物流数据统计

使用数据透视表，统计出各类异常快递物流的订单数，并以百分比展示，如图 8-5：

行标签	计数项:异常物流分类
发货异常	40.00%
揽收异常	20.00%
派送异常	30.00%
签收异常	10.00%
总计	100.00%

图 8-5　各类异常快递物流数据占比

统计结果可视化：为了更直观地展示数据分析结果，可以插入三维饼状图，形成异常快递物流分析图，如图 8-6 所示。

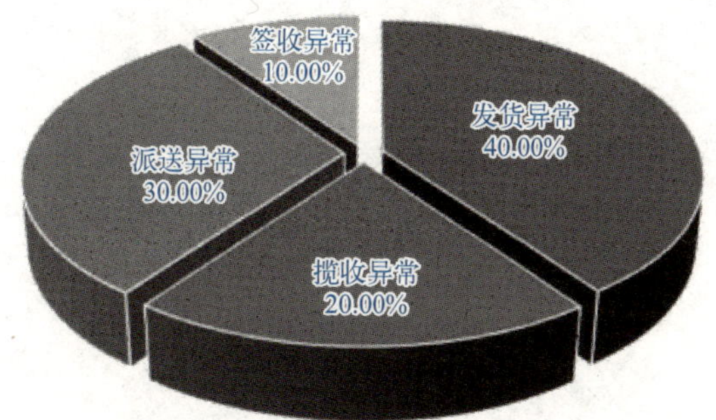

图 8-6　异常快递物流分类比重图

M8-1 扫一扫看微视频“快递信息处理与分析”

数据分析：根据以上分析，快递物流异常主要原因是发货异常，然后依次是派送异常、揽收异常和签收异常。发货异常属于企业内部原因，可以首先确认是因为活动量大造成的发货延缓，还是因为库存不足造成的暂时无法发货，然后及早与用户联系沟通，说明原因，同时找出解决方案。揽收异常和派送异常的主要原因来源于物流公司，企业可以通过电话与快递物流公司进行联系，询问原因并进行催促。如有必要，可以考虑更换合作快递物流服务商。签收异常可以通过电话与用户进行沟通，询问原因或是提醒用户注意查收。

学习单元二　农产品寄递服务作业

一、农产品含义及类型

农产品是指来源于农业的初级产品，即在农业活动中获得的植物、动物、微生物及其产品。邮政企业、快递企业寄递的农产品一般包括：

① 粮食、油料及干果；

② 生鲜水果、蔬菜、食用菌、茶叶、花木、牛奶、禽肉蛋，以及冷鲜冷冻水产、冷鲜冷冻畜禽肉；

③ 活体农产品，包括畜牧产品、鲜活水产品，其中鲜活产品在快递服务中较为常见，主要有海洋和淡水渔业生产的新鲜活体动物水产品，主要包含鱼类、蟹类、虾类、贝类及不另分类的水产品（龟鳖）。

二、农产品寄递服务的要求

邮政企业、快递企业宜加强与农产品生产企业、农民专业合作经济组织、农产品电商企业或农户的协调沟通，主动提示寄递要求，提供符合寄递要求的包装材料和包装方案。有能力的邮政企业、快递企业，可提供预冷、分级、仓储、前置包装等增值服务。

1. 精细服务

邮政企业、快递企业应至少细化至中华人民共和国农业行业标准《农产品分类与代码》（NY/T 3177）规定的三级品类，明确收寄范围和标准，配备相关设施设备，制定操作规程和质量控制措施，完善赔偿政策，提供精细化农产品寄递服务。

2. 品质保障

邮政企业、快递企业应加强农产品寄递质量控制，减少农产品损耗，保障农产品品质。对需冷链寄递的农产品，邮政企业、快递企业应保证温度环境满足需求。

3. 快速处理

各寄递服务环节宜优先处理农产品邮件快件，寄递服务时限不应超出规定的时限或邮政企业、快递企业承诺和约定的时限。

4. 绿色环保

邮政企业、快递企业服务过程中所采用的包装物及其他设施应符合绿色环保、安全卫生的要求，不应使用含有重金属及限定物质超标的包装材料。其中，与农产品直接接触的包装材料应达到国家食品安全标准要求。邮政企业、快递企业可采取措施，支持农产品生产企业、农民专业合作经济组织、农产品电商企业或农户使用符合寄递要求的包装材料，减少二次包装，避免过度包装。

笔记

三、农产品寄递服务条件

开展农产品寄递服务条件主要包括组织管理条件、设施设备条件、人员条件和信息管理条件。

1. 组织管理条件

① 邮政企业、快递企业应成立从事农产品寄递的部门，配备相应的工作人员、设施设备和信息系统，具备提供农产品寄递服务的能力。

② 邮政企业、快递企业应建立与所寄递农产品相适应的寄递质量管理体系，健全质量管理制度和作业规范。

③ 邮政企业、快递企业应建立健全应急处置预案，制定交通阻塞、灾害性天气及控温失效等突发情况的应急措施。

2. 设施设备条件

① 邮政企业、快递企业应配备与所寄递农产品相适应的设施设备。寄递对温度、湿度等有特殊要求的农产品，应当具备保温、冷藏或者冷冻等设备设施，并保持有效运行。对于季节性农产品，应提前做好资源调配。

② 与农产品接触的设施设备不应与农产品发生化学反应，不应释放有害物质向农产品迁移。

③ 与农产品接触的设施设备应定期清洗消毒。对于下列情况，每次使用后应及时清洗、消毒直接接触农产品的设施设备用品：寄递活体农产品的设施设备用品，由于农产品腐烂、变质、渗漏等原因被污染的设施设备用品。

3. 人员条件

① 邮政企业、快递企业直接接触食用农产品的人员应每年定期体检，持健康证上岗。

② 邮政企业、快递企业应对寄递人员开展农产品质量安全、卫生防疫、疫情防控等方面的培训指导，并保留培训记录。

4. 信息管理条件

邮政企业、快递企业应保存农产品寄递各环节关键数据，数据保存时限宜为完成寄递后不少于 2 年。

四、农产品寄递服务环节

（一）收寄前

收寄前，邮政企业、快递企业应与农产品生产企业、农民专业合作经济组织、农产品电商企业或农户进行沟通和协商：

① 提供符合寄递要求的包装材料或包装方案，指导寄件人科学包装或提供包装服务；

② 对于生鲜水果、蔬菜、食用菌、花木，以及冷鲜水产、畜禽肉等，建议寄件人进行预冷或提供预冷服务；

③ 做好分级，农产品宜根据商品化要求进行分级，分级操作可在采收、屠宰、捕捞时进行，也可以在农产品预冷后进行包装时相应的温度环境中进行，必要时

可进行二次或多次分级，相同等级的集中码放；

④ 对活体农产品，要求寄件人办理检验检疫等手续；

⑤ 根据禁止寄递物品规定和企业服务能力，明示可收寄物品的范围、种类以及收寄条件等。

笔记

❖ 知识链接 农产品预冷

预冷是指将农产品温度降温至适宜温度的一系列工艺手段。农产品在采收、屠宰、捕捞后，应根据农产品的特性选择适宜的预冷方式，主要预冷方式如表 8-7 所示：

表8-7 主要预冷方式

预冷方式	预冷操作	适用类型
冷库预冷	将农产品摊放在冷库中，配以冷风机冷却系统的降温进行预冷	适用于畜禽肉、水产品、蛋、呼吸强度较低的果蔬
差压通风预冷	利用果蔬包装箱双侧的压力差，让冷气通过包装箱上的通风孔直接接触果蔬进行预冷	适用于全品类，尤其果菜类、根菜类、叶菜类、生乳类
蒸发式预冷	风机驱使空气通过湿润的填塞物或者薄雾，产生的混合物通过风箱，汽化后吸收热量进行预冷	适用于储存和运输温度较高的、不需迅速降温的农产品
真空预冷	通过降压使水分急速蒸发并带走潜在的热量进行预冷	适用于叶菜类、玉米类，不适用于果菜类、根菜类及高温的叶菜类
冷水预冷	采用特定温度下的持续水流作为冷媒[①]进行预冷	适用于畜禽肉、水产品、生乳类、根茎类
冰冷预冷	将碎冰或冰盐混合物放置在待冷却产品的防水容器中进行预冷	适用于禽肉、水产类、根茎类

① 冷媒是指一种能从周围物体（快件）中吸取热量而相变，从而使物体（快件）处于规定温度范围的蓄冷材料。

（二）收寄

1. 生产日期或保质期确认

对于生鲜水果、蔬菜、食用菌、花木，以及冷鲜冷冻水产，冷鲜冷冻畜禽肉，应在收寄时确认产品保质期，预计寄达日期应在保质期最后期限提前至少 1 天。可通过以下方式获得保质期信息：

① 对于农产品生产企业、农民专业合作经济组织以及从事农产品收购的单位或者个人销售的农产品，可查阅包装或标识信息获得保质期；

② 对于农户自产自销的农产品，应确认生产或采摘日期，并在快递电子运单（包裹详情单）上予以备注。

笔记

2. **收寄验视**

除满足相关标准规定外，农产品寄递收寄验视还应满足以下要求：

① 与寄件人当面核实农产品的品名、数量、鲜活程度，并如实记录，上传至信息系统；

② 对于依法需要实施检疫的动植物及其产品，应查验检疫合格标志、检疫合格证明。

（三）封装

农产品生产企业、农民专业合作经济组织以及从事农产品收购的单位或者个人销售的农产品，其包装应满足以下要求。

① 可由寄件人进行包装。

② 如寄件人提供的包装符合寄递要求，邮政企业、快递企业应将其优先作为寄递包装；如不符合寄递要求，应加固、优化包装，或重新包装。

③ 对于农户自产自销的农产品，可由农户进行包装，也可由邮政企业、快递企业直接进行包装。应根据农产品的特性，选用塑料周转箱、纸箱、泡沫箱、网袋等进行包装。包装应便于拆卸和搬运，农产品包装用品应安全卫生、无破损、无污染。在重复使用前，应进行清洗和消毒处理，洗涤剂和消毒剂卫生标准应符合相关规定。

（四）内包装

农产品寄递内包装应满足以下要求。

① 生鲜水果、蔬菜、食用菌、花木的内包装应具备缓冲效果，避免在运输过程中挤压碰撞，不宜使用泡沫填充物；

② 需要保鲜的，内包装应使用具有一定保鲜效果的材料：生鲜水果、蔬菜、食用菌、花木等农产品，可使用气调包装进行保鲜，也可使用涂膜包装延长保鲜期；畜禽肉等分割肉，可使用真空包装，并使用冰袋等冷媒进行保鲜。

（五）外包装

农产品寄递外包装应使用符合相应标准要求的包装袋、包装箱。如使用其他包装，包装的规格尺寸宜符合600mm×400mm物流包装基础模数的要求，与托盘、货架、叉车、冷藏车、集装箱等设备设施相匹配。

外包装胶带不应过度缠绕，宜选用免胶带结构的封装用品，或使用可生物降解胶带。在封装使用冰板、冰袋等冷媒的农产品时，外包装应具备防水性能或采取防水措施。

（六）保温材料

需温控运输的农产品应根据农产品最佳储运温度，选择合适的外包装及冷媒：

① 使用可循环包装箱的，可选择相配套可固定位置的冰板、冰袋、冰膜作为冷媒；

② 对于易发生碰撞挤压以及对温度时效要求较高的生鲜水果、蔬菜等农产品，可选择冰膜作为冷媒，在确保对内装物不造成损伤的情况下，冷媒在保温箱中按图 8-7 方式来摆放。

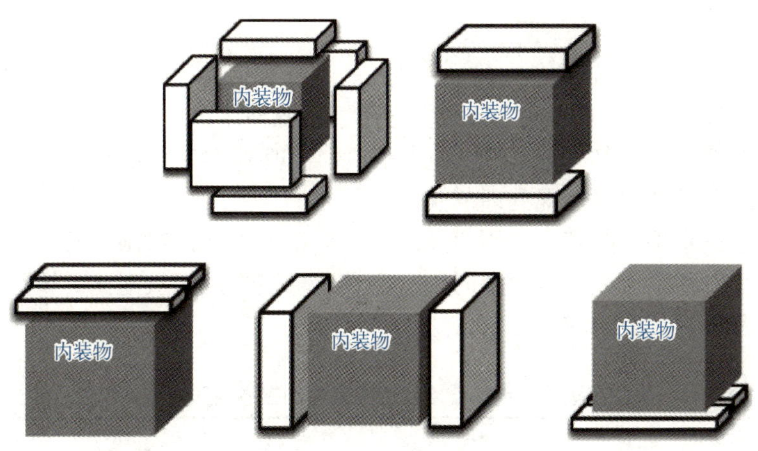

图 8-7 冷媒在包装箱内的摆放方式

（七）环保包装要求

1. 环保包装材料选用

邮政企业、快递企业应在农产品邮件快件外包装箱体上粘贴专用标识，或使用专用外包装进行识别，并符合一定的环保包装要求。

应优先使用农产品原发包装寄递。确需包装的，邮政企业、快递企业应根据所寄递农产品类型，设计合理的包装方式，减少包装材料的使用，并应选用绿色、环保的包装材料和产品：

① 塑料包装宜选用满足相关要求的可降解塑料；直接接触食用农产品的塑料类内包装，其安全卫生性能应符合国家标准《GB/T 21661—2020 塑料购物袋》的要求；

② 与农产品直接接触部分不应与农产品发生化学反应，不应释放有害物质向农产品迁移；

③ 直接接触农产品的包装材料添加剂应符合相关规定；

④ 不宜使用淋膜纸等复合包装作为内包装材料，不宜使用泡沫箱；

⑤ 宜使用通过绿色产品认证的包装物。

2. 循环与回收

农产品寄递包装应优先选用可循环包装，并符合以下要求：

① 需要冷链寄递的邮件快件，宜选用符合 YZ/T 0174 要求的冷链快递保温箱；

② 使用可循环包装物时，应在包装物表面印刷相应的重复使用标志；

③ 应在投递后积极回收可循环包装物，另有约定的除外；

④ 应在可循环包装物印刷或粘贴具有唯一性的可识别标签，如 128 码、快速反应（QR）码或射频识别（RFID）标签；

⑤ 宜建立可循环包装物共用平台，推进寄递活动和包装流转数据衔接，监控和调度可循环包装的使用情况，扩大可循环包装物的应用范围。

（八）协议签订

邮政企业、快递企业宜与寄件人签订农产品寄递服务协议，明确双方的权利

M8-2 扫一扫看微视频《一盆鲜花的千里保鲜路》

和义务，协议条款包含且不限于以下内容：

① 寄递信息，包括品名、数量、质量、保质期、寄递范围、寄递时限；包装信息，包括包装方式、包装材质、储运温度、冷媒使用；

② 责任条款，包括责任划分、免责事项、合理损耗率、赔偿约定等；

③ 无法投递等异常情况处理条款。

部分生鲜水果、蔬菜、食用菌及冷鲜冷冻畜禽肉寄递时限、寄递温度、寄递湿度要求，鲜活水产品快递服务时限、适宜运输温度及水氧配比，鲜活水产品封装要点如表 8-8、表 8-9 和表 8-10 所示。

表8-8　部分生鲜水果、蔬菜、食用菌及冷鲜冷冻畜禽肉寄递时限、寄递温度、寄递湿度要求

类别	产品名称	寄递时限 /h	寄递温度 /℃	寄递湿度 /%
仁果类	苹果、梨、山楂	72	常温	90 ~ 95
	枇杷	36	常温	90 ~ 98
		72	冷藏	
	木瓜	48	常温	85 ~ 90
核果类	桃、李	72	常温	90 ~ 95
	枣	72	冷藏	90 ~ 98
		36	常温	
	芒果	72	常温	85 ~ 90
	杏	48	冷藏	90 ~ 95
	樱桃	48	冷藏	90 ~ 95
	杨梅	24	冷藏	90 ~ 98
浆果类	葡萄	72	冷藏	90 ~ 95
	猕猴桃	72	冷藏	90 ~ 95
	火龙果	72	常温	90 ~ 95
	蓝莓	48	冷藏	90 ~ 95
柑橘类	橙、橘、柑、柚	72	常温	85 ~ 95
聚复果类	草莓	36	冷藏	90 ~ 95
	菠萝	72	常温	85 ~ 90
荔果类	荔枝	48	冷藏	90 ~ 95
	龙眼	48	常温	90 ~ 98
		72	冷藏	
果用瓜类	西瓜、甜瓜	72	常温	90 ~ 95
香蕉类	香蕉	48	≥ 12	85 ~ 95
新鲜蔬菜类	新鲜蔬菜	48	常温	90 ~ 100

续表

类别	产品名称	寄递时限 /h	寄递温度 /℃	寄递湿度 /%
食用菌	香菇	48	冷藏	95
	平菇	48	冷藏	95
	杏鲍菇	48	冷藏	95
	双孢蘑菇、金针菇	24	常温	95
		48	冷藏	
	草菇	24	常温	95
	鲜松茸	24	1 ~ 5	95
冷鲜冷冻畜禽肉	冷鲜肉	48	-2 ~ 1	85 ~ 90
	冷冻肉	72	-23 ~ -18	90 ~ 95

注：常温（10 ~ 25℃），冷藏（0 ~ 10℃）。

表8-9 鲜活水产品快递服务时限、适宜运输温度及水氧配比

序号	类别[①]			别名	服务时限	适宜运输温度 /℃	水氧配比
1	鱼	淡水鱼	云斑尖塘鳢（Oxyeleotris marmoratus）	笋壳鱼、泰国笋壳鱼、泰国鳢鱼	不宜超过48h	15 ~ 20	容器中加水没过鱼身，需剩余1/2空间充氧
			乌鳢（Channa argus）	黑鱼、乌鱼、乌棒、蛇头鱼、文鱼、才鱼			
			大口黑鲈（Micropterus salmoides）	加州鲈鱼、黑鲈			
			鲟鱼（Acipenser sinensis）	中华鲟、鳇鱼、苦腊子、鳣		0 ~ 15	
			观赏鱼（Ornamental fish）	—			
		海水鱼	观赏鱼（Ornamental fish）	—		15 ~ 20	
2	蟹	淡水蟹	中华绒螯蟹（Eriocheir sinensis）	河蟹、毛蟹、清水蟹、大闸蟹、螃蟹	不宜超过48h	5 ~ 15	无水运输，无须充氧
		海水蟹	青蟹（Scylla）	青蟹、黄甲蟹、蝤蛑、蟳、花脚蟳、膏蟹	不宜超过72h	10 ~ 35	
			三疣梭子蟹（Portunus trituberculatus）	梭子蟹、枪蟹、海螃蟹、海蟹、盖鱼、三点蟹、童蟹、飞蟹	不宜超过48h	5 ~ 10	适度海水，1/2空间充氧

笔记

续表

序号	类别①			别名	服务时限	适宜运输温度/℃	水氧配比
3	虾	淡水虾	克氏原螯虾（Procambarus clarkii）	小龙虾、红螯虾、淡水小龙虾、红色沼泽螯虾	不宜超过48h	0～10	无水运输，无须充氧
			澳洲岩龙虾（Australian Spiny lobster）	澳洲龙虾、澳龙			
		海水虾	波士顿龙虾（Homarus americanus）	美洲螯虾、波士顿龙虾、缅因龙虾		0～15	无水运输，无须充氧
			口虾蛄（Oratosquilla oratoria）	琵琶虾、皮皮虾、虾耙子、虾公驼子、濑尿虾、螳螂虾、虾蛄		8～15	
4	贝	海水贝	青蛤（Cyclina sinensis）	赤嘴仔、赤嘴蛤、环文蛤、海蚬	不宜超过72h	0～15	吸水海绵全面包裹，需剩余1/2空间充氧
			扇贝（Pectinidae）	—		2～10	
			鲍鱼（Abalone）	海耳、鳆鱼、镜面鱼、九孔螺、将军帽、白戟鱼、阔口鱼		0～15	
			牡蛎（Ostrea gigas thunberg）	蛎黄、海蛎子、蚝、蚵、蛎子		0～10	
			海螺（Busycon canaliculatu）	海螺、峨螺、风螺、田螺		0～15	
			缢蛏（Sinonovacula constricta）	蛏子、青子		5～15	无水运输，无须充氧
5	不另分类的水产品		龟（Chinemys reevesii）	金龟、金线龟、草龟、水龟、山龟	不宜超过72h	常温	无水运输，无须充氧
			鳖（Amyda sinensis）	甲鱼、团鱼、水鱼		常温	

① 快递市场常见鲜活水产品品类按照NY/T 3177—2018，分为鱼、蟹、虾、贝、不另分类的水产品等5类。常见快递品类以外的鲜活水产可根据市场发展情况，在修订标准时予以补充。

表8-10　鲜活水产品封装要点

序号	类别			封装要点
1	鱼	淡水鱼	云斑尖塘鳢	a）依据鱼的种类及适应温度进行温控封装； b）使用柔性材料，加入足够的水，以平放时水至少能没过鱼头为准； c）控制运输过程中水中溶氧量，发运前对袋内进行充氧并密封
			鲟鱼	
			乌鳢	
			大口黑鲈	
			观赏鱼	
		海水鱼	观赏鱼	

笔记

续表

序号	类别			封装要点
2	蟹	淡水蟹	中华绒螯蟹	a）使用温控封装用品； b）冷媒与蟹之间添加隔离材料，避免直接接触； c）对蟹进行捆绑，降低运输过程中活动强度
		海水蟹	青蟹	a）使用常温封装用品； b）对外包装进行打孔处理，保持通风透气； c）对蟹进行捆绑并在包装容器内进行固定
			三疣梭子蟹	a）使用温控封装用品； b）使用柔性密封材料对蟹进行密封充氧操作； c）对蟹进行捆绑并在包装容器内进行固定，避免运输过程中因晃动产生伤亡
3	虾	淡水虾	克氏原螯虾	a）使用温控封装用品； b）使用胶框对虾进行封装固定，避免运输过程中因晃动产生伤亡； c）冷媒与虾之间添加必要的隔离材料，避免直接接触
4	贝	海水贝	青蛤	a）使用温控封装用品，降低运输过程中贝的新陈代谢； b）使用柔性密封材料对贝类进行密封充氧操作，延长运输过程中贝的存活时间
			扇贝	
			鲍鱼	
			牡蛎	
			海螺	
			蛤蛏	
5	不另分类的水产品		龟	a）使用常温封装用品； b）使用硬质塑料盒进行固定，添加木屑或水草进行缓冲和保湿
			鳖	

学习单元三　快递企业融仓配一体化服务模式

我国快递企业经过近二十年的发展，已经初步搭建起了全国范围的服务网络，但快递企业间服务同质化严重，往往采取低价的方式来吸引客户，客户依赖度低，企业利润薄，使得企业不具备可持续发展的能力。同时面对着来自电商企业自建物流和国外物流企业的双重竞争压力，国内电商企业如京东早在2010年就开始布局物流网络。截至2022年9月30日，京东物流运营超1500个仓库，含云仓生态平台的管理面积在内，京东物流仓储总面积超3000万平方米。其在建设的时候就将仓储、配送等物流作业环节融合在一起。国外如亚马逊通过其雄厚的资金和管理经验，迅速在国内布局物流服务网络。京东和亚马逊都是电商企业，为了提升网络购物体验，更好地掌控物流环节，跨界建设物流体系，在为自身平台上的电商企业提供仓储、配送一体化物流服务的同时也面向其他电商平台客户，虽然目前其配送范围只能到达一、二线城市，但也对快递企业形成有力的冲击。传统电商物流模式中，仓储由电商企业或第三方仓储物流企业负责，配送则交由快递企业运作。仓储、配送脱节的物流运作模式已不能满足当前电商企业和网络购物体验的发展需求。面对来自客户的服务需求升级和国内外其他企业的竞争压力，快递企业不得不进行转型升级。

一、电商快递物流服务模式分析

随着企业规模越来越大，竞争越来越激烈，电商企业迫切需要一个能为其提供仓储、加工、配送、结算和融资的一体化物流服务供应商，而将其更多的资金、时间和资源放在核心竞争力上，如商品营销、网站运营与管理、大数据分析等。以电商企业为主要客户的快递企业在自身转型升级时应首先考虑以电商客户为切入点，了解电商企业的服务需求，为其提供综合一体化服务解决方案，提升电商企业与快递企业间的协同度。面对电商企业快递物流服务需求的变化，快递企业应积极拓展服务内容，延伸服务链条，从原来单纯的配送、代收货款环节延伸到仓储、融资等环节。

（一）仓配一体化电商快递物流服务模式分析

仓配一体化服务是指快递企业为电商企业提供仓储和配送一体化服务解决方案，其具体的运作模式如下。首先由电商企业向生产商或供应商发出采购信息，货物直接由供应商发往就近的快递企业的仓储设施，由快递企业负责货物的检验。然后入库并将入库信息反馈给电商企业，电商企业根据历史销售数据和商品页面浏览数据等信息计算出不同区域城市的销售比例，并向快递企业发出调仓指令，将货物发往离客户较近的仓储设施实施在库管理。当客户下单订购时，电商企业及时将订购信息通过系统传递给快递企业，快递企业在接到订单后进行电子面单打印、分拣、精细加工、包装、配送、退换货处理等实体物流服务。如果客户选择的是货到付款，则由快递公司代为收取货款并在规定的时间内转账给电商企业。

具体操作流程如图 8-8 所示：

笔记

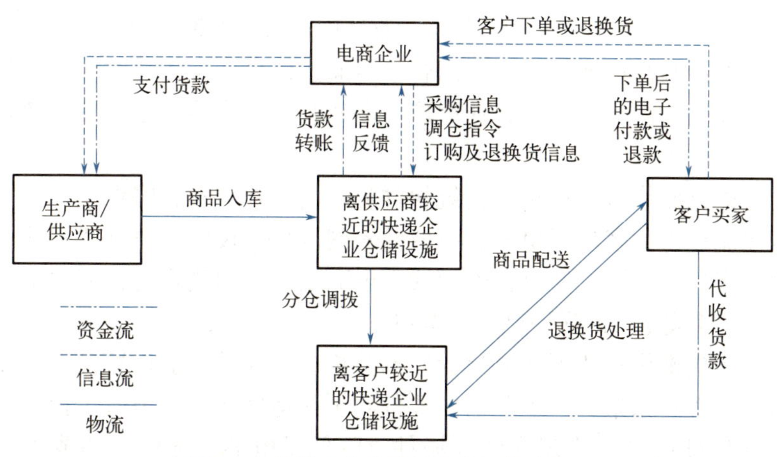

图 8-8 快递企业仓配一体化运作流程图

（二）融仓配一体化电商服务模式分析

针对有一定合作基础，产品销路好有融资需求的电商企业，快递企业可以为其提供“仓配＋融资”服务即融仓配一体化服务。具体运作模式如下。首先由电商企业向生产商或供应商发出采购信息，货物直接由生产商或供应商发往就近的快递企业的仓储设施，由快递企业负责货物的检验，并代电商企业向供应商支付货款。然后入库并将入库信息和货款支付信息反馈给电商企业，电商企业根据历史销售数据和商品页面浏览数据等信息计算出不同区域城市的销售比例，并向快递企业发出调仓指令，将货物发往离客户较近的仓储设施实施在库管理。当客户下单订购时，电商企业及时将信息通过信息系统传递给快递企业，快递企业在接到订单后进行电子面单打印、分拣、精细加工、包装、配送、退换货处理等实体物流服务。如果客户是通过互联网方式完成支付，则电商企业需在规定的时间内向快递企业偿还垫付的货款，如果客户选择的是货到付款，则由快递公司将代为收取的货款抵扣垫付的货款。具体操作流程如图 8-9 所示：

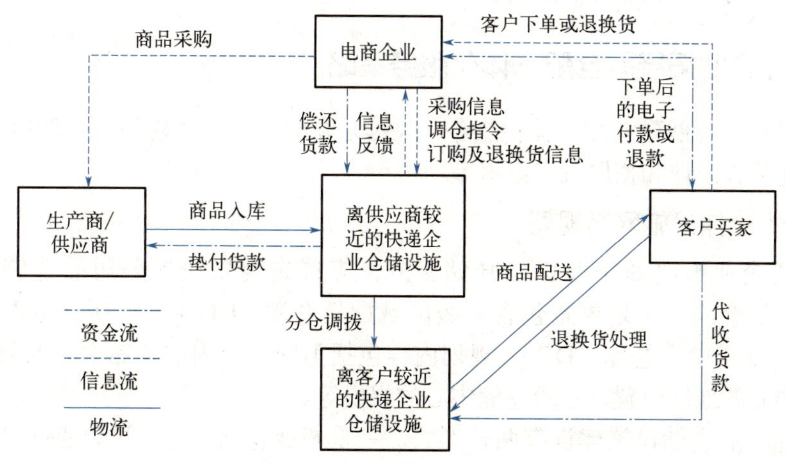

图 8-9 快递企业融仓配一体化运作流程图

笔记

二、融仓配电商快递物流服务模式特征分析

从图 8-7 和 8-8 中可以看出，电商企业只负责信息处理，主要将供应商的采购信息、客户的订购及退换货信息、调仓信息通过信息系统传递给快递企业，商品的物流作业完全交由快递物流企业完成，电商企业可以将更多的资源放在核心竞争力上。

仓配一体化操作模式优化了传统快件流转的作业流程，降低了成本。传统电商快件寄递流程为：客户下单—上门取件—网点—分拨中心—干线运输—分拨中心—网点—客户。仓配一体化操作模式下电商快件寄递流程为：客户下单—分拨中心—区域运输或城市配送—网点—客户。

仓配一体化操作模式下，通过大数据分析，将商品提前设置在离买家更近的仓储设施内，省去原来客户下单后的取件和干线运输环节，节省了投递时间。并且原来的异地件可能变成现在的同城件，降低了电商企业的投递成本。流程的优化缩短了商品到客户处的时间，降低了成本，进而提升了客户网络购物的服务体验。

在融仓配服务模式中，可以为有需求的电商企业提供融资服务，快递企业可以通过垫付货款的方式间接实现为电商企业融资，商品的流转始终处于快递企业的监控下。并且针对部分货物的货到付款方式，快递企业可将收取的货款直接抵扣垫付的货款，风险较低。

融仓配一体化服务增加了客户的黏性，为客户提供融资、仓储、配送等综合的一体化服务解决方案，不再像过去只提供单个环节的服务，增加了客户的依赖度。

快递企业在服务电商企业时有其天然优势。首先一些大型快递企业如顺丰、三通一达等先前就积累了大部分电商客户，虽然这些客户黏度不高，但这些快递企业还是在电商物流中形成一定的口碑和知名度。其次这些快递企业有着全国范围内的配送服务网络，可以依托原有的配送服务网络，建设节点仓储设施，并将仓储和配送环节有效衔接起来。同时针对有资金需求的电商企业，快递企业可以以仓储环节为保障，为电商企业开展融资服务。

M8-3 扫一扫看微视频“快递企业融仓配一体化服务模式设计”

三、快递企业拓展融仓配一体化服务策略

快递企业开展融仓配一体化服务，关键是仓储设施网络规划、仓储运作设计、仓储作业流程设计和拓展融资渠道等。

（一）仓储设施网络规划

快递企业为电商企业提供仓储服务，应首先规划快递公司的仓储设施网络（主要指仓库）规划要素包含一级区域配送仓库（CDC）、二级区域配送仓库（RDC）、配送中心仓库（DC）。规划内容包括不同区域内的仓储中心的数量、各级仓储中心的地理位置、各级仓储中心的规模等。

快递企业仓储设施建设有两种形式。一是拓展仓储服务，可以直接利用原有的分拨中心，依附于原有分拨中心建设与分拨中心运作能力相匹配的仓储设施。

笔记

快递企业分拨中心主要功能是快件短时间的集结、分拣和中转等物流作业。中转库面积较小并不具备储存大量商品的功能。可选择对其进行直接扩容的方式拓展仓储服务，这样做的好处是客户下单后，商品直接进入分拣、配送环节，实现仓储、配送环节的无缝对接，节省人力、物力。如果没有预留地，可选择在分拨中心的周围建设仓储设施。

二是另行选址重新建设具有仓储、分拨和配送功能的分拨中心，需要分析电商行业的销售数据，合理规划区域，选择节点城市重新建设仓储设施，以仓储设施网络为导向，重构原有的配送网络。如2019年电商各省销售数据排行：广东省、浙江省、江苏省、上海、北京、四川省等。结合我国行政区域，可以将全国划分为七大区域，在区域内交通便利、经济发达等节点城市建设一级区域配送仓库，主要功能是商品仓储、分拣、跨区域调仓和配送等。在各省会或各省内重要节点城市或直辖市建设二级区域配送仓库，主要负责商品存储、分拣、省内调仓和配送。在省内重要节点城市建设配送中心仓库，主要覆盖区域为省内二、三、四线城市和乡镇，主要负责商品存储、分拣和配送。具体如表8-11所示。

表8-11 快递企业仓储设施网络构建表

等级规模	覆盖区域	建设城市	仓储中心数量
一级区域配送仓库（CDC）	东北	沈阳	1
	华北	北京	1
	华东	上海	1
	华南	广州	1
	中南	武汉	1
	西南	成都	1
	西北	西安	1
二级区域配送仓库（RDC）	各省区域内	各省省会或重要节点城市	每省2～3个，直辖市1个
配送中心仓库（DC）	各省区域内	重要节点城市	每省3～4个

新建仓储设施网络，以仓储设施网络为导向，重构原有的配送网络，需要快递企业投入庞大的资金，快递企业应逐步规划，采用对原有分拨中心扩容和另行选址新建配送中心相结合的方式搭建服务网络。

（二）仓储运作设计

仓储运作设计包括各级仓储中心功能区域规划（各级作业区域、行政办公区域、相关活动区域等）、设施设备规划、基本作业管理运营规划（进货作业、商品存储作业、盘点作业、订单处理作业、拣选作业、补货作业、发货作业等）等。应结合电商企业物流服务需求特点来设计，电商企业销售的商品门类较多，如图书、电子产品、服装衣帽、家电、生鲜食品、日用百货等。不同品类商品的物理

笔记

性质和化学性质不同，部分商品化学性质较为活泼，具有易腐性，对于运输过程中货物的配载、仓储环节中货物的存放、物流作业全过程的温度和湿度都有一定的要求。仓储设施内应设置不同存储区域存放不同品类的商品，对于化学性质活泼、有温湿度要求的商品，存储区域内应采取一定的措施，如温湿度控制、通风等保证商品的品质。另外电商 B TO C 和 C TO C 模式中的订单特点是订单频次高、订单数量多，仓储入库、出库特点是整箱入库、零散形式出库，这就对仓储作业中的分拣作业、包装作业和信息处理能力提出了较高的要求。快递企业需要具备一定的自动化水平（自动仓储和自动分拣），通过一些现代化的设施设备缩短拣选时间和提高拣选准确率。同时面对海量的订单处理需求，需要快递企业开发专业与电商客户对接的 IT 系统并涵盖仓储管理系统、配送管理系统、客服中心管理系统，保证商品出入库管理、库存管理、打印订单管理、分拣货物管理、打包管理、退货管理、分仓管理、供应商管理、全程监控管理等。并能及时提供订单 WEB 端查询、订单快递信息查询等。

（三）仓储作业流程设计

快递企业在为电子商务企业提供仓储服务的作业时，其作业内容主要是指利用仓库及相关设施设备为存货人提供专项或全面的电子商务物品入库、存储、出库、退（换）货等仓配一体化有效计划、管理和执行的服务活动。

1. 入库流程

入库流程图见图 8-10。

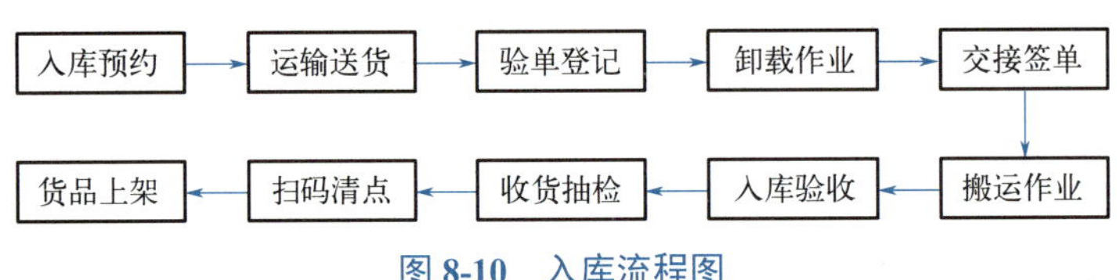

图 8-10　入库流程图

2. 存储流程

存储流程图见图 8-11。

图 8-11　存储流程图

3. 出库流程

出库流程图见图 8-12。

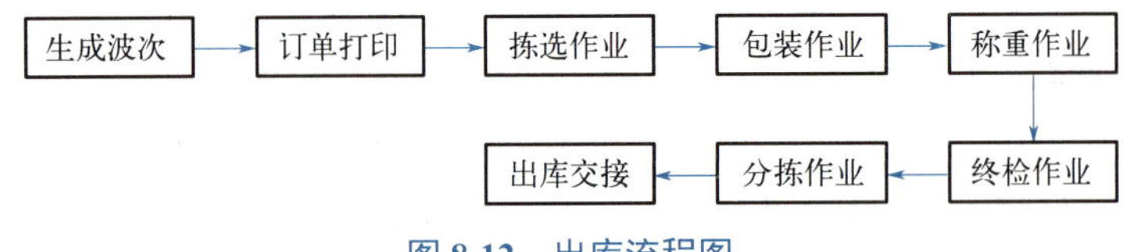

图 8-12　出库流程图

4. 退（换）货流程

退（换）货流程图见图 8-13。

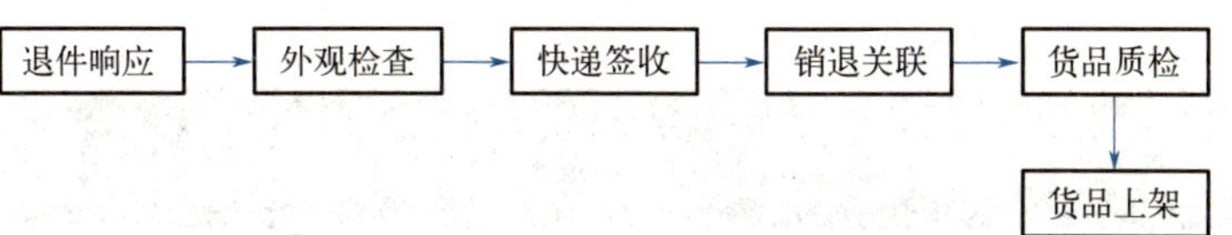

图 8-13　退（换）货流程图

笔记

（四）拓展融资渠道

开展融仓配要求快递企业具备充足的资金用于仓储设施建设、信息系统升级、智能化设备改造和为电商企业融资等。而我国快递企业竞争压力大、利润薄，缺乏足够的资金用于自身转型升级，所以快递企业应积极拓展融资渠道。对于达到一定发展规模、具备主体资格、拥有完善的治理能力和健全的财务会计制度的快递企业来说，可以通过上市的方式融资或引入战略投资、风险投资的方式获取资金。对于不具备上市或风投要求的快递企业来说，可以通过对自身固定资产进行抵押的方式从银行获得资金。总之，快递企业应结合自身的发展阶段选择合适的融资渠道。

学习单元四　快递末端网点管理

在快递行业发展得如火如荼的当下，创建快递网点及进行快递网点管理，成为不少年轻人关注的话题。

一、快递末端网点含义及作用

快递末端网点指依法备案的提供快递末端服务的经营网点，包括服务网点（直营或加盟）、快递服务站（包括快递驿站、乡村服务站、快递超市、农村寄递物流综合服务站等）、智能快件箱等。

快递末端网点又称为快递公司的门店，它是快递企业进行区域覆盖，实现快递网络化的网格连接单元，可以看作是快递服务网络的神经末梢。快递末端网点是企业品牌的形象代表，也是快递企业收、派货及运营实力的象征，同时还是精准反映快递企业网络覆盖广度和深度的重要指标。根据网点的属性不同，又可分为自营网点、加盟网点、代理网点、第三方代收代派点、驿站、自提柜等，其中自提柜可看作是自主收寄的网点。

❖ 知识链接　某快递企业加盟收费标准

按照目前加盟行业通用的收费标准，某快递企业单向收取加盟点的费用主要包括：加盟费、风险押金、班车费、中转费、工作单费、物料费、罚款、奖励等。宅急送与加盟点之间互相收取的费用包括：派送费、代收款手续费、到付款、代收货款、调货费、返货费等。

第一节　加盟费

第一条　根据网点级别设定，按年缴纳，一类 5000 元 / 年，二类 3000 元 / 年，三类 1000 元 / 年。

第二条　网点级别根据城市级别及目前进港工作单票数进行划分。

一类：所有地级市和进港工作单票数达到平均 600 票 / 月的县级市（包含县）。

二类：进港工作单票数平均低于 600 票 / 月和高于 100 票 / 月的县级市（包含县）。

三类：进港工作单票数平均低于 100 票 / 月的县级市（包含县）。

第三条　网点级别的划分根据实际经营情况可按出港量进行调整。

第四条　所有网点级别的划分由总公司企业规划部制定并下发执行。

第二节　风险押金

第一条　按网点级别设定，签订合同时一次性缴纳，一类 2 万～3 万元，二类 1 万～2 万元，三类 5000～1 万元，网点级别划定同上。

第二条　押金额度随到付及代收货款的额度增加而相应增加。

第三节　运营费用

笔记

第一条　中转费根据当地的航空、班车等发件的成本价，核定收取，文件 × 元 / 票，物品 × 元 /kg，通常情况下，随着件量的上升，逐步下调收费标准。班车费根据搭载的货量大小，按月收取，前期货量不大时可以减免班车费，随着件量的上升，逐步提高收费标准。

第二条　派送费按件计算，1 元 / 件，20kg 以上（含 20kg ）按 0.2 元 /kg 加收派送费。

第三条　管理费按件计算，1 元 / 件，初期货量不大时可以减免管理费，随着件量的上升、盈利情况的好转，逐步提高收费标准。

第四条　所有运营费用，包括航空运价等的调整导致的中转费、盈利情况导致的管理费的调整，必须及时报运管总部，由运管总部核准后方可执行。

第四节　工作单及物料费用

第一条　快、普工作单按照 0.4 元 / 份收取，国际、代收工作单按照 0.5 元 / 份收取，1 箱为 1000 份，每次采购数量不低于 1 箱。

第二条　其他物料按照公司实际成本上浮 10% ～ 20% 制定收费标准，物料运输费按照某快递公司对外运费报价的 60% 收取。

二、快递末端网点功能区布局与设备配备要求

（一）快递末端网点功能区布局要求

快递末端网点所应根据现场实际，在场所内划分接待、暂存、操作、停车及装卸、充电等相关功能区域，各功能区域可用标线进行分隔，保持出入畅通，方便人员、车辆及快件的进出。其功能分区示例见图 8-14 和图 8-15。

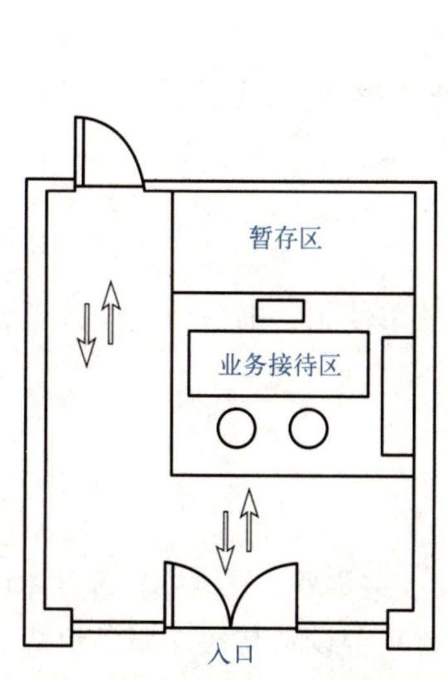

图 8-14　基本型快递末端网点功能分区示例图

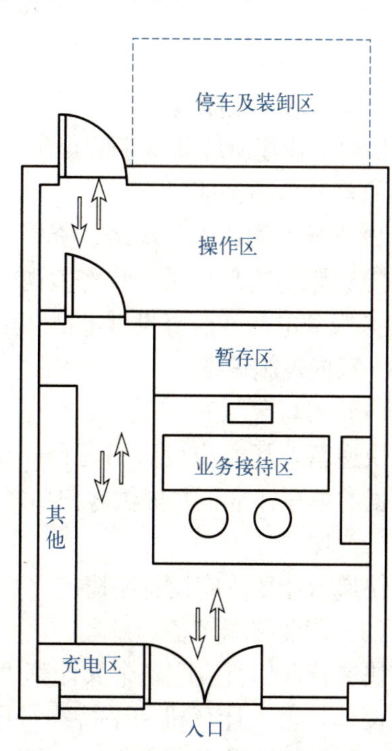

图 8-15　拓展型快递末端网点功能分区示例图

笔记

（二）快递末端网点设施设备配备要求

快递末端网点应设置和配备与所经营业务相适应的设施设备，设施设备的摆放和设置应满足安全条件，不应影响人员通行、大件物品进出和业务操作。

1. 室外设施

① 快递营业场所外应悬挂体现快递服务组织统一服务品牌标识的标牌，宜放置于门口上方突出位置。

② 快递营业场所外应悬挂营业场所标牌，应放置于入口处明显位置。营业场所标牌应包括营业场所具体名称和营业时间。其中，营业场所具体名称由“快递服务组织名称 + 营业场所名称”组成，如：×× 快递西直门营业厅。营业场所标牌尺寸以 400mm×300mm 为宜，尺寸规格示例如图 8-16 所示。营业场所标牌与地面距离不应小于 1.2m。

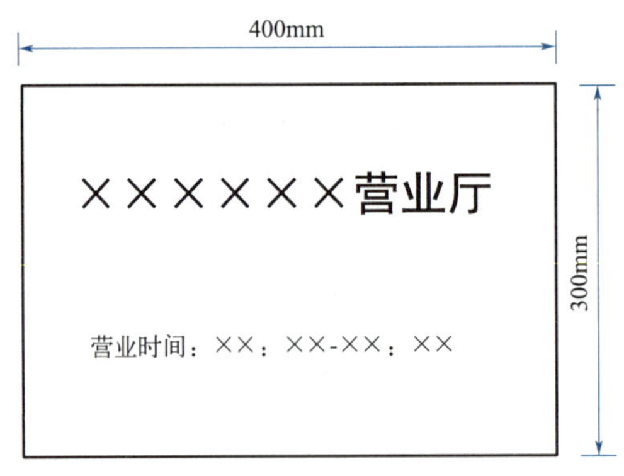

图 8-16　营业场所标牌尺寸

2. 室内墙体张贴

快递营业场所墙体应于醒目位置采用张贴或其他方式展示如下内容：

① 经营资质证明；

② 服务种类、服务承诺、资费标准；

③ 禁限寄物品目录、收寄验视规定、安全生产警示；

④ 服务电话、监督投诉电话和电子邮箱。

3. 室内设施设备

（1）书写台

快递营业场所应设置书写台，供用户书写填单使用，书写台上应放置各类业务单据的填写样本，并提供客户所需书写工具。

（2）座椅

快递营业场所应设置座椅。

（3）营业终端设备

快递营业场所应配备个人计算机、手持终端、采集器（扫描枪）等基本的营业终端设备。个人计算机和手持终端中，应至少有一台设备与快递服务组织总部的计算机管理系统联网，能按照要求实现相关电子数据的传送、交换。

笔记

（4）计量设备

快递营业场所应配备与业务量相适应的计量设备，如（电子）磅秤或（电子）台秤、卷尺或皮尺等。所配备的计量设备应具有国家计量检定合格证书，且应在使用有效期内。

（5）通信设备

快递营业场所应配备与业务量相适应的通信设备，如宽带、电话、传真等。

（6）操作设备

快递营业场所应配备与业务量相适应的货架、包装设备和手推车等。

（7）快递封装用品

快递营业场所应提供快递封装用品，如包装箱、包装袋、胶带、封套等。

（8）消防设备

快递营业场所应配备与场所面积相适应的消防设施、设备及器材，如干粉灭火器、二氧化碳灭火器、泡沫灭火器、酸碱灭火器和水型灭火器等。

（9）报警设备

快递营业场所应配备报警设备以确保快件的安全，一般有烟雾报警器、入侵探测报警器和紧急报警系统等。

三、快递末端网点管理内容

不管快递网点属性是自营、加盟还是其他类型，作为一个网点，其主要管理内容包括三个方面，分别为市场拓展与经营管理、业务操作管理和服务质量管控等。

1. 市场拓展与经营管理

市场拓展是网点收件业务的直接来源，是大多数网点主要的利润支撑，涉及市场挖掘与发现、客户的合作与维护等工作。

市场拓展属于开源，网点的主要收入来源于收派件的提成，其中收件的提成比例远高于派件提成，而且派件数量是不受自身因素影响的，收件数量可以通过有效的市场拓展和营销手段来提升，所以收件数量就成为网点营收的关键影响因素。快递网点可通过以下方式做好市场拓展。

（1）做好网点宣传

快递网点想要提高市场影响力的话，前期应做好网点宣传，可以充分利用“线上＋线下”的渠道进行广泛宣传，比如自媒体平台宣传、朋友圈宣传，以及海报宣传、发传单推广等，都可以达到提高网点曝光率的效果。

（2）推出优惠活动

网点可以积极推出优惠活动，通过给予一定优惠的方式，提高网点的获客率。比如在节假日、开学季、毕业季、电商促销季等期间，门店可以推出寄件优惠活动，给予寄件顾客一定折扣，或是对于有大量寄件需求的顾客，同样可以给予一定折扣或提供上门揽件服务等。在活动的影响下，门店的客源量也会出现自然增长，如果这时候做好服务，获得消费者的信任与认可的话，这些顾客也会逐渐成为门店的稳定客源。

笔记

（3）叠加增值服务

传统的快递网点往往只提供单一的快递代收发服务，对消费者需求的覆盖程度有限，因此经营者可以创新思维，在快递代收发服务的基础上，叠加其他副业，采用多元化经营的形式，满足更多消费者的不同需求，从而提高网点的获客率和市场认可度，像便利店、干洗店、社区团购、便民服务等，都是可以参考的副业方向。

（4）优化用户体验

优化用户体验就是提高网点的服务质量，以增加用户黏性。在日常经营期间，快递店应注意妥善保管快递包裹，保证快递的安全性并注意快递包装的完好程度；同时在遇到用户反馈快递问题时，也应保持耐心将问题处理好，给予用户满意的处理结果，降低被投诉的可能；此外，网点还可以注意一些细节之处，比如可以优化网点布局以提高出库效率，还可以在网点门口放置收纳箱，收纳用户直接拆件后留下的快递包装等。

2. 业务操作管理

不管是自营还是加盟模式，快递末端网点都要遵循快递公司总部制定的快递业务操作标准，即标准作业程序（Standard Operating Procedure，SOP），标准作业程序规定了快递末端网点在整个快件流转过程中应负责的环节及主要作业内容。业务操作是网点主要成本产生环节，所以在保证快递服务质量的前提下要做好人工、配送车辆、物料和水电方面的管控并制定相应的操作管理制度。

3. 服务质量管控

对于快递末端网点来说，服务质量就是指保证快件处于网点运作范围内的服务标准，即不发生快件的丢失、破损、短缺、派送晚点及禁运品的收取。一旦发生以上情况，快递公司总部会对网点进行处罚，此为网点服务质量管控的下限。此外网点应注重用户的体验和反馈。通过建立健全的客户反馈机制，及时跟进用户的投诉和建议，针对用户的需求进行优化和改进，不断提高服务质量和用户满意度。

❖ 知识链接　某快递公司针对网点的处罚标准

第二节　丢失处罚标准

第一条　文件遗失赔偿标准为人民币 500 元 / 票（件），物品为 1000 元 / 票（件），地区间有协议的按协议执行。

第二条　贵重物品最高赔偿额 5000 元 / 票（件），低于最高赔偿额的按照实际价值赔偿。

第三条　网络内部发生盗窃快件行为（经查实有相应证据的），责任由该网点公司承担，相关快件赔偿金额按实际价值赔偿，另不论其工作人员去向，均处以 10000 ～ 50000 元的罚款。

第四条　派送网点公司当月丢失率超过万分之五的，处 2000 元 / 月罚款，丢失率连续两个月超过万分之五的，处 5000 元 / 月罚款。

笔记

第三节　派送晚点处罚标准

第一条　派送晚点率的考核标准为 9%，可晚点票数四舍五入后，超过部分按 30 元 / 票 / 天处罚，超过 7 天的按丢失处罚。

第二条　责任网点因业务员缺少、承包区已退出某快递企业网络等导致的派送晚点，经分拨站经理确认后，通过办公自动化系统（OA）经运管总部同意并公布后，可不计此期间的派送晚点，否则按晚点处理。

快递服务网点除了上述管理内容，还包括人力资源管理、财务管理、物料管理、设施设备管理和安全管理等内容。

实训项目八

1. 训练目标

快递网点资源配置，包括场地面积、人员、设备、车辆等，快递网点设备、人员、车辆规划及成本核算，快递网点运营情况分析及经营效益测算。

2. 训练内容

小王准备承包某市某快递企业的营业网点，网点覆盖范围5km。假如你是小王，请根据给出的条件及相关数据，对人员、车辆等进行整体设计，并进行效益分析及资源的合理配置。

① 小王计划自己担任网点经理，外招员工，人员平均工资4000元/月。

② 采用9.6米厢式货车作为中心与网点的接驳车，刚好满足每天快件的运输任务。经测算，不考虑油耗成本的情况下，每年车辆耗材成本为10000元整。

③ 快递员每天配送快件180～220件，所有快递员采用电动三轮车派件，三轮车由快递员入职时自行购买，公司每月补贴150元/台，补贴期限为20个月，每天工作8～10小时。

④ 根据测算，每天派件业务量规模1100件左右，收件平均每天90件，需要租用100平方米的场地，租金1600元/月，水电费每月160元/月，派件提成0.6元/件，收件提成2元/件。

假如你是小王，请根据以上信息为网点合理配置人员、车辆等相关资源，并对成本进行核算，判断当前的经营状态是盈利还是亏损，具体是多少？如果网点要实现每月要盈利并且利润达到6000元，小王可通过什么方式或哪些措施达成目标？最后请为该快递网点制定人员和车辆的相关管理制度。

3. 实施步骤

① 以4～6人小组为单位进行操作，并确定组长为主要负责人；

② 搜集资料，完成表8-12；

表8-12 工作计划表

序号	工作名称	工作内容	工作要点	责任人	完成日期

③ 整理资料，撰写报告并制作PPT进行汇报。

笔记

4. 检查评估

完成表 8-13。

表8-13　能力评估表

能力		自评（10%）	小组互评（30%）	教师评价（60%）	合计
专业能力（60分）	网点设备、人员、车辆规划及成本核算准确（15分）				
	网点运营情况分析及经营效益测算准确（15分）				
	网点人员和车辆管理制度制定合理规范（15分）				
	PPT 的制作（15分）				
方法能力（40分）	信息处理能力（10分）				
	表达能力（10分）				
	创新能力（10分）				
	团体协作能力（10分）				
综合评分					

思考与练习

1. 电商订单时效分析指标及具体含义是什么？如何获得相关数据？
2. 请绘制快递企业融仓配一体化运作流程图并进行说明。
3. 快递末端网点管理内容有哪些？

参考文献

1. 谢逢洁 . 邮政快递概论［M］. 北京：人民邮电出版社，2022.

2. 汤双河 . 快递法律与实务［M］. 大连：东北财经大学出版社，2023.

3. 王为民 . 快递服务礼仪与规范［M］. 北京：人民邮电出版社，2012.

4. 闫靖，陈丽 . 快递管理实务［M］. 2 版 . 北京：北京航空航天大学出版社，2021.